刑事コロンボの帰還

山口雅也 総指揮
菊池篤 構成

樹林伸
大倉崇裕
降田天
七尾与史
白須清美
上條ひろみ
リチャード・レヴィンソン＆ウィリアム・リンク
ジャクソン・ギリス

殺人処方箋
死者の身代金
構想の死角
指輪の爪あと
ホリスター将軍のコレクション
二枚のドガの絵
もう一つの鍵
死の方程式
ハイルD-3の壁
黒のエチュード
悪の温室
アリバイのダイヤル
ロンドンの傘
偶像のレクイエム
溶ける糸
断たれた音
二つの顔
毒のある花
別れのワイン
野望の果て
意識の下の映像
第三の終章
愛情の計算
白鳥の歌
権力の墓穴
自縛の紐
逆転の構図
祝砲の挽歌
歌声の消えた海
ビデオテープの証言
5時30分の目撃者
忘れられたスター
ハッサン・サラーの反逆
仮面の男
闘牛士の栄光
魔術師の幻想
さらば提督
ルーサン警部の犯罪
黄金のバックル
殺しの序曲
死者のメッセージ
美食の報酬
秒読みの殺人
攻撃命令
策謀の結末

Prescription: Murder
Ransom for a Dead Man
Murder by the Book
Death Lends a Hand
Dead Weight
Suitable for Framing
Lady in Waiting
Short Fuse
Blueprint for Murder
Étude in Black
The Greenhouse Jungle
The Most Crucial Game
Dagger of the Mind
Requiem for a Falling Star
A Stitch in Crime
The Most Dangerous Match
Double Shock
Lovely but Lethal
Any Old Port in a Storm
Candidate for Crime
Double Exposure
Publish or Perish
Mind Over Mayhem
Swan Song
A Friend in Deed
An Exercise in Fatality
Negative Reaction
By Dawn's Early Light
Troubled Waters
Playback
A Deadly State of Mind
Forgotten Lady
A Case of Immunity
Identity Crisis
A Matter of Honor
Now You See Him
Last Salute to the Commodore
Fade in to Murder
Old Fashioned Murder
The Bye-Bye Sky High IQ Murder Case
Try and Catch Me
Murder Under Glass
Make Me a Perfect Murder
How to Dial a Murder
The Conspirators

二見書房

RETURN OF COLUMBO

刑事コロンボの帰還

RETURN OF
COLUMBO

PART I

第1部 資料・エッセイ篇

PART Ⅱ

第2部 トリビュート小説篇

「刑事物」海外映像の歴史

山口雅也

客　魅捨理庵（ミステリあん）の先生、カー、クイーンに続いて、今度は『刑事コロンボ』ですかっ。守備範囲を広げてきましたね。

先生　うむ。私は元々、ＳＦやホラーも読んでいたし、ミステリに関してはハードボイルド、警察小説にも一家言があるし、今後、クリスティーやミステリのサブジャンル、ＳＦ、ホラー等についても問答をしていきたいと思っているよ。

客　ジャンルの垣根なんてぶっ飛ばせ——乱歩問答を継承する上にさらにラジカルな「問答」をやろうって魂胆ですね。

先生　魂胆は余計だ。

客　――で、どうして今、『刑事コロンボ』なんすか？

先生　これは、あとで触れるが、『刑事コロンボ』が放映される十年ほど前の一九六〇年、レヴィンソン＆リンクの書いたテレビ脚本の中に、原作にはなかった警部補（ルテナント）コロンボというキャラクターを登場させて（ピーター・フォークでなくバート・フリードという役者が演じた）いるという事実を勘案すると、今年――二〇二〇年で、ちょうど刑事コロンボ生誕六〇周年ということになるからだ。

客　それじゃ、これを受けて立たなきゃミステリの先生として名が廃る、と。

先生　まあ、そういう気負いよりも、私も映画・テレビを見続けて半世紀、ほぼリアルタイムで海外刑事ものや『刑事コロンボ』、あるいは関連作品と共に生きてきたわけで、私的・体験的な自分の言葉による述懐のかたちで語った方が、より真意・評価の変遷が伝わるように思ったものでね。

客　なるほど、先生らしい。で、海外刑事ものの起源というと……？

先生　当初は、ウィアム・ワイラー監督の『探偵物語』（五一年）かと思ったが、菊地秀行先生と電話で話して、その前にジュールス・ダッシン監督の『裸の町』（四八年）があったことを思い出した。

客　先生がホラー映画の大先生と合意したなら確かな話でしょう。

先生　菊地先生は私と世代も近いしホラーだけでなくあらゆる映画を観ている方だからねえ、今回もいろいろとご教示いただいた。

客　『裸の町』公開は先生の生まれる前のようですが。

先生　うむ。中学時分の研究ノートに、観るべきミステリ映画としてリストアップしていた。だから、当時、テレビ放映で観ていたのだと思う。

客　で、その時の感想は？

先生　うーん、初見当時日本で流行っていた社会派推理というより警察の捜査ドラマ——という感じかな。——だが、今回、再見してみて、これが戦後刑事物の起源だろうことを再確認した。

客　——と言いますと？

先生　後の刑事物（当時は警察小説と呼ばれていた）の典型、エド・マクベインの『87分署』にも通ずる要素を多く含んでいるんだよ。

客　その中身は？

先生　大雑把に列挙していくと、

二人以上の複数の刑事による捜査（鑑識も含む組織的捜査）

「頭」の他に「脚」も使う地道な捜査

刑事だけでなく事件関係者も合わせた群像劇スタイル

刑事も含む事件関係者の人生・生活と舞台となる都市の活写

扱われる事件のリアリティ重視

ナレーションが入るセミ・ドキュメンタリー・タッチ

客　なるほど、どれも刑事物によくある要素ですね。確かに刑事物の起源に相応しい作品だ。

先生　『裸の町』には、更に面白い気づきもあってね。主役のマルドゥーン警部補役バリー・フィッツジェラルドが、極端な小男でね。

客　低身長と言えば、コロンボを演じたピーター・フォークも確か……一六八センチかと。

先生　うん、フィッツジェラルドはそれより低い一六二センチなんだ。それに、カミさんの言葉を金言のように引用したり、愛煙家だったり、風采が上がらない割には老練且つ聡明だったりと――コロンボのキャラクターとの類似点は多い。今のところ、関係者の証言・典拠などはないが、コロンボ・キャラのモデルの有力候補の一人としてマークしていいと思う。

客　『裸の町』で思い出したんですが、日本刑事物の嚆矢(こうし)と言われている黒澤明(くろさわあきら)監督の『野良犬』(四九年)が似ているという話を耳にしましたが?

先生　うーん、それも頭の痛い問題で……『裸の町』に影響を受けたという説と黒澤自身はジョルジュ・シムノンのメグレ警部をやりたかったという説があるんだが、前者は典拠不明で――ただ、観比べた感じでは、両作は確かに似ている。特に『裸の町』の終盤、犯人を追い詰めた若手刑事の耳にのんびりしたヴァイオリンの音が聞こえてくる、静と動を絶妙に対比するシーンとか……。

客　『野良犬』では、似たような場面でピアノの調べが聞こえてくるんでしたね。

先生　うん、あれは強い印象を残す物語の山場だけに、なおさら類似性が気になるんだ。――まあ、典拠なしの状況証拠のみで「影響あり」に一票投じておこうか。

客　ここ、映画史的に重要なところだと思うんですけど、案外、事実関係は、はっきりしていないんですねえ。――で、『裸の町』は、本国でもその後、影響を与えているわけで?

先生　ああ、影響絶大だったみたいで、ハリウッドの巨匠たちがゴッソリ刑事物を撮っていてね。五〇年代初頭のものを列挙すると――ベン・ヘクト脚本・オットー・プレミンジャー監督の『歩道の終わる所』(五〇年)、エリア・カザン監督の『暗黒の恐怖』(五〇年)、ウィリアム・ワイラー監督の『探偵物語』(五一年)、リチャード・フライシャー監督『その女を殺せ』(五二年)、ウィリアム・マッギヴァーン原作、フリッツ・ラング監督の『復讐は俺に任せろ』(五三年)……。

客　凄い面子（メンツ）ですね。刑事物大流行だったわけだ。

先生　そうだね。だが、さすが、ハリウッドの巨匠たち——それぞれの特色を出して、エピゴーネンに終わらないところが偉い。

客　ほう、それは……じゃ、各作品に簡単な解題をいただけますか？

先生　『歩道の終わる所』は、正義漢だが、やり過ぎてしまう刑事が被疑者を誤って殺してしまい苦悩する。この作品には、レヴィンソン&リンクによって初代コロンボを拝命された（『Enough Rope』／六〇年）バート・フリードが相棒の平刑事で出てくるんだが、大柄で、むっつりして——威圧感がある典型的な刑事役で、後のコロンボのキャラクターには程遠い感じだな。『暗闇の恐怖』、これはアイディア賞ものだね。殺人死体に肺ペスト感染が判明。捜査陣は保菌者と思われる犯人検挙と感染拡大防止の——今でいう《クラスター班》のような働きを余儀なくされる。『探偵物語』の原題のDetectiveはホームズのような名探偵ではなくて、日本警察における「刑事」を意味するので、本当は『刑事物語』と訳すべきだろう。基本、分署内のワン・ロケーションで複数の犯罪が扱われ、主人公刑事の苦悩も描かれている。これをして『裸の町』の継承・発展形と見ることもできると思う。『刑事コロンボ』関連では、またしてもバート・フリードが刑事の役で出てきて女万引き犯のリー・グラントを担当しているのが——

客　え？　リー・グラントというのは『刑事コロンボ』実質的第一話で最強女性犯人を務めた女優さん——？

先生　そうだね。ここでも、フリードは不平たらたらの平刑事。やはり警部補まではいかない平刑事が似合う役者ということだったんだろう。それにしても、コロンボになりそこなった刑事顔役者が

『刑事コロンボ』最強女性犯人と二十年前にすでに対決していたなんて、面白い因縁だと思わないか。こうした、私の中で点と点で認識していた俳優が『刑事コロンボ』を通して結ばれて線が浮かび上がるというケースは多々あって、自分でも驚いているよ。こうなったら、相関図かコロンボ曼陀羅図でもでもつくろうかという勢いで——。

客　いや、尺の関係もあるので、それは読者有志にやっていただくということで——次へ行きませんか？

先生　——あ、うん。『その女を殺せ』は、寝台列車内のワン・ロケーションで事件が起こる。『オリエント急行』より『ロシアより愛をこめて』を想起させるアクション編だな。『復讐は俺に任せろ』は、組織に付き物の「悪徳警官・悪徳刑事」告発の話だった……。

客　なるほど五〇年代の映画界は刑事物豊穣の時代だったんですね。

先生　「刑事物」というのは、日本のみの呼称だから、今では、このあたりのモノクロ映画は一緒くたにフィルム・ノワールとか呼ばれていて、このフランスからの逆輸入的呼称も、私には違和感があるんだが、まあ、悩ましいところだ……呼称と言えば、これは菊地秀行先生情報なんだが、『裸の町』はテレビ化（五八〜六三年）もされていて、『テレビ・ガイド』誌のニューヨークの警官が選ぶオールタイムのPolice Dramaの第一位に輝いている。

客　ポリス・ドラマですか。私ら読書子も『87分署』のことは、刑事小説じゃなくて警察小説って呼んでましたからね。

先生　このテレビ版『裸の町』は日本放映もされていて、菊地秀行先生は観ていた。私はその頃、小学校低学年だから幼過ぎて観ていないのだが、調べてみたら『刑事コロンボ』シリーズ出演者のウィリアム・シャトナーやポール・バークも出ていたね。

客　菊地先生、さすがですね。

先生　いや、さすがといえば、菊地先生、テレビ・シリーズの『87分署』（六一〜六二年）も観ていたよ。これは私も年齢やその他の事情で観ていなかった。それで、まず、国内版のソフトを探したのだが、出た形跡がない。それでさらにネット検索を掛けてみたのだが、そもそも、これが日本で放映されたという情報が出てこない。そのうえ、日本制作の『87分署シリーズ　裸の町』というややこしいタイトルのドラマが検索にヒットして苛々させられた。そこで菊地先生に再確認したところ、主演のロバート・ランシング（スティーヴ・キャレラ刑事）の名前も覚えていたので、日本放映があったのは、間違いないのだが……仕方なしに、本国版のＤＶＤ六枚組セットを取り寄せたよ。

客　さすがです。

先生　そんなの当たり前でしょうがっ。大本命ドラマ『87分署』を観ずして刑事物を語れますか。

客　——で、その大本命刑事ドラマいかがでした？

先生　よかったよ。警察小説ジャンルを確立したエド・マクベインの原作に忠実に作ってあるから各エピソードの建付けは万全。全三十話の第一話が『ハートの刺青』をベースにしていて——。

客　それって、スティーヴ・キャレラの聾唖（ろうあ）の奥さんテディが活躍するエピですね！

先生　そう、そこに気づくとは、君もさすが年季の入ったミステリ通じゃないか。

客　まあ、あたしは、もっぱら小説中心ですが。——で、テディは誰が演じているんで？

先生　それが、何とジーナ・ローランズだったんですねえ。

客　え？　あのピーター・フォークの盟友ジョン・カサヴェテス監督の奥さんの？

先生　そうだね。この時、すでにカサヴェテスとは結婚していたのだが、映像デビューは、実は、この『87分署』だったんだ。

客　それは大発見ですね。——で、ローランズどうでした？

先生　大いに敬服した。だいたい、デビュー作にして主役の妻の準レギュラーで、台詞なしの聾唖の役を健気に演じ、しかも、事件解決にも大活躍するんだから恐れ入る。これは相当の演技力がないとできない芸当だ。デビュー当時の超美形の若きローランズを観られるだけでも眼福だが、まずは、彼女の演技力に脱帽したね。

客　ローランズは、『刑事コロンボ』の『ビデオテープの証言』にも出ていましたね。

先生　いいところに気がついたね。『87分署』はNBC＝ユニヴァーサル製作だから、後の『刑事コロンボ』出演者が多く出ている。——まず、第一話でテディを脅かす結婚詐欺の殺人者が、何とロバート・カルプ！

客　『刑事コロンボ』犯人役常連が、すでに『87分署』第一話で犯人役をやってたんですね。

先生　カルプだけじゃないよ。御大ピーター・フォークとレナード・ニモイも出ているのだ。

客　それは……凄い。

先生　別々のエピソードだけどね。フォークは『pigeon』というエピソードで第一容疑者として拘留され、キャレラ刑事たちにたっぷり絞られる。ウソ発見器にかけられたり自白剤（？）を打たれたり……途中、拘置所で不満を爆発させるところは、初期のピーター・フォークが「熱演型」の役者だったことが、よくわかる。

客　ほう……で、ニモイのほうは？

先生　こちらは、女たらしのチンピラ犯罪者の役――後の『スタートレック』のミスター・スポックの役からは想像もできない七三分けの髪に細いタイのニモイ――まあ、それだけでも観る価値のある、これも眼福（?）のうちかな（笑）。それから、主演のロバート・ランシングについても一言。映画はＳＦの『４Ｄマン』が初主演だが、四〇年代から様々なジャンルのテレビ・ドラマに多く出演していて（『エラリイ・クイーンのさらなる冒険』や『ジェシカおばさんの事件簿』も含む）、知的な悪役もできそうなシャープな顔立ちだから『刑事コロンボ』にも、ぜひ犯人役で出演してもらいたかったね。

客　ともかく、『87分署』出演者が四人も『刑事コロンボ』の主要キャストとして出ているわけですね。これは『刑事コロンボ』ファン垂涎のシリーズじゃないですか。

先生　そうだね。その意味で国内版ソフト発売を願いたいところだが、まあ、これまでの業界のこの分野への無知・無関心さからすると、まず無理だろうね。ともかく、先にも述べたように、『刑事コロンボ』と出演者が重なるテレビ・シリーズは数多くあって、今後の原稿でもそうした《コロンボ相関図》は、できうる限り追及していくつもりだから覚悟しておくように。

客　はあ……で、今。六〇年代のテレビ・ドラマまで来たところですが、テレビ全盛のこの頃、他に観るべきものは？

先生　強力なのがあるよ。『87分署』と同時期の五九年から六三年にかけて放映された『アンタッチャブル』というのが――。

客　ブライアン・デ・パルマが後にリメイク映画を撮ってますね。

先生　うん。このオリジナル・テレビ版『アンタッチャブル』は、私も子供の頃、毎週楽しみに観ていた。タイトルバックのテーマソング（ネルソン・リドル）もはっきり覚えているくらい。お話は、一九三〇年代、禁酒法時代のアメリカを舞台に、財務省特別捜査班（後のＦＢＩ）のエリオット・ネスがシカゴ、ニューヨークをはじめ、アメリカのマフィアや犯罪者を摘発する姿を描いた実録タッチの犯罪ドラマで、当時流行っていた軽機関銃、トンプソン社製の通称シカゴ・タイプライターを派手に撃ち合うシーンが受けて、本国でも四〇パーセントの高視聴率を叩き出していたんだね。当然、日本でも大人気だった。

客　これも、六〇年代の刑事ドラマの一方の雄だったんですね。

先生　うん。ネスは財務省特別捜査官だから、厳密には「刑事」ではないんだが、彼のチームには元刑事もいるし、その後の刑事物はＦＢＩの活躍が主流になっていくから、刑事物の範疇で語ってもいいだろう。それもすこぶる画期的なね——。

客　その『アンタッチャブル』の画期的なところというのは？

先生　機関銃乱射に目を奪われがちだが、『アンタッチャブル』というドラマの要諦はほかにもあるんだよ。

客　と言いますと？

先生　それは『アンタッチャブル』というタイトルが物語っている。アンタッチャブル——の意味は、悪党が賄賂（わいろ）などで触れることができない「不可浸（アンタッチャブル）」——つまり賄賂で寝返る悪徳警官が存在しない「聖域」捜査官の活躍を描いているということ。

客　なるほど、組織を描く刑事物には、端（はな）から悪徳警官・内部監査・警察組織の腐敗というテーマが表の事件と裏腹に内在していたわけですからね。

先生　そこのところが、暴力的だの、イタリア系（ギャング）への差別だのと批判されながらも、大方の視聴者に支持された、大きな裏要因だったと今にして思う。その意味で、それまでの刑事物のアンチ・テーゼでもあったとも考えている。

客 六〇年代にそれほどの人気番組だったら、やっぱり『刑事コロンボ』出演者も……？

客 宝庫だね。レギュラー捜査官ではないが、ゲスト出演枠で多数出ている。列挙してみると、ピーター・フォーク、アン・フランシス、レナード・ニモイ、トーマス・ミッチェル（ドラマ『刑事コロンボ』出演者ではないが舞台版『殺人処方箋』での「先代コロンボ」役）、ロバート・ヴォーン、リカルド・モンタルバン、レスリー・ニールセン、マーティン・ランドー、ジョイス・ヴァン・パタン。

客 九人も、ですか！

先生 うん、私も驚いたんだが、警部補（ルテナント）コロンボと最初に命名されたバート・フリードも出ているから、『刑事コロンボ』関係者に枠を広げれば、俳優だけでも十人重なるということになる。こうした端役を細かく調べればもっと発見できるかもしれない、とても全ては追いきれないよ。他の例では、特に『スタートレック』との共通出演者が多くて追いきれないので、以後、本文中では、レギュラー・クラスの俳優限定でカウントすることにした。同じ理由で、『ヒッチコック劇場』、『ミステリー・ゾーン』他も、特例の場合のみについて言及させてもらいたい。

客 『刑事コロンボ』俳優名鑑だけで、優に本一冊の分量ってことですか。

先生 そういうことだね。だから、今回の【俳優名鑑】の記述は『刑事コロンボ』中心の言及にとどめたい。――ともかく、こんな風に『刑事コロンボ』出演者やスタッフを追っていくと、いくつかのコネクションか浮かび上がってくるんだ。『アンタッチャブル』はＡＢＣ製作で、当時の人気抜群ドラマとして、後に『刑事コロンボ』出演者が多数登場しているわけだけれど、まず、本家ＮＢＣ

＝ユニヴァーサル・コネクション（『87分署』等）が挙げられるね。ニューヨーク演劇畑コネクション（ピーター・フォークもここが演技の出自）もあるし、同じくNYのジョン・カサヴェテス・コネクション、その他、テレビ・映画の人気シリーズ・コネクション（『スタートレック』や『猿の惑星』）等々もある……さすが、七〇年代きっての人気ドラマ、眩暈（めまい）を覚えるくらい俳優・スタッフが『刑事コロンボ』に集結していたわけだ。

客　なるほど、それで、いよいよ七〇年代の『刑事コロンボ』の登場となるわけですが。

先生　そうだね……そこもリアルタイムで体験しているから、まず、『刑事コロンボ』登場前後の当時の状況を語るなら、ドン・シーゲル監督の一連の仕事が挙げられると思うぞ。

客　おお、アクション得意のドン・シーゲル……。

先生　うむ、一般にはそういうイメージだが、昔から活躍している娯楽映画の職人監督で、例えば、本格ミステリをうまく撮った稀有な例『ビッグ・ボウの殺人』（四六年）、刑務所物の佳作『第十一監房の暴動』（五四年）、ＳＦの古典『ボディ・スナッチャー／恐怖の街』（五六年）、ハードボイルドの『殺人者たち』（六四年）と、私も長いこと世話になってきた巨匠なんだが、『刑事コロンボ』前夜で衝撃的だったのは、『刑事マディガン』（六八年）、『マンハッタン無宿』（六九年）、そして『ダーティハリー』（七一年）へ至る刑事物刷新の流れだね。

客　ほう、それで、各作品の中身は？

先生　まず、『刑事マディガン』は、リチャード・ウイドマーク演ずる主人公刑事マディガンのキャラクターだが、「昇進に興味がない」警察組織のはみ出し者だし、「脚と頭を使って」というより、暴力（ヴァイオレンス）で捜査をするという点で、従来の刑事物とは一線を画する刑事像を示している。ちなみに

『刑事マディガン』にはバート・フリードも刑事役で出ていたよ。次の『マンハッタン無宿』は、クリント・イーストウッド演じる地方の保安官がニューヨークに出張してくるんだが、やはり市警組織からは冷遇されるアウトローとしての位置付けだね。そして、『ダーティハリー』の登場。本作でのキャラハン刑事は、サンフランシスコ市警組織からはみ出したアウトローであり、犯人を追い詰めれば「裁くのは俺だ」とばかりにマグナム弾をぶっ放す、後世に多大な影響を与えるアウトロー&ヴァイオレンスの「ダーティハリー」の刑事像が確立されたわけだ。

客　そういえば、同じ年にジーン・ハックマン主演の『フレンチ・コネクション』も公開されていましたね。

先生　そうだね。アウトロー&ヴァイオレンスにカー・チェイスがプラスされた、多くのエピゴーネンを生んだ刑事物のマイルストーン的作品だね。

客　『裸の町』や『87分署』を刑事物の典型とすると、ずいぶん趣きが違いますよね。

先生　うん、だから、当時のミステリ・ファンの受け止め方は、新時代の刑事像として衝撃的だったわけだ。つまり、それまでの組織と法の遵守を行動原理とする刑事像のアンチ・テーゼとしての刑事の登場ということだね。

客　ううむ……そうした時代状況の中で『刑事コロンボ』が出てきたというのは——当時は、どういう受け止め方をされていたんでしょう?

先生　刑事物という括りで言えば、レヴィンソン&リンクも明言しているように、ヴァイオレンス刑事像の更なるアンチ・テーゼ——ヴァイオレンスよりインテリジェンスを目指した刑事ドラマということがあった。ヴァイオレンス刑事主流の趨勢の中で「推理」を捜査の中心に据えた刑事が出てきたという驚きはあったね。

客　アンチのアンチですか……なんか面倒な話になってきましたねえ。

先生　面倒といえば、更に面倒な話があって……。

客　何ですか？

先生　六〇年代の仕事から、とりあえずヴァイオレンス派に分類したドン・シーゲル監督なんだが、実は『刑事コロンボ』の実質第一話『殺人処方箋』の脚本に興味を示していて、制作陣とミーティングまでしてるんだ。

客　ええ!?　それはまた……シーゲル監督、なにを考えてるんだか……混乱する話ですね！

先生　そうだねえ、ところが、シーゲル監督、スケジュールの関係で『刑事コロンボ』起用の話は流れたんだとか。

客　時系列からすると、『刑事マディガン』か『マンハッタン無宿』の頃ですよね。その流れで行くと、ドン・シーゲル版の『刑事コロンボ』が実現していたら、やっぱり強面刑事みたいのになっちゃうんでしょうか？

先生　うーん、いや、そうはならなかったと思うよ。ガチの本格推理の『ビッグ・ボウの殺人』を、きちんと撮った職人監督だもの。起用されれば、それなりに、倒叙形式の良作ミステリを作っただろうよ。――でも、ドン・シーゲル版『刑事コロンボ』も、ちょっと観てみたい気もするか……。

客　同意。見果てぬ夢はこれくらいにして――そろそろ『刑事コロンボ』に話を戻しましょうか。

先生　ウイ。――まあ、刑事ドラマの括りで考えると、ヴァイオレンスだのインテリジェンスだの、アンチ・テーゼだのって、話がややこしくなってしまうが、『刑事コロンボ』を、単にミステリ・ドラマとして捉えれば、話は簡単になる。

客　ん？　じゃ、『刑事コロンボ』は、従来の刑事ドラマとは異なるものだのと？

先生　極論すれば、そういうことになるね。『刑事コロンボ』という邦題の「刑事」に引っ張られて、日本では刑事物の範疇で語られてしまいがちだが、原タイトルは「刑事」抜きの個人名『Columbo』だろ。これは、「名探偵」の同義語として「Holmes」を用いる例を想起させる。

客　そういわれれば、そうですね。レヴィンソン&リンクの後継番組も探偵名のみの『Ellery Queen』ですもんね。つまり、コロンボ制作陣にとって、「刑事」というより「名探偵」のイメージが強かったと。

先生　そう。レヴィンソン&リンクは、実は、黄金時代本格ミステリの名探偵対名犯人の再現をしたかった。だが、それを現代の映像でやるには、序盤の退屈さとか、いろいろと無理がある。そこで、最初からサスペンスの持続が見込める「倒叙」――倒立した本格ミステリの形式を通年採用したのではないかと思うんだが、どうだろう？

客　なるほど、『刑事コロンボ』は、基本、単独行動だし、『裸の町』や『87分署』みたいな刑事物の要件を十全に満たしているとは言えませんものねえ。合点がいきました。――で、下世話な話ですが、当時、対極にあったダーティハリーとコロンボ、どっちが人気ありました？

先生　そんは……対極にあるものを安直に比較はできんが、私個人としては、『ダーティハリー』は映画館で観て、新しいヒーロー像として快哉を叫んだし、『刑事コロンボ』も毎回欠かさず楽しみに観ていたね。まあ……世間一般には『ダーティハリー』、ミステリのコア読者には『刑事コロンボ』が人気だったように記憶している。

客　それじゃ、その後の刑事物は――。

先生　それは、勘弁してくれ。コロンボ、ダーティハリーから半世紀も経っているんだから、それだけで一冊分語らねばならんことにから。

客　でも、最近も相変わらず刑事・犯罪ドラマ観ているんでしょう？

先生　うむ、まあ、業のようなもんだからな。

客　今現在、観ているものの傾向と対策――ということでひとつ。

先生　そうか、じゃ、思いつくままに列挙しておくと、『裸の町』以来の刑事物の正当継承として北欧ミステリの『The Bridge ／ブリッジ』や『キリング』シリーズは面白かった。一方、アメリカ産のものは、刑事物の要件＋アクション・ヴァイオレンス要素を満たしつつ何かに特化して他との差別化を図ったものが面白いね。

客　何かに特化？

先生　うん。科学捜査に特化した『ＣＳＩ』『Bones　骨は語る』等のシリーズ、プロファイリングに特化した『クリミナル・マインド』、犯罪者が捜査に協力する『ブラック・リスト』、テロ対策に対化、リアルタイム進行でノンストップ・サスペンスに成功した『24』……etc.　あー、もう、きりがないから、これくらいで勘弁してくれんか？

客　はあ。こちらも、もう、終電の時間なんで、これくらいでご失礼をば。

名コンビが「名刑事」を生み出すまで

菊池篤

ふたりが出会った日

のちに『刑事コロンボ』の生みの親となるふたりが出会ったのは、中学校の最初の授業の日でした。リチャード・レヴィンソンは一九八四年のインタビュー（『刑事コロンボの秘密』所収）で、クラスメイトから「この学校にはきみと同じものが好きで、きみと違ってチビの男の子（レヴィンソンは長身でした）がいるから探してごらん」と言われたと回想しています。

推理小説と手品が大好きだったレヴィンソンは、すぐにその小柄な少年に出会うことができたそうです。彼――ウィリアム・リンクもまた、友人に教えられた「好きなものがそっくりの、きみと違ってのっぽの男の子」を探していたのでした。

リンクは二〇一〇年のインタビュー（NHK-BS『私が愛した「刑事コロンボ」』）でこう言っています。

「私たちは会ったその瞬間から、親友になりました。それから、ディック（レヴィンソン）が不幸にも亡くなるまでの四十三年間、私たちはずっと友達でした」

お互いのことを話すうちに、ふたりの少年は自分たちが、あまりに多くの共通点を持っていることを知りました。

ふたりとも、『キャプテン・マーヴェル』や『スーパーマン』のコミックに心を躍らせ、ディズニー映画に親しみ、エラリィ・クイーンやジョン・ディクスン・カー、E・S・ガードナー、レイモンド・チャンドラーといった作家たちの本を読み漁っていました。

喜劇映画も大好きでした。特にふたりのお気に入りは、アボットとコステロのコメディ。互いと出会ったのちには、もしかするとレヴィンソンとリンクはこの「ちびとのっぽの名コンビ」に、自分たちを重ねていたのかもしれません。

演劇もまた、レヴィンソンとリンクの共通の趣味でした。

ふたりが生まれ育ったフィラデルフィアは演劇興行が盛んな街で、当時はブロードウェイにかける前の試練（トライアル）がよく行われており、彼らは数えきれないほどの舞台を楽しんだそうです。

そして彼らの少年時代の「娯楽の王様」と言えば、忘れてはいけないのがラジオ放送。『ジャック・アームストロング』や『ライツ・アウト』『サスペンス』といった連続ラジオドラマも、彼らの毎週の楽しみの一つでした。

やがて聴くだけでは満足できなくなった、このふたりの中学生は、「勉強に使う」と両親にねだってワイヤー・レコーダー（磁気録音装置）を買ってもらい、友人たちを呼んで自作のラジオドラマを録るまでになります。この時に共同で書いたシナリオが、あるいは「アメリカで最も成功した脚本家コンビ」の、最初の作品と呼べるかもしれません。

ともに「物語を書く」ことを楽しむ創作者であったことが、ふたりを「生涯の友」へと結びつけたのです。

青春時代は執筆とともに

当然のように同じ高校に進学したふたりは、本格的に小説の合作を始めます。当時、彼らが書いていたのは、主にエドガー・アラン・ポォやO．ヘンリーの影響を受けた、ややダークな雰囲気とサプライズ・エンディングを持つ……日本語でいえば「奇妙な味」と呼ばれる類の短編でした。

一方で、ハードボイルドにも親しんでいた彼らは、「探偵」が登場する作品も書き始めました。『エラリィ・クイーンズ・ミステリ・マガジン（EQMM）』誌に投稿した「アメリカ探偵作家クラブ事件」という短編は、クイーンやカー、アントニー・バウチャーといった作家たちが実名で登場して不可能犯罪をみんなで解き明かすという、なかなかにとんでもない話だったようです。

先述のインタビューでリンクは、「フットボールや、その他みんながやりたがることはひとつもやらないで」、毎日のように放課後、集まって物語を書いていたと述懐しています。

高校三年のときには『選挙の時間』というミュージカルを書き、学園祭で上演しています。タイトルの通り、選挙戦を舞台にしたドタバタ喜劇で、街を挙げての大評判になったそうです（ノベライズ版『殺人処方箋』著者紹介など）。同作の成功で「私たちは（「脚本家として食べていく」ことへの）野心を覚えた」と、リンクは語っています（九五年、ABCによるインタビュー）。

レヴィンソンとリンクが揃ってペンシルバニア大学のビジネススクールに進学したのは、息子に家業を継がせたいと考えていたそれぞれの父親の意向（どちらも裕福な実業家でした）が大きく、本人たちで示し合わせたわけではないとふたりは語っています。

ともあれ大学でも、彼らは「共同作業」を続けることができました。ふたりは次々と、新しい活動に着手しました。学内の劇団「マスク・アンド・ウィッグ」に脚本を提供するとともに、作品の発表の場としてユーモア雑誌『ハイボール』を創刊。現在も続く学内報『デイリー・ペンシルバニアン』には、映画評のページを持っていました。

特筆すべきは大学在学中の一九五四年、彼らの小説が初めて『ＥＱＭＭ』誌に採用、掲載されたことです。

その短編「口笛吹いて働こう」（"WHISTLE WHILE YOU WORK"、ふたりが好きだったディズニーの『白雪姫』に登場するナンバーから取ったものでしょう）は、妻から「甲斐性なし」と罵られる老新聞配達人が、自分が届けている手紙の中に、連続殺人の「死の予告状」が紛れていたことに気づき――という作品です。ラストにおいて「犯人の物語」となる同作は、確かにのちに『刑事コロンボ』を生むふたりらしい一作と言えるでしょう。

ミステリ映画批評家の中邑孝雄氏は、『刑事コロンボ』のシナリオの構造――特に「探偵の側が（本来、トリックを行使し「騙す」側である）犯人に〈逆トリック〉を仕掛ける」という「騙し」の反復に着目し、「『コロンボ』の会話劇は、全編モノローグであってもおかしくない」という言い方で、「犯人」と「探偵」が表裏の関係にあるという二重性こそが同シリーズの特色であり、それはレヴィンソンとリンクが「ふたりでひとりの作家」であったことと無関係ではないだろう、と論じています（ブログ「めとＬＯＧ《ミステリー映画の世界》」）。

「口笛吹いて働こう」では、まさに主人公が「探偵」と「犯人」の二重の役割を担わされており、（中邑氏の見立てに倣えば）「コロンボの原点」と呼ぶべき一作でしょう。

同作をエラリイ・クイーンが――レヴィンソンとリンクにとっては大好きな作家というだけでなく、「ふたりでひとり」の偉大なる先達でもあるクイーンが――称賛し、世に送り出してくれたことで、彼らがどれほど勇気づけられたかは想像に難くありません。

彼らが青春を過ごした一九五〇年代は、テレビ放送が力をつけてきた時代でもありました。一九四八年には〇・四パーセントだった全米におけるテレビ受信機の対世帯普及率は、一九五五年には六四・五パーセントに達し（NHK放送文化研究所「米商業テレビネットワーク50年の軌跡」）、テレビは一般庶民にとっても「手の届く娯楽」となっていたのです。

毎週のように劇団へ脚本を書き下ろしていたふたりが、「テレビドラマのシナリオライター」という仕事に興味を持つのは、いわば当然のことでした。

彼らはテレビ用の脚本を書き貯め、大手テレビ局や関連会社が集中するニューヨークへ売り込みに出ることを企図しました。ブロードウェイを有するニューヨークは、言うまでもなく彼らが愛する演劇の聖地でもありました。

ふたりはその時、すでに大学四年生になっていました。卒業論文を書かねばならないことを思い出した彼らは、なんと、それら脚本を研究の成果として提出したといいます。彼らの専攻では論文以外の出版物での代替提出が認められており、ふたりの「合作卒論」は無事に受理されました。

ふたりが初めてニューヨークにシナリオを売り込みに行ったのは、卒業式のわずか二日後だったそうです。

初めて「コロンボ」がテレビに現れた

大学卒業後、リンクが二年間の兵役から戻るのを待って（アメリカでは一九七三年に志願兵のみからなるボランティア制徴兵に一本化されるまで、一定年齢の青年からランダムに徴兵する選抜兵役制度が運用されていました。レヴィンソンは半年の予備役のみで徴兵を逃れています）、ふたりはニューヨークへ移住し、キャリアを本格的にスタートさせました。一九五八年のことです。

同年のうちに、彼らの共同脚本に買い手がつきました。ただし、採用したのはアメリカではなくカナダの放送局で、リンクは「家族も友達も、誰も放送を見ることができず、フラストレーションを感じた」と回想しています。

アメリカでの「デビュー」は翌五九年三月、『デジル劇場』の一エピソードに採用された「指揮系統」でした。『デジル劇場』は、続き物でない単発ドラマを毎週放送するアンソロジー・シリーズで、のちに『トワイライト・ゾーン』や映画にもなった『アンタッチャブル』などの人気ドラマがスピンアウトしています。

「指揮系統」は好評を持って迎えられ、翌年の『テレビ・ガイド』誌では、シーズン中の最高傑作だったと評されています。訓練生の教育を担当する陸軍中尉が、生意気な二等兵を指導しようとするも、彼が自分の父親の勤め先の社長の息子と知って焦る……というストーリーで、同作で「生意気な二等兵」役だったマーティン・ミルナーは、のちに『コロンボ』の「構想の死角」で犯人の相棒の「人のいい作家」ジム・フェリスを演じ、殺されることになります。

テレビドラマ制作の「本場」がハリウッドに移りつつあることを感じたレヴィンソンとリンクは、その年のうちにロサンゼルスに引っ越します。ふたりはさっそく、制作会社フォースター・フィルムズと二年間の契約を結ぶことに成功し、いくつかのサスペンスドラマ・シリーズに脚本を提供しています。

この頃、彼らは同時に小説の執筆も続けており、『プレイボーイ』誌などに短編を発表していました。一九六〇年、『アルフレッド・ヒッチコック・マガジン』三月号に掲載された「愛しい死体」もそのひとつで、当時は本人たちも含め、その短い物語の重要性には、誰も気づいていなかったでしょう。

この「愛しい死体」こそは、『刑事コロンボ』第一作「殺人処方箋」の原型なのです。

もっとも、犯人の「愛人と共謀してアリバイを偽装した妻殺し」のトリックこそ共通しているものの、同作の舞台は（コロンボが活躍するロサンゼルスではなく）ニューヨークで、「殺人処方箋」とは、キャラクターの名前も設定も異なります。今回、早川書房様と訳者の上條ひろみ先生のご厚意により、同作の邦訳版（『ミステリマガジン』二〇一一年十一月号掲載）を本書に収録することが出来ました（一七七ページ）。ぜひ、『殺人処方箋』と比べてみてください。

最も大きな違いは、「探偵役との対決」が存在しないこと――フィッシャーという名を与えられた刑事が登場するのは最後の一ページのみ、それも、犯人を自宅の前で待ち構え、一緒に部屋に入るだけでした。掲載にあたって変えられた元のタイトルは、刑事のわずかなセリフから取った「入ってもよろしいですか？」というものだったそうです。

レヴィンソンとリンクが、この物語にコロンボという名の刑事を登場させるのは、それから四か月後のことです。

六〇年の一月から全米脚本家組合は大規模なストライキを決行し、組合に加盟する脚本家たちは、映画やテレビドラマへの執筆を禁じられました。ストは五か月間にも及び、レヴィンソンとリンクは収入を断たれて途方に暮れてしまいます。

幸運なことに、ストの規定に「生放送番組への参加は禁止しない」という条項を発見した彼らは、当時、六〇分枠でサスペンスドラマを生放送していたアンソロジー・シリーズ『シェヴィー・ミステリー・ショウ』に脚本を売り込むことを決めました（オーストラリアのファンサイト"the columbophile"より）。

新奇性として「犯人当てではないミステリを」と考えたふたりは、『ヒッチコック・マガジン』に採用されたばかりの短編を、ドラマシナリオにリライトすることを思いつきました。

ストーリーを膨らませるため、ドアをノックするだけだった刑事に推理と対決の見せ場を与えることにしたふたりは、自分たちが親しんだ「黄金時代」の名探偵たちの誰とも違う新しいキャラクターを目指し、何度も話し合いを重ねて「コロンボ」という警部補（ルテナント）を生み出しました。リンクはインタビューなどでたびたび、コロンボのモデルが、ドストエフスキーの『罪と罰』に登場し、主人公・ラスコーリニコフを追い詰めていくポルフィーリィ予審判事だと明かしています。

『イナフ・ロープ』という題を与えられたシナリオは、同年七月三十一日に放送されます。"Enough Rope"とは、"give a person enough rope"（相手に好きなようにやらせて自滅するのを待つ）という慣用句から取られたもので、コロンボ警部補の登場とともに追加された、「探偵側が犯人に仕掛ける〈逆トリック〉」を表したものでしょう。あるいはコンビはタイトルをつけた時点で、〈逆トリック〉というギミックこそが、この作品の——そしてもちろん、のちには『刑事コロンボ』というシリーズの——最大のアピール・ポイントになることを予期していたのかも知れません。

同作でコロンボを演じたのは、ブロードウェイ出身の名バイプレイヤーとして知られていたバート・フリードでした。ミステリ色の強い作品で言えば、『探偵物語』（五一年）で刑事のひとりを演じているほか、『イナフ・ロープ』と同時期にはドラマ『弁護士ペリー・メイスン』にも何度かゲスト出演しています。

レヴィンソンとリンクは『イナフ・ロープ』の出来栄えには納得できなかったようで、「ずさんな出来だった」と評しています。生放送ゆえの不手際がいくつもあったとのことですが、不満の理由はそれだけではなかったようです。

『刑事コロンボの秘密』のインタビューで、レヴィンソンはそれを示唆する証言をしています。「殺人犯役の俳優が、コロンボがドラマをひとり占めしようとしていると憤慨したんだ」。リハーサルの最中にフレミング医師役のリチャード・カールソンが、刑事が目立ちすぎると抗議し、監督はフリードに「でしゃばりすぎないように」と言って彼の演技プランを大幅に変えてしまったというのです。おかげで、性格俳優として知られたフリードは十分にその持ち味を発揮することができなかったのだと、レヴィンソンは残念がっています。

そのせいもあってか、後年、リンクが友人宅のパーティでフリードに会い「私たちのコロンボを最初に演じてくれたのはあなたなんですよ、覚えていますか？」と訊ねた時には、彼は『イナフ・ロープ』のことをすっかり忘れてしまっていたといいます。

しかしそれは、同時に「コロンボ警部補」が、共演者が嫉妬するほどに魅力的なキャラクターになり得ることが証明された事件でもあったのでした。

舞台『殺人処方箋』とトーマス・ミッチェル

ロサンゼルスに移り、テレビの仕事をスタートさせたふたりですが、中学時代からの演劇への熱意も失ってはいませんでした。彼らは一年の半分をニューヨークで舞台劇の執筆をして過ごし、もう半分はロサンゼルスでテレビドラマの脚本を書くという「二重生活」を夢見ていたそうです。

劇作家としての足掛かりとして、ふたりは小説からテレビドラマにリライトした『イナフ・ロープ』を、さらに演劇作品に仕立て直すことを考えました。元が生放送用のシナリオだったため、場面転換がほとんどなく、カーチェイスや爆破といった「映像的」なシーンも必要としなかったので、舞台劇への「変換」が容易だったのです。

『殺人処方箋』と改題した戯曲は、当時ブロードウェイで成功していた演劇プロデューサーのポール・グレゴリーの目に留まります。同作を気に入ったグレゴリーが興行のために揃えたキャストは、若手作家の作品としては異例な豪華さでした。

フレミング役は、『市民ケーン』『第三の男』などオーソン・ウェルズ作品の常連ジョゼフ・コットン。被害者のフレミング夫人にはゴールデングローブ賞女優のアグネス・ムーアヘッド（日本では後年に出演した『奥さまは魔女』のサマンサの母・エンドラ役が最も有名でしょう）。そしてコロンボ役には、アカデミー賞を獲った『駅馬車』をはじめ、『スミス都に行く』『風と共に去りぬ』などの名脇役で名高いトーマス・ミッチェルが選ばれました。

しかし、『殺人処方箋』が、当時の自分たちには不釣り合いなほどの豪華キャスト・ビッグバジェットの興行になったことは、最初こそレヴィンソンとリンクを喜ばせましたが、のちには彼らにとっての「壁」となりました。

『殺人処方箋』は、興行的には大成功でした。サンフランシスコを皮切りに全米各地を回り、カナダにも足を伸ばす二十五週間にわたるロングラン・ツアーとなったのです。

しかし、その初期に与えられた批評は、決して芳しいものではありませんでした。サンフランシスコでの公演が終わった時、レヴィンソンとリンクは脚本の第三幕をリライトすることを望みました。「演劇とは、巡業を重ねるうちにどんどん成長していくものだ」というのが、彼らの考えでした。

しかし、グレゴリーたち興行主はツアー中、一度のリライトも許しませんでした。「大当たりで十分な利益を上げているのに、今さら何を変えるというんだ」というのが、彼らの言い分でした。そして、若いふたりにはそれをはねのける権限はありませんでした。

ふたりは大いに不満を抱き、著作権者として上演差し止めの手続きを取ろうとまでしましたが、のちにこの「リライト拒否」は、トーマス・ミッチェルの健康状態を慮ってのことだったと分かりました。知られてはいませんでしたが、彼は当時、がんを患っていたのです。

ミッチェルは体調が悪化する中で、新たに台詞を覚え直すことに不安感を持ったようです。自身の演技が完璧でなくなると。それはこの偉大な俳優のプライドだったのでしょうし、ミッチェルがコロンボという役を愛していたことの証左でもあったと思います（リンクは後年、「これは私の作品だ。脚本家は最後列に座ってろ」とまで言い放ったミッチェルに、ふたりして震え上がったと述懐しています）。そしてプロデューサーたちも、ミッチェルの「完璧」なコロンボを守りたかったのでしょう。

レヴィンソンは、サンフランシスコでの初演時、カーテンコールで自身が目撃した「事件」をこう語っています。「トーマス・ミッチェルが姿を見せると、拍手は天井を突き抜けんばかりに高まる。その後ろへ主演のジョゼフ・コットンが現れると、拍手は少し静かになるんだ。コロンボ刑事がこんな効果をもたらす結果になるとは、私たちはまったく予期していなかった」（『刑事コロンボの秘密』）。

その後も各地の劇場で、同じ現象が起こったそうです。ミッチェルが演じた「葉巻の灰だらけのコートに、古ぼけたソフト帽の刑事」は、この舞台の看板になっていました。コットンは嫉妬こそしなかったでしょうが、『イナフ・ロープ』の時のカールソンの抗議が、現実のものとなったのでした。

六二年の十二月、ミッチェルは

［コラム］ふたつの結末

上演中止まで言い出すほどにレヴィンソンとリンクが直したかった「第三幕の修正点」とはなんだったのでしょうか。舞台版『殺人処方箋』の映像は残されておらず、現在、手に入れることができる戯曲はのちにふたりがリライトした稿が元になっているので、今となっては想像することもできません。
ところで、舞台版から再びドラマ版に脚本を改稿する際にも、ふたりはストーリーに大きな変更を加えています。日本を代表する『刑事コロンボ』研究家の町田暁雄氏によれば、舞台版の結末はのちのドラマ版とはまさに「真逆」というべきもので、愛人で共犯者のスーザンが自殺したと伝え「おめでとう先生……これであなたもご安泰だ」と言って部屋を出ていこうとするコロンボに、フレミングはスーザンがいないのならば無罪も意味がないと言い、自供すると告げるのだそうです（同人誌版『刑事コロンボ読本』より）。
ファンサイト“the columbophile”では、「スターであるジョゼフ・コットンに花を持たせるために、ラストでフレミングを良心的な人物と着地させる必要があったのではないか」と分析しており、あるいはレヴィンソンとリンクは、舞台版でのトーマス・ミッチェルでの人気を受けて「観る側がこれほどコロンボを愛し、感情移入してくれるなら、フレミングを悪辣な人物のまま終わらせてもかまわないのではないか」と考えたのかもしれません。

公演先で倒れ、そのまま帰らぬ人となりました。『殺人処方箋』の興行も、ブロードウェイでの「本公演」を待たずにそのまま打ち切られることとなります。

リライトをめぐって揉めていたとは言え、レヴィンソンとリンクにとっても、グレゴリーたちにとっても目標であったろうブロードウェイ公演を「捨てた」のは、彼ら全員にとって「ミッチェルのコロンボ」の存在が、あまりに大きかったからなのでしょう。

最後の公演の地は、数奇な巡り合わせというべきか——レヴィンソンとリンクの故郷・フィラデルフィアでした。

再びテレビの世界へ

コロンボというキャラクターの可能性に気づいたレヴィンソンとリンクは、再びテレビの世界に目を向けます。

一九六〇年代に入り、大作主義の流行による製作費の高騰や、それを避けるための「ハリウッド離れ」、製作本数の減少といった状況に行き詰まりを感じていた映画およびテレビ業界は、「テレフィーチャー（テレビ映画）」という新たなシステムを創出しました。映画会社とテレビ局が共同で出資して二時間の映画を製作し、テレビ番組として放映した後で映画会社が国内の二番館や海外へ配給する、という二重の利益化を企図した仕組みです。

ふたりは生まれたばかりのこの新しいフォーマットのために、テレビ局は二時間ものの単発のシナリオを求めているはずだと考えたのでした。

最初期に『殺人処方箋』のテレビ版シナリオを持ち込まれたひとりは、レヴィンソンとリンクが脚本家として参加していた『ヒッチコック劇場』の監督だったノーマン・ロイドでした。

ロイドは演出家・俳優として親交があり、テニス仲間でもあったジョゼフ・コットンから、ふたりのことをよく聞かされていたそうです。

「ジョー（コットン）は、若く才気にあふれ、人殺しのことばかり考えていたふたりのことを、よくレオポルドとローブになぞらえていたよ」

「レオポルドとローブ」とは、一九二四年に誘拐殺人事件を起こした二人組で、ともに名門シカゴ大学の学生であり富裕な実業家の令息だった当時、十九歳の少年たちのことです。

高校時代からの親友（同性愛関係にあったと言われています）で、ニーチェの超人思想にかぶれたレオポルドと、犯罪小説に耽溺したローブは「自分たちが優れた人間だと証明するために完全犯罪を達成する」という異常な動機の下、十四歳の少年ボビー・フランクスを殺害しました。あまりに理解しがたい犯行に世論は沸騰し、事件はヒッチコックの『ロープ』（正確にはその原作である戯曲）のモデルになるなど、後世のカルチャーにも大きな影響を残しました。

コットンのように引き合いに出す人は多かったでしょうし、レヴィンソンとリンク自身も、自分たちと共通点の多い――ともに裕福なユダヤ人家庭の出身、同じ高校・大学に揃って進学している、イニシャルがLで共通する（Levinson & Link／Leopold & Loeb）――この二人組のことは意識していたと思います。ふたりが直接タッチした作品ではありませんが、『刑事コロンボ』でも、新シリーズの「殺人講義」（九〇年）で「エリート大学生コンビによるゲーム感覚の殺人」を描いています。

ロイドは、「レオポルドとローブ」からの『殺人処方箋』テレビ化の打診を断り続けたそうです。「まったく、今思い返すと私の頭の程度が知れようというものだ」とロイドは当時を振り返り、苦笑しています。彼が『刑事コロンボ』に参画するのは、シリーズ化後の七一年を待たねばなりません（ロイドは「もうひとつの鍵」の監督を担当）。

中邑孝雄氏は、この時期にレヴィンソンとリンクが『ヒッチコック劇場』に書いた作品のひとつ「身の上相談」（六三年）を、のちの『刑事コロンボ』につながる重要作と位置付けています。

「身の上相談」は、匿名で読者相談コーナーを担当する新聞記者が、「隣のアパートの奥さんが男を家に連れ込んでいる」という自身の隣人からの投書を読んで妻の不倫を知り、殺害してその罪を浮気相手になすりつけようとする——という作品。

「アリバイを偽装しての妻殺し」という共通するプロットを持ち、物語を通じて犯人と対決する刑事が登場する点、「不倫している夫が妻を殺す／不倫している妻を夫が殺す」という対構造を持っていることなどから、中邑氏はレヴィンソンとリンクが「身の上相談」を、作家としてのふたりと『殺人処方箋』が志向する「面白さ」をプレゼンテーションするための一作として執筆したのではないかと推定しています。

「身の上相談」で犯人役を演じたジーン・バリーが、のちに『殺人処方箋』でフレミング役に抜擢されている事実も、ふたりの同作への想いを示していると言えるかもしれません。

付け加えるなら、「妻に浮気された男」が犯人であり、「罪のなすりつけ」をテーマとし、「犯行現場の鍵」が重要なアイテムとして扱われることから見て、同作がヒッチコックの『ダイヤルMを廻せ！』（五四年）を下敷きに書かれたことも間違いないと思われます。

不思議なことに、レヴィンソンとリンクはこの「映像化された倒叙ミステリ」の偉大な先達について、インタビュー等でほとんど言及していません（あるいは訳知り顔のインタビュアーたちに「『ダイヤルM』から趣向を盗んだんでしょう」と言われすぎて、うんざりしていたのかもしれませんが）。「身の上相談」は、彼らが『殺人処方箋』の映像化を前に、同作を意識していたことを暗示する、重要な証言と言えるでしょう。

そして運命の電話が

転機は舞台版から五年後の一九六七年に訪れます。ユニヴァーサル・スタジオがテレフィーチャー用の企画を探していると耳にしたレヴィンソンとリンクは、エージェントを通じて『殺人処方箋』の脚本を提出しました。それが、『ボディ・スナッチャー／恐怖の街』や『殺人者たち』の監督として知られたドン・シーゲルに見いだされ、その面白さに驚いたシーゲルは、すぐにふたりをスタジオに呼び出したそうです。

シーゲルは同作の監督と製作を務めることを望んでいましたが、別作品の撮影があってスケジュールの都合が立たず、代わりに『マイク・ハマー』（TVシリーズ版／五八年）などを手掛けたベテランで、ユニヴァーサルの重役でもあったリチャード・アーヴィングがその任に就くことになります。

シーゲルはチャンスをふいにした、と軽率に言うことはできません。時系列から見て、彼がその時に撮り始めねばならなかった映画はおそらく『マンハッタン無宿』（六八年）であり、同作で育んだシーゲルとクリント・イーストウッドの友情が、のちに『ダーティハリー』シリーズを生むのですから。

今思えばシーゲルは、とんでもない二択の岐路にいたことになります。

リチャード・アーヴィングはレヴィンソンとリンクに対して紳士的で、舞台の時のようにふたりを現場から閉め出すようなことはしませんでした。彼らもアーヴィングのことを、すぐに好きになったそうです。

　彼らが頭を悩ませたのは、トーマス・ミッチェル亡き今、誰にコロンボを演じてもらうかでした。「ミッチェルのコロンボ」が好きだったレヴィンソンとリンクは、「コロンボ警部補には老獪さが必要」と考え、当時六十四歳だったビング・クロスビーを推薦しました。クロスビーは『我が道を往く』（四四年）でアカデミー主演男優賞を受賞したほか、ミュージカル映画を中心に活躍した名優であり、ヒット歌手でした。何よりクロスビーは、リメイク版の『駅馬車』（六五年／テレフィーチャー）で、前作でミッチェルがオスカーを獲ったブーン医師役を演じていたのです。

　しかし、残念ながらクロスビーは、スケジュールの都合でコロンボ役を引き受けることができませんでした。「脚本は気に入ったのですが、これ以上仕事を受けるとゴルフをする時間がなくなってしまうので」と、クロスビーは茶目っ気を込めた辞退のメッセージを送ったそうです。

　キャスト選びが難航する中、一本の電話が――「運命の電話」が、レヴィンソンとリンクの元にかかってきました。

　それは、彼らの十年来の友人である、ニューヨークの俳優からでした。

「たった今、きみたちの脚本を読んだんだけどね」どういう経緯か、『殺人処方箋』のコピーを手に入れていたその俳優は、こう言いました。

「何としても、あの刑事の役が欲しいんだよ」

　彼――ピーター・フォークの名は、それまで候補にも挙がっていませんでした。レヴィンソンとリンクは、当時四十歳だったフォークでは「若すぎる」と思ったそうです。

ふたりより先に、「ピーター・フォークのコロンボ」に可能性を見出したのは、アーヴィングでした。彼がレヴィンソンとリンクを説得しなければ、半世紀以上にわたって世界中で愛される「名刑事」は生まれなかったのです。

フォークは後年、自分の前にクロスビーがコロンボ役を辞退していたことを知り、こう言ったそうです。

「ビングがゴルフ好きで良かったよ」。

「コロンボ」という名はどこから来たの？

菊池篤

あまりに何度も訊かれるので飽き飽きしたためかもしれませんが、レヴィンソンとリンクは自分たちが生み出した刑事に「コロンボ Columbo」と名づけた理由について、インタビューを受けるたびに違うことを言っています。

『お熱いのがお好き』（五九年）に登場するジョージ・ラフト演じるギャング「スパッツ・コロンボ」の引用、あるいは生涯無敗の伝説のヘビー級チャンピオン、ロッキー・マルシアノのトレーナーだった「アリー・コロンボ」からの拝借、ふたりがよく通っていたというフィラデルフィアの有名なレストラン「パルンボ」（多彩なミュージシャンを招いたショーが呼び物で、フランク・シナトラやルイ・アームストロングもステージに上がっていました）の語感を借りた……など。一九八四年のインタビューでレヴィンソンが明かしたのが、実際のところなのでしょう。「本当のことを言うと、ふたりともよく覚えていないんだ」。

始まりはどうあれ、『刑事コロンボ』に関わったクリエイターたちの中には少なからず、この名をクリストファー・コロンブスと結びつける意識があったようです。「コロンブス Columbus」とは、このジェノヴァ生まれの探検家の姓の英語読みであり、イタリア語ではそのまま「コロンボ（綴りは Colombo）」となるのです。

『ホリスター将軍のコレクション』では、犯人ホリスターに「コロンブスの子孫じゃないのか？」と言わせていますし、『ルーサン警部の犯罪』で、「人気刑事ドラマシリーズの主役として莫大なギャラを取っている俳優」という、明らかに「コロンボ役としてのピーター・フォーク」のパロディである犯人を登場させた時に、その役にウィリアム・シャトナーが抜擢されたのは、おそらく彼が『スタートレック』シリーズにおけるジェームズ・T・カークという「船長」役で有名な俳優であることと無関係ではないでしょう。

第五シーズンの最終話のタイトル『さらば提督』（原題は「提督への最後の敬礼」"Last Salute to the Commodore"／同作は被害者が「提督」とあだ名される人物）も、同作が当初、シリーズ全体の最終回と企図されていたことを踏まえると、「提督」という言葉に「コロンボ」を象徴させる、ダブル・ミーニングだったのだと考えられます。

なぜコロンブスか。そのルーツの一端は、レヴィンソンとリンクが敬愛するエラリィ・クイーンにあるように思われます。

『災厄の町』の冒頭では、中後期クイーン作品の主要な舞台のひとつとなる田舎町ライツヴィルに初めて降り立った（探偵の）エラリィの心境が、次のように記述されます。

　エラリィ・クイーンは、ライツヴィル駅のプラットホームの、すねまで届く荷物の海のなかに立って、おれは提督のようだ、コロンブスのようだと思った。（妹尾韶夫訳）

レヴィンソンとリンクを始めとする『コロンボ』のクリエイターたちは、彼らの名刑事にコロンブスのイメージを重ねることによって、クイーンが自身と同名の探偵に課したのと同じ、「異邦人」「侵略者」としての〈名探偵〉性を与えると同時に、「名探偵エラリィ・クイーン」の像までも二重写しにすることを狙ったのではないでしょうか。

そしてその名が「上流階級の白人エリートたちの犯罪を暴く、イタリア移民の刑事」というキャラクターに与えられたことで、『刑事コロンボ』は（おそらくは彼らの意図を超えたところで）ある種の思想性を帯びるに至りました。

なぜなら「コロンブス」という名こそは、「ピルグリム・ファーザーズによって北米大陸が切り開かれた」という、WASP（ホワイト／アングロ・サクソン／プロテスタント＝二十世紀における合衆国の支配層であった「白人エリート」）の「マジョリティ」としてのエスノセントリズムを支える「神話」を脅かす、アメリカ開拓の「先駆者」たちを象徴するアイコンだからです。

名探偵の登場するミステリは、常に一種の「宗教戦争」を描くエンターテイメントでした。犯人がトリックを駆使した偽装工作によって提示する「これは事故だ」「自殺だ」「アリバイがあるから私は犯人ではない」といった〈真実〉と、探偵が推理によって提示する「これは事件だ／犯人はあなただ」という〈真実〉のいずれが支持されるかという、「信者獲得競争」がこのジャンルの本質であり、重要なのは審判たる第三者だからこそ、クラシックなミステリにおいて、名探偵は「皆を集めて、さてと言」わねばならないのです（その構造を極限まで推し進めたのが、推理合戦形式の多重解決ミステリでしょう）。

その意味で、探偵との対決型の倒叙ミステリは、いわば「宣教師同士の直接対決」であり、アングロサクソン・プロテスタントの上流階級の犯罪に立ち向かう存在として、「異教徒かつ異邦人」であるコロンブスという記号（コロンブスはフランシスコ会の会員であり、彼ら航海者が切り開いた海路がのちにアジアや南北アメリカへのカトリックの進出につながるのは言うまでもありません）は、申し分ないものと言えるでしょう。

そして「コロンボ」のイメージは、この作品の主たる舞台がロサンゼルスであることとも、微妙に響き合うものでした。「ロス・アンゼルスLos Angeles」という街の名もまた、「メイフラワー号の子孫たち」ではない者によって――スペイン人入植者によって冠されたものだからです。

演劇版『殺人処方箋』では、物語の舞台はニューヨークでした（元になった『愛しい死体』でも、ニューヨークという設定です）。テレビドラマにリメイクするにあたり、監督のリチャード・アーヴィングはレヴィンソンとリンクに訊ねます。「舞台をロサンゼルスに移してもいいだろうか？　その方が製作費が安く済むんだ」。

スタジオのあるロサンゼルスで撮影した方が安上がりだという、純粋に経済的な理由であり、ふたりもそれに同意します。しかし結果として、『コロンボ』はより、物語にふさわしい舞台を得られたと言えるでしょう。付け加えるならば、この変更によってコロンボ警部補は画面外で、「ニューヨークからやってきた名探偵」という、エラリィ・クイーンとの共通項をもうひとつ、手に入れることもできました。

ちなみにピーター・フォーク自身は、父はロシア系、母親はポーランド＝チェコ＝ハンガリー系にルーツを持つユダヤ人でした（あまりにもコロンボ＝フォークの印象が根強いために、「フォークFalk」といういかにもドイツ的な姓にもかかわらず、彼はしばしばファンからイタリア語で声をかけられたそうです）。

舞台版『殺人処方箋』でコロンボを演じたトーマス・ミッチェルはアイルランド系、『イナフ・ロープ』のコロンボ役のバート・フリードも、「フリードFreed」姓はドイツ語起源なのでルーツはそちらでしょう。実は、コロンボをイタリア系の俳優が演じたことは一度もないのです。

刑事コロンボ・キャラクターの原点

山口雅也

日本では独特の声優人気から、刑事コロンボの声は、小池朝雄が吹替えを務めた日本語版のほうでお馴染みだろうが、今回の再見では英語版で観てみた。それでわかったのは、ピーター・フォークの英語の喋りが意外にシャープなこと。犯人を追い詰めるプロセスなど、同じレヴィンソン&リンク製作の《エラリイ・クイーン》のエラリイ（ジム・ハットン演）を上回る容赦ない探偵演技を見せてくれる――そう、あの慇懃無礼で下世話でとぼけた、それでいて憎めないユーモラスなコロンボ・キャラクター（例えば、Certainly＝「いいですよ」と言うところを「よござんすよ」と言う、あのセンス）は小池朝雄の貢献大（日本語吹替え翻訳台本の貢献もアリか？　例　額田やえ子の「うちのカミさんが――」とか）ということなのだろう。なので、ファンの方は、英語版で観直してみるのも一興かと思う。ただし、英語版の字幕翻訳は重要なところ（例えばマザーグースの引用など）を削っていて意味不明の部分があるので、なるべく原語の音声を聞き取ったほうがいいかと。

コロンボ・キャラクターのモデルについては、レヴィンソン&リンクが、ドストエフスキーの『罪と罰』に登場する、外見は冴えないが推論や心理的テクニックを駆使して犯人を追い詰めていくポルフィーリー・ペトローヴィチ予審判事と、部分的には謙虚で飄々としたチェスタトンの探偵ブラウン神父と答えている。また、《サン・タイム》誌では、フランス映画『悪魔のような女』（一九五五年／当時、ヒッチコックのライヴァルと目されていたフランスのアンリ・ジョルジュ・クルーゾーが監督）に登場する元警視の探偵フィシエ（フランスの名優シャルル・ヴァネル演）の影響もあるという説が紹介されている。

その『悪魔のような女』、最初から犯人役が決まっている倒叙サスペンス〜ホラー形式で話が進み、確かにコロンボを想起させる老獪な感じの元警視が登場して、メモを取りながら悠揚迫らぬ捜査ぶりで、犯人たちを追い込んでいく（聴取の最後の一言で犯人を慌てさせるコロンボ流儀も、すでに見られる）。

ここで、面白い暗合に気づいた。後に『警部補 古畑任三郎』で日本版コロンボを創造することになる脚本家・三谷幸喜の出世作『やっぱり猫が好き』の一挿話『テープの中』（三谷脚本）の中で恩田三姉妹の話題にするタイトルが思い出せない「怖かった」映画が、正に『悪魔のような女』を思わせる内容なのだ。三谷幸喜は、この時点で、コロンボ＝古畑任三郎のモデルとして『悪魔のような女』の元警視を意識していたのだろうか。

考え過ぎと言われるのを承知でさらに言えば、『悪魔のような女』と『刑事コロンボ』をめぐる不思議な暗合はまだある。本映画の原作はボワロー&ナルスジャックの作家チーム。『刑事コロンボ』のレヴィンソンとリンクもチーム・ライターで、彼らが尊敬するエラリイ・クイーンもダネイとリーのチーム作家だった。素晴らしい創造の陰には、当事者たちの顕在意識にも上っていない、こうした目に見えない結びつきがあるという好個の例——と言えるかもしれない。

ところで、レヴィンソン&リンクの創造による「コロンボ・キャラクター」が最初にテレビに登場したのは、一九六〇年の《シェヴィー・ミステリ・ショウ》のエピソード《Enough Rope》【註】である。『刑事コロンボ』の原型となったテレビ映画単発ドラマ『殺人処方箋』は、この番組のスピン・オフとして製作されたのだが、その犯罪の筋書きは（途中六二年の舞台化を挟んでいるので）ほとんど《Enough Rope》

の再リメイクと言っていい内容（解決法は変更されているが）であった。レヴィンソン&リンクは、《Enough rope》エピソードの脚色にあたって原作小説（『ヒッチコック・マガジン』掲載／本書P177再録）にはないコロンボ・キャラクターの刑事を登場させている。しかも、なんと、役名もコロンボ警部補だった。演じた俳優のバート・フリードは灰色の髪にずんぐりした体型で、よれよれのスーツに葉巻という――なるほどコロンボのプロト・タイプというに相応しい風貌である。

また、『殺人処方箋』の再映像化に際しては、舞台でコロンボ役を演じて好評だったトーマス・ミッチェル（『駅馬車』でアカデミー助演男優賞を受賞した名脇役）の起用も検討されたようだが、ミッチェルが舞台公演中の六二年に死去していたために、叶わぬこととなった。どうも、レヴィンソン&リンクは、コロンボの年齢設定を高く見積もっていたようで（ミッチェルが演じた時点で七十歳）、その後も、リー・J・コップ（当時五十八歳）やビング・クロスビー（当時六十五歳）の起用を望んだようだが、いずれも実現せず。結局、監督リチャード・アーヴィングの説得と脚本を読んだピーター・フォーク（当時四十歳）自身の「何としても、あの刑事の役をやりたい」という熱意溢れる申し出もあって、作家チームの構想より「いささか若すぎた」が「これほど完璧な人物が、どうして候補にすら挙がっていなかったのか」というフォーク＝刑事コロンボが誕生したわけである。

――と、ここまでは、ネット上等で公になっている刑事コロンボのモデルについて言及してきたが、以下、私見（つまり関係者の証言等の典拠がない）による刑事コロンボのモデルとなったと思われる俳優・キャラクターを二人挙げておく。

バリー・フィッツジェラルド……刑事物の嚆矢（こうし）である『裸の町』（四八年）で主役のマルドゥーン警部補役を演じた。極端な低身長（一六二センチ）で、カミさんの言葉を金言のように引用したり、愛煙家だったり、風采が上がらない割には老練且つ聡明だったりと——コロンボのキャラクターとの類似点は多い。

ピーター・フォーク自身……テレビ・シリーズの初主役を演じた『Trail of O'Brien』（六五年）で演じた敏腕弁護士オブライエン役。これが、プレ・コロンボとも言うような役柄で、外見は、横分けの短髪にパリッとしたスーツとコートという服装で、後の『殺人処方箋』（六九年）初登場の横分けコロンボと驚くほど似ている。キャラクターも敏腕で頭脳明晰だが、元の妻に頭が上がらない等、笑いを誘う面もある。ピーター・フォーク自身が『刑事コロンボ』よりいいと言っている（典拠不明）ようだし、テレビ・シリーズが終了した翌年『泥棒がいっぱい』として映画化もされているというほどの、それなりの人気キャラだったようなので、ピーター・フォークの『刑事コロンボ』志願は、短命に終わっ

た自分の初主演ドラマのブラッシュアップ再挑戦だったのではと推察するのだが、コロンボ識者の見解やいかに。

ともかく、本書が出版される二〇二〇年は、刑事コロンボというキャラクターが映像に誕生してから六〇周年に当たるアニヴァーサリー・イヤーなのは間違いのないところ。

【追記】 その後、六五年に『Trial of O'Brien』がペーパーバック・オリジナルとして出版されているのを発見。作者はMWA短編賞受賞者にしてホームズ・パロディのシュロック・ホームズ・シリーズで人気を博したロバート・L・フィッシュだった。なので、同番組は相当ミステリ味の強い内容だったと思われる。尚、同番組の映画化『泥棒がいっぱい』は『マルタの鷹』を想起させるお話だった。

【註】《シェヴィー・ミステリ・ショウ》のいくつかのエピソードはネット上で観られるが、《Enough Rope》に該当するエピソードは上がっていない。この作品のテレビ脚本は、ニューヨークとロサンゼルスのベイリー・メディアセンターのフィルム・アーカイヴに保管されているとのこと。

【俳優名鑑】バート・フリード

コロンボ警部補の原型を演じたバート・フリード――『刑事コロンボ』になりそこなった性格俳優は、ウィリアム・ワイラー監督の『探偵物語』(五一年)で、早くも刑事の役を演じていた。それも、『刑事コロンボ』のパイロット版『死者の身代金』でコロンボ史上最強の女性犯人役を演じたリー・グラント演じる万引き犯の担当として「非番なのに」とボヤキながら仕事をする典型的な叩き上げ刑事役で共演を果たしている。フリードとグラントは後年『探偵〈スルース〉』で知られるジョセフ・L・マンキーウィッツ監督の『大脱獄』(七〇年)でも共演している。また、刑事役で『刑事マディガン』(六八年)にも出演。いずれにしても、むっつりして威圧的な刑事役か悪役が似合う脇固めの役者だったと思われる。こうしたスタッフ・俳優陣の関係を辿っていくと、コロンボ相関図が作れるかもしれない。以後、随時、相関関係を辿っていくことにする。

PART I

第1部

資料・エッセイ篇

RETURN OF COLUMBO

私説・倒叙ミステリ史
――乱歩が愛した「犯人の物語」

菊池篤

『広辞苑』にも載っている「倒叙」

『刑事コロンボ』や『古畑任三郎』のような、犯人の視点から語られるミステリ／ラストで事件の真相が明かされるのでなく、最初に犯行が描かれるミステリを「倒叙」と呼ぶことは、ご存じの方も多いと思います。実はこれ、『広辞苑』にも載っている由緒正しき言葉なのです。

とう‐じょ【倒叙】タウ‥
①時間の順序に従わず、現在から過去へさかのぼって叙述すること。「――法」
②推理小説で、犯人の側から書く手法。

（『広辞苑』第七版）

この②の意味で「倒叙」という言葉を最初に使ったのは、江戸川乱歩です。

乱歩は『宝石』一九四八年二・三月合併号に寄稿したエッセイ「倒叙探偵小説」（『幻影城』ほか所収）の中で、フランシス・アイルズの『殺意』（一九三一年）を紹介するためにこの語を用いています。と言っても彼の造語ではなく、オースチン・フリーマンが『歌う白骨』の序文で自作の形容に用いた"inverted detective story"という言葉を訳し、「犯人の視点で語られ、その犯行の全容がまず読者に開示されるミステリ」を括る名称に採用したものです。

乱歩は、自身がこの形式を取った短編「心理試験」を執筆していた（一九二五年）こともあり、このエッセイを書く十三年前、『歌う白骨』以降にそれほど有力な作例を発見できていなかった一九三五年の時点で既に、「第四の形式」と呼んでサブジャンルの一つに数えており、その可能性に期待を寄せていたことがうかがえます（「探偵小説の定義と類別」、『鬼の言葉』ほか所収）。

『歌う白骨』（一九一二年）は、法医学者探偵ソーンダイク博士が登場する作品をまとめた短編集で、同書に収録された「オスカー・ブロズキー事件」が、犯人視点での記述を採用した最初の推理小説だとされています。ソーンダイク博士シリーズは、当時シャーロック・ホームズのヒットで部数を伸ばしていた「ストランド・マガジン」に対抗すべく、ライバル誌「ピアスンズ・マガジン」に連載され、人気を博していました。

ミステリ用語をまとめた事典やウェブサイトでは、「倒叙ミステリの元祖」と紹介されることも多いフリーマンですが、しかし『歌う白骨』収録の諸作を『刑事コロンボ』に至る潮流のオリジンと置くのは、些か、座りが悪いようにも思われます。なぜなら形式は同じでも、「それによって何を書こうとしたか」という狙いにおいて大きな隔たりがあるからです。

ソーンダイク博士シリーズの特色は、当時の最新の科学捜査を作品に取り入れながら、それを「進んだ技術」として手放しに礼賛するのではなく、その適性と限界を冷静に分析する作者フリーマンの公正（フェア）で冷めた視線にあります。「あらゆる捜査法が有効か否かは、扱う側の知識と成熟度次第であり、一歩間違えば冤罪の温床になり得る」という問題意識（それはフリーマンがデビュー以前に、刑務所で医官を務めていた経歴と無関係ではないのでしょう）に貫かれた同シリーズにおいて、「あらまほしき科学捜査の担い手」として登場するソーンダイク博士が対峙すべき敵は、時に犯人よりむしろ「警察の杜撰な捜査」であるように描かれるのです。

ゆえに『歌う白骨』の諸作において倒叙形式が見いだされたのは、まず犯行の全容を読者に知らせることで、誤った方向に進む捜査／真相に辿り着くソーンダイクという対比を鮮明にするとともに、ソーンダイクの「正しさ」を担保する「別解潰し」が狙いだったのだと考えられます。

一方で『殺意』の魅力は、どこか突き放したような筆致で描かれる、主人公ビクリー医師の自らの「完全犯罪」に対する絶対的な自信と、自身に迫る捜査への恐慌との間で揺れ動く小市民的心理描写の面白さにあり、いかにして彼が破滅に至るのかのサスペンスを盛り上げるために倒叙形式が用いられているという違いがあります。

言い換えれば、『歌う白骨』は「探偵の物語」のための倒叙であり、『殺意』は「犯人の物語」のための倒叙なのです。後者は「推理の過程があり、真相が明かされる」流れを転倒（inverted）させたミステリというより「ミステリ的ガジェットが織り込まれた犯罪小説（ノワール）」、両ジャンルの境界的な作品と呼ぶべきかもしれません。そして、「倒叙ミステリ」と言われて多くの人が思い浮かべるのは、こちらの「犯人の物語」のための倒叙なのではないかと思います。

「動かぬ証拠」という発明

では、「犯人の物語」のための倒叙ミステリの「元祖」は何か。非常に難しい問いです。それこそ神話の時代から、殺人者を主人公とする物語は数えきれないほど書かれ続けてきたからです。たとえば紀元前五世紀に書かれたクテシアスの『ペルシア史』に登場する、不仲な息子の妻を片面だけに毒を塗ったナイフで肉を切り分けるトリックで謀殺したパリュサティスのエピソードなど、十分に「ミステリ的ガジェットが織り込まれた犯罪小説」の範疇に置くことができるものでしょう。

十九世紀以降の近代文学に限り、ジャンルに与えただろう影響の大きさを基準に、のちの倒叙ミステリの先駆的作品を取り上げるなら、無視できないのがエドガー・アラン・ポォの『黒猫』（一八四三年）です。

反復する「黒猫」と「絞首」のいかにも不吉なイメージ、『アモンティリャードの樽』や『告げ口心臓』とも共通する「塗り込められた死」のモチーフ、そして「天邪鬼の精神」と形容される、自身の内なる凶暴性を自覚し慄きながらも、正気の側に踏み留まれなかった男の心理をスリリングに描く語り口……それらいかにもゴシック・ホラー的な道具立てゆえに、オーギュスト・デュパン物の諸作と違いミステリの文脈から語られることはあまりない『黒猫』ですが、そうした怪奇趣味の装飾をすべて剥ぎ取れば、「ある男が、殺害した妻の死体を地下室の壁に塗り込めて隠蔽を図るが、誤って一緒に埋めてしまった飼い猫の鳴き声という『動かぬ証拠』によって犯行が露見する」という、極めてオーソドックスな倒叙ミステリのフォーマットが、同作で既に完成していることに気づくでしょう。

この「動かぬ証拠」という発明――「いかにして犯人が捕まるか」の意外性が、「誰が犯人か（フーダニット）」「どうやったか（ハウダニット）」に代わる、読者を最後まで物語に惹きつけておくための「謎」になり得ることの発見――がなければ、倒叙ミステリはこれほど長く、多くの作家によって書き続けられるジャンルにはなっていなかったかも知れません。

『刑事コロンボ』がその典型であるように（英語圏でも倒叙ミステリは前出のフリーマンの序文から“Inverted detective story”と呼ばれていたのですが、『コロンボ』放送時には一般にはそれほど浸透していなかったようで、当時「テレビ・ガイド」誌が「コロンボのような作品」を指すジャンル名として、“Howdunit（どうやったか）”をもじって“Howcatchem（どう捕まえるか）”という言葉を創出し、今でも用いられることがあるそうです。「動かぬ証拠」に収束される、「いかにして犯人が捕まるか」のドラマこそが、同作の無二の魅力だと考えられていた証左でしょう）、小説以外のメディアにおいても「動かぬ証拠」の意外性を主眼とした倒叙の名作は数多く生み出されています。

探偵役の長々とした台詞を必要とせず、ビジュアルのインパクト一発で物語を「落とす」ことができるこのスタイルは、映像と相性が良いのでしょう。『ダイヤルMを廻せ！』（一九五四年）のあの鍵のシークエンス、あるいは『太陽がいっぱい』（一九六〇年）のあまりに美しい幕切れ……探偵役による「あなたを逮捕します」の一言すら必要としない、映画ならではのラストと言えます。

『罪と罰』と『アメリカの悲劇』

アイルズの『殺意』に話を戻しましょう。

この作品が同時代の作家・作品に与えた影響は大きく、エラリィ・クイーンは『クイーンの定員』

の中で、一九三〇年代を登場人物の心理が重視され、倒叙ミステリとサスペンス小説が台頭した十年間と分析し、『殺意』をその嚆矢のひとつと位置付けています。

この時代に書かれた作品の中でも、乱歩が後続の傑作として紹介した（「倒叙探偵小説再説」／『宝石』一九四九年九月号、のち『幻影城』ほか所収）ことなどから、今日では『殺意』とともに「三大倒叙ミステリ」と並び称されるＦ・Ｗ・クロフツの『クロイドン発12時30分』とリチャード・ハルの『伯母殺人事件』（ともに一九三四年）は、特に同作の影響が色濃い作品です。

『クロイドン～』は「援助を拒絶された〈金持ちの伯父〉を殺害し、〈恋人〉と結婚しようと願う男」の物語、『伯母殺人事件』は「自身を抑圧する〈金持ちの伯母〉を殺害し、自由を得ようとする男」の物語であり、いずれも「自身を抑圧する〈名家の生まれの年上の妻〉を殺害し、〈若い愛人〉と結婚しようと願う男」の物語だった『殺意』と、犯人の動機と登場人物の配置に共通項を見出すことができ、「〈年長者〉の姿をとって表れる自身への抑圧を排除し、新しい人生を手に入れようとする」という同一のプロットのバリエーションと括ることが可能です。

乱歩が「倒叙探偵小説」の中でアメリカの批評家ジェームズ・サンドゥーの分析として紹介している通り、これらのプロットの大元を辿れば、ドストエフスキーの『罪と罰』（一八六六年）へ行き着くのでしょう。三作の被害者たちはいずれも同作で殺害される金貸しの老婆アリョーナの似姿（『殺意』のビクリーの妻ジュリアと『伯母殺人事件』の伯母は、いずれも「権威的な老いた女」として登場します）ですし、『殺意』と『クロイドン～』において、「新しい人生」の象徴が若い女の姿をとって現れるのは、ラスコーリニコフとソーニャの出会いと再生の陰画、ブラックなパロディと見ることができます。

前項「名コンビが『名刑事』を生み出すまで」でも触れたとおり、『罪と罰』は『刑事コロンボ』にも、コロンボのキャラクターと「徐々に犯人を追い詰めていく探偵との攻防」のドラマの創出に大きな影響を与えていますし、乱歩の「心理試験」は「貧乏な学生が金貸しの老婆を殺害して金を得ようとする」「犯人が現場で〈あるもの〉を目撃したことが鍵となる」筋書きからして、明らかに『罪と罰』のパロディを企図して書かれた作品です。「心理試験」の犯人・蕗屋の名は、ラスコーリニコフの愛称「ロジャー」をもじったものだとする指摘もあります。

さらにもう一作、より近い時代の作品で三大倒叙に影響を与えただろうものを挙げるとすれば、ドライサーの『アメリカの悲劇』（一九二五年）でしょう。「アメリカン・ドリーム」を夢見た青年の敗北」の物語として、同年に発表された『グレート・ギャツビー』などとともにアメリカ近代文学の代表的傑作と評される作品ですが、「自身の栄達のための結婚に邪魔になった恋人を殺害しようとする」という主人公クライドの動機は、後世の倒叙ミステリ作品に何度も引用され、いわば一種の「テンプレ」となっている感があります。『殺意』の「結婚への障害を排除するための殺人」という動機の直接的な原型は、むしろ『アメリカの悲劇』に求めるべきかも知れませんし、（以下、ネタバレです）主人公が「犯さなかった罪」によって裁かれ、極刑となる構図は、明確に同作を下敷きとしたものでしょう。

境界上の「倒叙ミステリ」

本稿では、いわば『刑事コロンボ』前史というべき、ジャンルのフォーマットが確立するまでの「倒叙ミステリ史」を追ってきました。通覧すると、ミステリのサブジャンルと扱われがちな倒叙の構成要素の多くが、実はミステリジャンルの外からもたらされてきたことにお気づきになったと思います。

日本で最初にこのジャンルの可能性を見出したのが乱歩だったのも、彼自身がこの国のミステリ界の始祖のひとりであると同時に、耽美主義やゴシック・ホラー、幻想小説といった自身の興味をボーダレスに作品に織り込んだ「境界的な」作家であったからもしれません。

ところで乱歩が亡くなったのは一九六五年のこと。もし、乱歩が『刑事コロンボ』がＮＨＫで放送開始された一九七〇年代まで健在だったら、絶対にファンになっていたはずです。

盟友の横溝正史は、当時ノベライズ版『別れのワイン』巻末の「コロンボ談義」のコーナーでコロンボ愛を熱く語っていたり（のち『刑事コロンボ読本』に再録）と、『コロンボ』を大いに気に入っていたようですし、ファンとしては「乱歩によるコロンボ評」が聞けなかったことを惜しく思います。

『刑事コロンボ』全作解題&名鑑

NBC版『刑事コロンボ』全四十五作を山口雅也が徹底解説!
「あの俳優とあの俳優の意外な共演映画」「えっ、あの人『コロンボ』に出てたの?」など、
筆者らしい映画・ドラマのトリヴィアも盛りだくさんで送る、
コロンボ宇宙(ユニバース)への旅にご招待いたします——

COLUMBO

THE COMPLETE WORKS OF COLUMBO

BY YAMAGUCHI MASAYA

ロジャー・スタンフォード
(ロディ・マクドウォール)
『死の方程式』

ベス・チャドウィック
(スーザン・クラーク)
『もう一つの鍵』

デイル・キングストン
(ロス・マーティン)
『二枚のドガの絵』

バリー・メイフィールド
(レナード・ニモイ)
『溶ける糸』

ノーラ・チャンドラー
(アン・バクスター)
『偶像のレクイエム』

ニコラス・フレイム&
リリアン・スタンホープ
(リチャード・ベイスハート&
オナー・ブラックマン)
『ロンドンの傘』

ライリー・グリンリーフ
(ジャック・キャシディ)
『第三の終章』

バート・ケプル
(ロバート・カルプ)
『意識の下の映像』

ネルソン・ヘイワード
(ジャッキー・クーパー)
『野望の果て』

マーク・コリアー
(ジョージ・ハミルトン)
『5時30分の目撃者』

ハロルド・ヴァンウィック
(オスカー・ウェルナー)
『ビデオテープの証言』

ヘイドン・ダンジガー
(ロバート・ヴォーン)
『歌声の消えた海』

ウォード・ファウラー
(ウィリアム・シャトナー)
『ルーサン警部の犯罪』

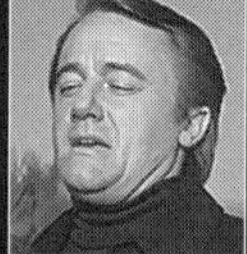
チャーリー・クレイ
(ロバート・ヴォーン)
『さらば提督』

フレデリック・ウィルソン
(ボブ・ディッシー)
『魔術師の幻想』

ジョー・デヴリン
(クライヴ・レヴィル)
『策謀の結末』

エリック・メイスン
(ニコール・ウィリアムソン)
『攻撃命令』

ケイ・フリーストン
(トリッシュ・ヴァン・ディヴァー)
『秒読みの殺人』

レイ・フレミング
(ジーン・バリー)
『殺人処方箋』

レスリー・ウィリアムス
(リー・グラント)
『死者の身代金』

ケン・フランクリン
(ジャック・キャシディ)
『構想の死角』

ラ・サンカ夫人
(バーバラ・コルビー)
『構想の死角』

ブリマー
(ロバート・カルプ)
『指輪の爪あと』

マーチン・J・ホリスター
(エディ・アルバート)
『ホリスター将軍のコレクション』

エリオット・マーカム
(パトリック・オニール)
『パイルD-3の壁』

アレックス・ベネディクト
(ジョン・カサヴェテス)
『黒のエチュード』

ジャービス・グッドウィン
(レイ・ミランド)
『悪の温室』

トニー・グッドウィン
(ブラッドフォード・ディルマン)
『悪の温室』

ポール・ハンロン
(ロバート・カルプ)
『アリバイのダイヤル』

エリック・ワグナー
(ディーン・ストックウェル)
『アリバイのダイヤル』

シャロン・マーティン
(アン・フランシス)
『溶ける糸』

エメット・クレイトン
(ローレンス・ハーヴェイ)
『断たれた音』

デクスター・パリス
(マーティン・ランドー)
『二つの顔』

ノーマン・パリス
(マーティン・ランドー)
『二つの顔』

ビベカ・スコット
(ヴェラ・マイルズ)
『毒のある花』

エイドリアン・カッシーニ
(ドナルド・プレザンス)
『別れのワイン』

マーシャル・ケイヒル
(ホセ・フェラー)
『愛情の計算』

トミー・ブラウン
(ジョニー・キャッシュ)
『白鳥の歌』

マーク・ハルプリン
(リチャード・カイリー)
『権力の墓穴』

マイロ・ジャナス
(ロバート・コンラッド)
『自縛の紐』

ポール・ガレスコ
(ディック・ヴァン・ダイク)
『逆転の構図』

ライル・C・ラムフォード
(パトリック・マクグーハン)
『祝砲の挽歌』

グレース・ウィラー
(ジャネット・リー)
『忘れられたスター』

ハッサン・サラー
(ヘクター・エリゾンド)
『ハッサン・サラーの反逆』

ロッホマン・ハビブ
(サル・ミネオ)
『ハッサン・サラーの反逆』

ネルソン・ブレナー
(パトリック・マクグーハン)
『仮面の男』

ルイス・モントーヤ
(リカルド・モンタルバン)
『闘牛士の栄光』

サンティーニ
(ジャック・キャシディ)
『魔術師の幻想』

ルース・リットン
(ジョイス・ヴァン・パタン)
『黄金のバックル』

オリバー・ブラント
(セオドア・ビケル)
『殺しの序曲』

不愛想なウェイトレス
(ジェイミー・リー・カーティス)
『殺しの序曲』

アビゲイル・ミッチェル
(ルース・ゴードン)
『死者のメッセージ』

ポール・ジェラード
(ルイ・ジュールダン)
『美食の報酬』

イブ・プルマー
(シーラ・ダニーズ)
『美食の報酬』

のは三度目である。

最初に視聴したのは一九七二年から始まった、NHK地上波放送をリアルタイムで。その時の感想は、すでに、【「刑事物」海外映像の歴史　問答】に記した。

二度目の通観は、ピーター・フォークが亡くなった二〇一一年、『ミステリ・マガジン』誌からピーター・フォーク＝刑事コロンボ追悼特集の原稿依頼が来た時。その時の感想を以下に引用しておく。

＊

今回通しでNBC版『刑事コロンボ』を再見して気づいたことがある。それは、各話が大きく二つのタイプに分けられるのではないかということだ。

まず、Aタイプ《本格的ミステリ型》は、ミステリとして、よくできているもの。犯人の仕掛けるトリックのアイディア、緻密なプロット、伏線の妙、意外な手がかり、中盤のサスペンス、そして、ラストでコロンボが犯人に仕掛ける罠や論理的追及による決め手の意外性等々、ともかくミステリとして通人を唸らせるようなエピソードである。このタイプはシリーズの前半に多く、中盤に最高潮となっている。

これに対し、Bタイプ《犯人共感ドラマ型》は、ミステリとしての仕掛けよりも、ある意味主役でもある犯人側の動機や背景をめぐるドラマに厚みを持たせたもの。時には、犯人が必ずしも絶対悪ではなくて、やむにやまれぬ動機があって殺人を犯した、むしろ尊敬すべき人物であることが明らかになり、視聴者もコロンボも犯人に共感せざるを得ないというような感動的なエピソードもある。このタイプは、特にシリーズ後半に目立ってくる。

もちろん、各エピソードを、これら二つのタイプに厳密に仕分けできるものではない。もともと『刑事コロンボ』は、これら二つの見どころを併せ持ったテレビ・ドラマであり、あくまでも、どちらにより比重が置かれているかという分類で、更に言えば、両要素を満足させる名作エピソードというのも存在するからだ。

＊

この追悼特集時の原稿では、脚本を興味の中心に据え、特に記憶に残るエピソード二七編を選び解題を施した。そうした理由は、『刑事コロンボ』は、あくまでも「推理」の面白さを魅せるドラマであり、ならば、プロット――脚本の良し悪しを判断基準にすべきと考えたからだ。

そして、コロンボ生誕六〇周年に当たる二〇二〇年の今回、三度目の通観（エピソードによっては四度、五度観たものもある）をした。今回の通観によって、抱いた感想を一言で言い表すと――

刑事コロンボ曼陀羅（まんだら）

――と言う一言に尽きる。

私はテレビの第一世代であり、『刑事コロンボ』を挟んだ前後の映像体験は半世紀に及ぶ。その長い映像体験の折々で、点として捉えていた俳優・監督・脚本家・製作者・トリヴィア等が、『刑事コロンボ』に線として繋がり、「相関図」などという表現では足りない『刑事コロンボ』を中心とした宇宙図像「曼陀羅」が立ち現れてしまったのだ。

『刑事コロンボ』を主尊として、取り巻く諸仏諸尊（『スタートレック』、『猿の惑星』、『影なき狙撃者』、『The Trial of O'Brien』等々）の集会（しゅうえ）する様は、解題に付した「〇〇名鑑」でご確認いただきたい。

尚、監督、脚本家、音楽家、俳優等のスタッフのキャリアについては、原則『刑事コロンボ』前後の時代にミステリ（スリラー）、ＳＦ、ホラー、戦争、パニック等のジャンル映像作品で活躍した人限定で言及する。また、警部補コロンボを巡る様々なトリヴィア（好物のチリコンカン、行きつけの店、乗っている車プジョー、飼っている犬のバセット・ハウンド等）については、町田暁雄氏らによる優れた研究本『刑事コロンボ完全捜査記録』に譲り、ここでは割愛させていただいた。

また、各エピソード解題の長さは、傑作か否かに関係なく、コロンボ曼陀羅の構成要素によることを、この場でお断りしておく。

――では、『刑事コロンボ』曼陀羅宇宙への旅をご堪能下さい。

※ネタバレしないよう極力注意を払って書いていますが、作品の魅力を伝えるため、ぎりぎりのところまで結末に触れている作品もあることを、ここでお断りしておきます。

プレシーズン（NBC／テレフィーチャー《World Premiere》枠）

1 『殺人処方箋』 "Prescription : Murder"（99分）

シリーズの原型となったテレビ単発ドラマ（《シェビー・ミステリ・ショウ》内）を元にした舞台劇のスピン・オフ作品として製作（故に『刑事コロンボ』の正式なパイロット版は、この次の『死者の身代金』ということになる）。すでにシリーズの倒叙ミステリの形式は整っていて、犯人役はテレビ・シリーズ『バークにまかせろ』（六〇～六三年）で主役の捜査官を演じたジーン・バリー。本作ではエリート精神科医役だが、『バークにまかせろ』では、高級車で現場に乗り付ける元祖『富豪刑事』ともいうべき特権階級（エスタブリッシュメント）を体現するキャラクターだった。同じ警官でもコロンボとは対照的な役柄を演じていたのだから、その後のシリーズのエスタブリッシュメントの犯人対中産階級の冴えない刑事（しかし、特別な凡人）という図式を考えると、実に意味深なキャスティングだったと思う。いっぽう、コロンボ警部補のほうは、のちのもじゃもじゃ頭でなく、きちんと七三に分けたヘアスタイルにぴりっとしたスーツ――オーバーコートもしっかりした仕立ての

ものだ——姿で登場する。これは、フォークが敏腕弁護士オブライエンを演じた『The Trials of O'Brien』（六五年）の風采とほぼ同じだ。

その態度も最初のうちは（先行作の弁護士のように）毅然としているが、物語中盤では、無能を装って、ねちねちとした思わせぶりで容疑者を追い詰めていく捜査手法が顕著となり、後のコロンボ警部補のキャラクターが、すでに本作で試されていることがわかる。コロンボが最後に仕掛ける罠（犯人のトリックを再現する手法——以後《トリック返し》と呼ぶ）も冒頭の、まさに（犯人というより）視聴者を狙い撃ちしたような視覚的伏線と照合していて、これはお見事な出来でした。「生みの親」として以後シリーズの総指揮をとることになる《テレビ界のエラリイ・クイーン（©小山正）》こと、リチャード・レヴィンソン＆ウィリアム・リンクが脚本も書いている。

［監督名鑑］——リチャード・アーヴィング

本作と次作『死者の身代金』を監督するリチャード・アーヴィングはテレビ畑で活躍した人物。レヴィンソン＆リンクとは盟友関係にあったようで、同じ六八年に彼らの脚本で『イスタンブール特急』（これもジーン・バリー主演）というテレフィーチャーを監督している。それ以前の五八年には、後に『悪の温室』や『野望の果て』を撮ることになるボリス・セイガルと共にテレビ映画『マイク・ハマー』の監督を務めている。また、ピーター・フォークをコロンボ役に推薦したことや、スケジュールの関係で当初検討されていたドン・シーゲルの監督起用が流れ、アーヴィングにお鉢が回ってきたというのも、コロンボ研究家の間では、つとに知られているところ。

［俳優名鑑］――ジーン・バリー

ジーン・バリーという俳優については、私の世代では、『バークにまかせろ』の富豪刑事役で事足りてしまうのだが、裏話を一つ――バリーは最もジェームズ・ボンドに近く、そして実現しなかった俳優とも呼ばれていた。企画当初から007ことジェームズ・ボンド役の候補者として常に名前が挙がった人物としても有名だったのだ。ショーン・コネリーと役を争い、のちに三代目のボンド役をかけて再び白羽の矢が立ったものの、結局ロジャー・ムーアに敗れたという。ちなみに本作のバリーの吹替えは、コネリー・ボンドと同じ若山弦蔵が務めている。

2『死者の身代金』 "Ransom for a Dead Man"（95分）

敏腕で野心家の女性弁護士による偽装誘拐殺人。『刑事コロンボ』の実質的な第一話が女性犯人だったとは！　だが、この『刑事コロンボ』初の女性犯人、シリーズの他の女性犯人の多くがそうであるBの《共感タイプ》ではなかった。野心と金銭欲にまみれた救いようのない女（ほんとにこんな動機で、非の打ちどころのない夫や家庭を潰すのか？）として描かれている。シリーズ当初なので、まだ、犯人共感タイプの作話の有効性に製作陣も気づいていなかったのだろうか。あるいは、こうした女性犯人像になったのは、当時、アメリカを始めとする先進各国で隆盛を極めていたウーマン・リブ運動（主に高学歴女性によって主導された女性解放運動）の世相を反映してのことだったのかもしれない（コロンボの発言にも、真意ではないだろうが、女性弁護士に対する性差別的なニュアンスがある）。

ただ、リー・グラント演じるこの女性犯人は、コロンボのキャラクターをはっきり言い当てて（無能なようで、頭脳明晰、カミさんや親族の話で相手を煙に巻く等々）いることで、ファンに鮮烈な印象を残す手強い「名犯人」でもある（ピーター・フォーク自身も自伝で「シリーズ屈指の好敵手」と認めている）。対するコロンボも女性犯人の「性格」を言い当て、それが命取りになったことを鋭く指摘してやり返す。その後、繰り返される、ぞくぞくするような名探偵対名犯人の対決はシリーズ開始にして早くもピークに達していた感がある。

ともかく、最初は管轄外（州境を越えた誘拐事件なので管轄はＦＢＩ）の連絡役としておずおずと登場するロス市警のコロンボ警部補だが、事件が殺人に発展した途端に、高圧的なＦＢＩ捜査官に対して「これは自分の管轄」だと言い返す、若々しい覇気溢れる捜査官ぶりに感激するエピソードでもある。事件のほうは、これもウーマン・リブの時代らしい、高学歴女性同士（継母対継娘）の騙し合いで決着がつく。監督は『殺人処方箋』と同じリチャード・アーヴィングが務めているが、前作が舞台をテレビ化したものだったのに対し、本作ではヘリや飛行機などの空撮も取り入れて、テレビ映画らしいスケール感のある演出がなされている。様々な意味で時代を感じさせる一篇でした。

［追記］——今回の鑑賞で『殺人処方箋』と『死者の身代金』を続けて観たが、両作とも、殺した後の配偶者への「不自然な態度」へのコロンボの気づきがきっかけとなって、犯人に疑惑の念を抱く。こうしたささいなことへの気づきから推理を発展させるのは、以後、コロンボ警部補の常套手段となる。

［トリヴィア①］——継母と喧嘩中の継子マーガレットがテレビで観ているモノクロ映画は、『深夜の告白』（一九四四年）。ビリー・ワイルダー監督、レイモンド・チャンドラー脚本、ジェームズ・Ｍ・ケイン原作（『倍額保険』）——というミステリ・ドラマの挿入映像として由緒正しきもの。

［トリヴィア②］——本作はイギリス、イタリア、メキシコでは、映画館で公開（英：一九七一年／伊：一九七八年）されている。

［トリヴィア③］——本作からコロンボの髪形が短い七三分けから、やや長めの乱れたものに変化している。コートもよれたものに。刑事コロンボのスタイルがほぼ確立したといえる。

〔脚本家名鑑〕――ディーン・ハーグローブ

本作の他、『愛情の計算』の脚本を共同執筆。映画では『0011／ナポレオン・ソロ／スラッシュの要塞』を推奨（『悪の温室』その他多くの娯楽映画に出ているブラッフォード・ディルマンが出演しているので）

〔俳優名鑑〕――リー・グラント

五一年にブロードウェイのヒット作の映画化である『探偵物語』のスリ役で映画デビュー、本作は自身が舞台でも演じていた当り役であり、カンヌ国際映画祭女優賞を受賞する。『探偵物語』で面白いのは、初めてテレビで「コロンボ警部補」を名乗ったバート・フリードとの共演だろう。役柄もリーが犯罪者（万引き）、フリードが刑事で、映画の冒頭、二人の取り調べのシーンから映画が始まる。つまり、リー・グラント対コロンボの図式は、『死者の身代金』の二十年前に出来上がっていたことになる。

こうして、華々しい映画デビューを飾ったリー・グラントだが、当時吹き荒れた赤狩りのブラック・リストに載った（ここにウーマン・リブ・キャラの素地がある）ため、以後十二年間は映画の仕事がほとんどなくなってしまい、テレビに活動の場を移す。六七年の『夜の大捜査線』で映画に復帰し、七五年の『シャンプー』でアカデミー助演女優賞を受賞している。

個人的に印象深い出演作としては、『哀愁の花びら』（英文タイトル『The Valley of the Dolls』、ラス・メイヤーの『ワイルド・パーティ　Beyond the Valley of the Dolls』は続編ではなくパロディです）、ジョセフ・L・マンキーウィッツの『大脱獄』、『エアポート'77』、ホラーの『オーメンII　ダミアン』、SFパニックの『スウォーム』、久々

のチャーリー・チャン登場の探偵映画『オリエンタル探偵殺人事件』、デイヴィッド・リンチの『マルホランド・ドライヴ』――などを推奨（公開年略）。尚、ピーター・フォークとは『死者の身代金』の半年後に、ニール・サイモン脚本の舞台『二番街の囚人』でも共演している。

　また、テレビ映画の監督やドキュメンタリーのプロデュースも手掛けているという才媛。

第一シリーズ（一九七一～七二年　The NBC Mystery Movie枠）

3『構想の死角』"Murder by the Book"（76分）

　二人組のミステリ作家の「書けない」ほうが、「書ける」ほうを殺す計画を立てる。この後、シリーズ中で犯人役の準レギュラー（？）となるジャック・キャシディが、優雅で嫌味な「コロンボ好み」の演技を見せてくれる。チーム作家という設定が、プロデューサーのレヴィンソン＆リンクが敬愛するエラリイ・クイーンを連想させるということが、初放映当時のファンの間では一番の話題になっていたと記憶する。今回見直してみて、犯人の仕掛けるアリバイ・トリックはそれほどでもなかったが、その元になる発想と皮肉な結末はいい。脚本は、シリーズ中でも佳作を多く書いているスティーヴン・ボチコが担当している。テレビガイド誌のテレビ・ドラマ・ベスト一〇〇エピソードで第十六位に選出された。
［監督名鑑］――スティーヴン・スピルバーグ
　スピルバーグについては説明の必要はないだろうが、一点だけ――スピルバーグが世界的注目を浴びるきっかけとなった監督第二作の『激突！』もユニヴァーサル製作のテレフィーチャー（海外では劇場公開）で、『刑事コロンボ』と同じＮＢＣのテレビ映画枠で放映されていた『警部マクロード』で主人公を演じたデニス・ウィーバーを主役に据えて撮られたものだった。『激突！』の原作・脚本のリチャード・マシスンもテレビ・ドラマ脚本に優れた作品を多数

残している（『トワイライト・ゾーン』等）ことを考え合わせると、いかに当時のテレビ界に多くの才能が集まっていたか、わかろうというもの。

［脚本家名鑑］――スティーヴン・ボチコ

『構想の死角』当時はユニヴァーサルのストーリー・エディターとしてキャリアをスタートさせたばかりのスティーヴン・ボチコは、その後も華々しいキャリアを残している。

『鬼警部アイアンサイド』などの脚本を書いた後、八〇年代に放送されたドラマ『ヒルストリート・ブルース』にプロデューサー、脚本家として参加し、エミー賞を獲得するなど大成功を収め、その後も『L・A・ロー 七人の弁護士』、『天才少年ドギー・ハウザー』、『NYPDブルー』など、リアルで濃密な人間ドラマを持ち味とした刑事物、犯罪物のドラマを数多くプロデュースし、ヒットさせている。エミー賞受賞十回は、『刑事コロンボ』のライターの中では一番の出世頭なのではないか。二〇一八年逝去。

［俳優名鑑］――ジャック・キャシディ

ジャック・キャシディは美丈夫で能弁だが尊大で嫌味な野心家という典型的なコロンボの犯人役を準レギュラーとして計三回も演じていて（他は『第三の終章』『魔術師の幻想』）、これは次のエピソードから出てくるロバート・カルプと並ぶタイ記録。キャシディは六〜七〇年代の短期間、『サンセット77』等、多くの人気ドラマに出演したが、短期間と書いたのは、『魔術師の幻想』の放映直後、寝煙草が原因で焼死しているからだ（七六年、四十九歳没）。後に息子のデイヴィッドが書いた伝記によると、重度のアルコール障害で精神科の通院歴もあったという。

――と、ここまで書いてきて息子のデイヴィッド・キャシディという名前に覚えがあることに気が付いた。デイヴィッド・キャシディは、音楽界ではかなり名の知られた人物で、私もレコードを持っていたのだ。デイヴィッドは、七〇年に大ヒットしたミュージカル・ホームドラマ『パートリッジ・ファミリー』の長男役を務めた後、ソロ歌手に転向、何枚もアルバムを出していて、音楽界ではそれなりの評価も得ている。そのデイヴィッド・キャシディが、『刑事コロンボ』の常連犯人役の息子だったとは、驚きの発見である。――点（音楽）と点（映像）で記憶していた二人の人物が『刑事コロンボ』を介して「親子」という線となったわけだ。

ソロ歌手になったデイヴィッドは、ティーンポップ・アイドル出身のパブリック・イメージを嫌い、ミック・ジャガーのようになりたいと考えていたが、本格的なロック・スターにはなれず、ポップ・ミュージックの枠内の評価にとどまった。そうした屈折したキャリアを歩んだデイヴィッドは、やっぱりお父さんの轍を繰り返してしまったようで――アルコール依存、自動車事故、認知症、自己破産の果てに、二〇一七年、肝不全で死去（六十七歳）。『刑事コロンボ』関係者は、いいキャリアを積んでいる人が多いが、キャシディ親子の人生は、残念な結末に終わったようだ。ジャックが急逝しなかったら、『白鳥の歌』のようなエピソードでデイヴィッドが人気ポップ歌手、ジャックが父親兼悪徳マネージャーで『刑事コロンボ』初の親子共演が観られたのかもしれない。

デイヴィッド・キャシディのソロ・アルバム『THE HIGHER THEY CLIMB』（邦題は『青春のポートレート』／BMG JAPAN）。自らのアイドルスター時代の栄光と凋落を主題にしたコンセプト・アルバム。

［俳優名鑑］――マーティン・ミルナー

キャシディに殺される共作者を演じるマーティン・ミルナーは、我々世代には六〇年代のテレビ・ドラマ（『ルート66』、『特捜隊アダム』）でお馴染みの顔だが、映画の方でも、ヒッチコックの『ダイヤルMを廻せ！』（五六年）やウィリアム・キャッスルの『13ゴースト』（六〇年）に出ておりました。ミルナーはまた、『強迫／ロープ殺人事件』（五九年）にも出演しているが、この映画については、『刑事コロンボ』出演者が複数出演しているので、先のエピソードの項で詳述する。

［俳優名鑑］――バーバラ・コルビー

キャシディを脅迫して殺される雑貨店店主の役を演じたバーバラ・コルビーという女優、その個性的な顔立ちに何か引っかかるものがあって、経歴を調べてみたら、また驚きの発見が。コルビーは、その後も、『署長マクミラン』などの犯罪ドラマに出演していたのだが、何と、実生活でも犯罪事件に巻き込まれ、七五年に銃撃に遭い死亡（享年三十六歳）していたのだ！　犯人はいまだに特定されていないという――まさか、本エピソードと同じようにジャック・キャシディが犯人なのでは（キャシディが夭折したのが、コルビー殺害事件の一年半後のこと）と邪推したくなるところだが……まあ、それはないでしょう。ともかく、ドラマの中の犯人役が実生活で変死を遂げ、その被害者役が、実生活で殺害されていたなんて……『刑事コロンボ』恐るべし――としか言いようがない。

4『指輪の爪あと』"Death Lends a Hand"（76分）

邦題をネタバレ気味とする悪評も聞くが、どうして、利き手だけが、事件解決の決め手ではありません。脚本のレヴィンソン&リンクは、『殺人処方箋』同様、さりげないところにいくつもの伏線を張り巡らせて、ラストで見事に回収しているのだ（私は拙作のテレビ化の際に、解決の決め手を原作と違う利き手一点に変えられた苦い思い出があるので、この共作コンビの優秀さを痛感する）。ただ、最後にコロンボが仕掛ける罠がちょっとなぁ……捜査手法というより証拠捏造すれすれの文字通りの「罠」であって、ここのところは釈然としない。犯人があっさり自白したからいいようなものの、こんなやり方で公判維持できるのでしょうか？それでも、「生みの親」のレヴィンソン＆リンクに加え、ストーリー監修としてスティーヴン・ボチコの名前もクレジットされている強力な布陣なので、ミステリとして実にユニークなアイディアも投入されている。つまり、自身も探偵である犯人が表面上、コロンボと共同で事件捜査に当たるという展開――これは、倒叙ミステリ史上前例がないアイディアなのではないだろうか。

複数のライターによるストーリーのチェック体制は、現在の犯罪ドラマ製作では常識となっているが、『刑事コロンボ』では早くから、この方式が確立されていたことになる。

キャスティング面では、『刑事コロンボ』最優秀犯人賞候補（犯人役三回、脇役一回）のロバート・カルプが初登場、頭はいいが卑劣で尊大な探偵社社長の役を期待通りに好演している。また、後に犯人役（『悪の温室』）を務めることになる名優レイ・ミランドが脇に回って落ち着いた演技を見せているのも年季の入った映画ファンには嬉しいところ。

［俳優名鑑］――ロバート・カルプ

ロバート・カルプは、スマートなインテリだが、尊大で嫌味な野心家――という典型的な『コロンボ』の犯人役を好演し、NBCシリーズでの犯人役三回（他は『アリバイのダイヤル』『意識の下の映像』）は、ジャック・キャシディと並ぶタイ記録（カルプはABC版で犯人をかばう父親の役をやっているので、三回半のカウントか）。ちなみに、最多犯人役は、NBC版で二回、ABC版でも二回の計四回出ているパトリック・マクグーハンということになる。

カルプは多数の映画・ドラマに出

て監督も務めているが、私が印象深かったのは、SFドラマ『アウター・リミッツ』の一話『ガラスの手を持つ男』だ。原作者のハーラン・エリスンが『ターミネーター』を盗作で訴えたというスキャンダラスなエピソードで知られる同作だが、作品単体としても『アウター・リミッツ』中でも最もサスペンスフルな良作として推奨しておきたい。

【監督名鑑】――バーナード・L・コワルスキー

本エピソードの他、『自縛の紐』『ビデオテープの証言』『ルーサン警部の犯罪』と佳作四作を監督。「B級映画の帝王」ロジャー・コーマン門下のAIPが映画監督としてのキャリアの振り出しで『『X星から来た吸血獣』（五八年）がデビュー作。この作品は異星人が地球人に卵を産み付けるシーンがあるというだけで、『エイリアン』の元ネタと一部好事家が言い張っているらしい。その後もコワルスキー監督、熱心に「吸血」にいそしみ、『吸血怪獣ヒルゴンの猛襲』（五九年）を発表――これは、ホラーというより邦題そのままの「怪獣映画」（邦題のヒルゴンはウルトラ怪獣が流行っていたテレビ放映時につけられた。原タイトルではGiant Leach）。実際に観てみると、子供が観たらトラウマになるような残虐描写やユニヴァーサルの『半魚人』シリーズを思わせる水中撮影、意外にしっかりした脚本、人間ドラマ演出と、怪獣映画の良作と言っていい出来。その後もコワルスキー監督の「吸血」「にょろにょろ」への執着は続き、大手ユニヴァーサルで、後の『JAWS／ジョーズ』の製作者コンビ・ザナック&ブラウンの製作による『怪奇！　吸血人間スネーク』（七二年／原題は"Sssssss" 実は吸血しません）で、その悪趣味の頂点を極める。この映画、『フリークス　怪物團』や『センチネル』の系譜で語られるべき「タブー境界のあちら側」のホラー映画だが、全体として、タブーに対する抑制の効いたメジャーらしい堅実な出来の作。「吸血」以外では航空パニックのテレビ映画『恐怖のエアポート』（七一年／『死の方程式』のロディ・マクドウォールも珍しく頼りになる医師の役で活躍）もあり。こちらもテレビらしい、程いい湯加減の会心作。

――と、ホラー映画監督としてのコワルスキーのキャリアを長々と書いてきたが、実は、ＡＩＰデビュー以前にテレビ畑でいい仕事をしておりました。ピーター・フォークがプレ・コロンボとも言うべきキャラクターの弁護士オブライエンを演じた短命のテレビ・シリーズ『The Trials of O'Brien』（六五年）のふたつのエピソードで監督を務めていたのです。同シリーズはフォーク自らがコロンボよりいいと言っているようなので、『刑事コロンボ』でのコワルスキー重用も頷ける話なのでした。

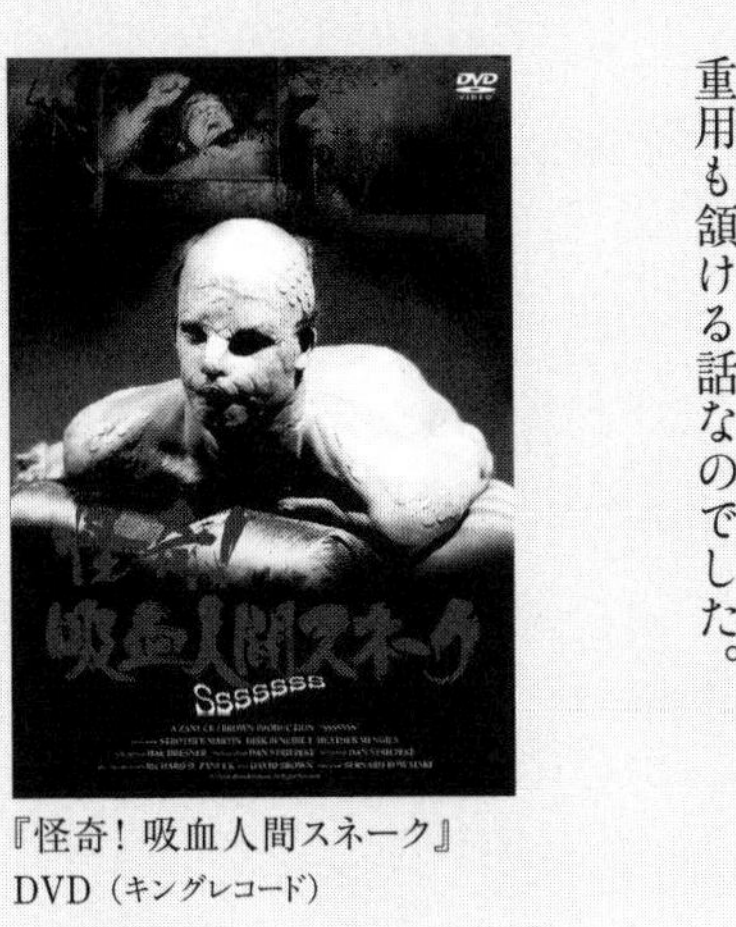

『怪奇！吸血人間スネーク』
DVD（キングレコード）

5『ホリスター将軍のコレクション』

"Dead Weight"（76分）

コロンボが初めてロス警察の徽章を見せることで記憶に残るエピソード（これをはっきり見せるのは、本作と『闘牛士の栄光』だけ）。コロンボの階級はルテナント（lieutenant）――日本語字幕などでは「警部」と訳されるが、アメリカの警察の位では「警部補」が正しい。こういう階級用語の曖昧な表記は、翻訳ミステリの世界でも正されていなくて、例えば、よく出てくる階級Inspectorといえば、アメリカの警察では「警視」（ややこしいことにサンフランシスコ市警のダーティ・ハリーことキャラハン刑事はInspectorと呼ばれるが、階級的にはlieutenantの下位）、イギリスの警察では「警部補」とするのが正しい。因みに、私が所有しているコロンボの徽章（もちろんフェイク）には、エピソードの中では明かされていないファースト・ネームのフランクの署名と身長六フィート（サバ読み？）、階級lieutenantと記されている。以上、豆知でした。

本作は、死体なき事件――隠蔽工作が興味の焦点となる地味なものだが、犯人役と「信頼できない」目撃者の関係性に着眼した点は面白いと思う。

［監督名鑑］――ジャック・スマイト

監督のジャック・スマイトは、『ミステリー・ゾーン』他のテレビ職人として知られる監督だが、劇場映画としてはロス・マクドナルド原作の『動く標的』（六五年）がハードボイルド風味たっぷりの演出でミステリ・ファンには好評を得ている。

［俳優名鑑］――エディ・アルバート

ホリスター将軍役のエディ・アルバートの出演映画で最も有名なのは、『ローマの休日』のカメラマン役ということになるが、中年以降は、その威圧的な態度物腰から「制服の似合う」俳優として軍人や警察署長の役を演じることが多かった。注目すべきは悪魔学の博士役を演じたオカルト映画の『魔鬼雨』（七五年）だろう。この映画には『刑事コロンボ』で犯人役を演ずるウィリアム・シャトナー他が出ているので、コロンボ同窓会映画（?）といえるかと思う。

［俳優名鑑］――スザンヌ・プレシェット

「信頼できない」目撃者の役を好演したスザンヌ・プレシェットは六〇年代のデビュー当初はエリザベス・テイラーを彷彿させる美貌で将来を嘱望されたが、その後は伸び悩み、脇役・端役に甘んじることが多かった。彼女が出演したジャンル映画の注目作はヒッチコックの『鳥』だろう。また、意外なところでは、『千と千尋の神隠し』（二〇〇〇年）の英語版で湯婆婆／銭婆役の声優を務めている。

［音楽家名鑑］――ギル・メレ

語られることが少ない『刑事コロンボ』の音楽について――日本で「コロンボのテーマ」として知られるヘンリー・マンシーニによるNBCミステリ・ムーヴィーのテーマを始め、『刑事コロンボ』には、デイヴ・グルーシン等有名・無名様々な音楽担当者が各エピソードに採用されているが、私は、本エピソード含む四篇を担当したギル・メレを推奨したい。メレは、当初美術家としてキャリアをスタート、ジャズ・アルバムのジャケットなどを描いていたが、自らもサックスを吹奏するようになり、多くのジャズマンと共演、ブルーノート（このレーベルに「ジャズの耳」として有名な録音技師のルディ・ヴァン・ゲルダーを紹介したのもメレ）等にリーダーアルバムを残している才人。その後、映画音楽方面にも進出し、キャリアからわかる通り進取の気性の持ち主だったメレは、電子楽器のみのアンサンブルで劇伴を作った最初の例として、ロッド・サーリングの『四次元への招待状』の音楽を担当し、斯界の注目を浴びる。代表作に『アンドロメダ……』『事件記者コルチャック』等。

6『二枚のドガの絵』 "Suitable for Framing"（76分）

コロンボが柄に似合わぬ（実際のピーター・フォークは絵画の素養がある。何点かの作品が『ピーター・フォーク自伝「刑事コロンボ」の素顔』に収録）絵画の知識を披露する美術界が舞台となる。久しぶりに観返してみて、犯行のプロセスの解明に、若干の説明不足があるのに気がついたが、これは尺の関係で削られたのかもしれない。本作は、何と言っても、犯人を追い詰めるコロンボの決め手が素晴らしい。通常のミステリの発想なら、犯人の指紋を証拠とするところを、コロンボは、〇〇の指紋を証拠として犯人を特定するという、離れ業的逆転の発想が凡手ではない。伏線に関しても、まったくそれと気づかせないところが上手い！　Aタイプ——ミステリとしての出来は、シリーズ屈指の秀作。脚本は他にも多くの佳作を提供しているジャクソン・ギリス。シリーズ屈指の嫌味な犯人を演ずるロス・マーティンは、当時のテレビや映画でよく見かけた顔だが、何とピーター・フォークの演技の師匠だったのだとか。

［俳優名鑑］――ロス・マーティン

ポーランド出身のユダヤ人で、七か国語を操る才人。ブロードウェイを経て『宇宙征服』（五五年）で映画デビュー、『刑事コロンボ』関連では『断たれた音』で犯人役を演じたローレンス・ハーヴェイ監督・主演の『脱走計画』（六三年）に出演、六五年ブレイク・エドワーズ監督のコメディ『グレート・レース』で、ピーター・フォークと共演している（両者とも悪役。この映画は後述するジェイミー・リー・カーティスの父親トニー・カーティス主演なので、遺伝子的には『刑事コロンボ』出演者が二人半出ていることになる――まあ、不思議な縁ですね）。

心臓の持病の関係で、六八年以降は、短期拘束で済むテレビ・ドラマを主戦場として活躍。出演作に『ミステリー・ゾーン』の秀作二話、『警部マクロード』、『エラリイ・クイーン』（各一話）などがある。当たり役となった『0088／ワイルド・ウエスト』の再シリーズ化が計画されていた矢先の八一年に心筋梗塞により六一歳で死去した。

［俳優名鑑］――キム・ハンター

エドナ夫人役のキム・ハンターは、アクターズ・スタジオで学び、『欲望という名の電車』（五一年）でアカデミー助演女優賞を獲得している演技派女優。だが、その後、赤狩りに遭い。しばらくハリウッドから干されることになる。

そのような経歴の持ち主だから、私の世代では何といっても、オスカー女優が『猿の惑星』シリーズで完全特殊メイクによるチンパンジーの医師ジーラを演じたということで話題を呼んだことを覚えている。特に『新・猿の惑星』における、時に愛らしく、時に鬼気迫る、時に哀切極まりない演技には感動させられる。――そうです、化け猫（入江たか子）とか猿博士みたいな世間がゲテモノと誇る役を真摯に演じ切る役者が名優なのだと、つくづく思う。

［脚本家名鑑］――ジャクソン・ギリス

ジャクソン・クラーク・ギリスは、四十年以上にわたって幅広いジャンルに脚本を提供し続けたテレビ畑では巨匠クラスのライター。代表作――『スー

ギリスの小説“The Killers of Starfish”（J.B. Lippincott Company）。直訳すれば『ヒトデの殺し屋たち』か。

パーマン』、『名犬ラッシー』『ハワイ・5・0』『宇宙家族ロビンソン』等々——テレビ草創期の世代には卒倒物のタイトルが並ぶ。

また、本稿執筆にあたっての調査で、ギリスが二冊の探偵小説を書いていることも判明（『The Killers of Starfish』『Chain Saw』）。

7『もう一つの鍵』 “Lady in Waiting”（75分）

これは、再見だからこそ楽しめる刑事ドラマのビッグ・ファン向けのエピソード。初見の時（七〇年代）は、気づかなかったが、レスリー・ニールセンが脇で出ていた——しかも、犯人役でなく、婚約者の女殺人者（こいつがシリーズ屈指のキツい女性犯人）に振り回される役を生真面目に演じているのだ。八〇年代に『フライング・コップ』や『裸の銃を持つ男』等の刑事物コメディで、生真面目な顔で周囲を振り回し大混乱に陥れる爆笑刑事を演じたニールセンを知った後で観ると、ここでの真逆の役割には、笑いを禁じ得ない。ところで、『フライング・コップ』でニールセンが演じる刑事のファースト・ネームはコロンボと同じフランクで所属・階級も同じくロス市警の警部補——これって、『刑事コロンボ』を意識していたんでしょう

か？　パロディ・ネタが多いニールセンのフランク・ドレビン警部補シリーズも、もう一度検証してみる必要があるかもしれない。スティーヴン・ボチコ脚本。

［俳優名鑑］――レスリー・ニールセン

ニールセン出演の推奨作は、シリアスな役ではSFの古典『禁断の惑星』（五六年／機長）、『ポセイドン・アドベンチャー』（七二年／船長・開巻早々さっさと死ぬが）が挙げられる。おバカな役としては前述諸作の他、メル・ブルックス監督の『レスリー・ニールセンのドラキュラ』（九五年）、二〇〇〇年代に入ってからも『最〇絶叫計画』シリーズなどで笑わせてくれていたが、二〇一〇年死去（享年八四歳）――本当に長いこと楽しませていただきました。

［俳優名鑑］――スーザン・クラーク

シリーズ屈指のキツイ女性犯人役を演じたスーザン・クラーク。他にもいい刑事物に出ております。六七年のドン・シーゲル監督の『刑事マディガン』、『マンハッタン無宿』の二連発でいいでしょう。刑事物が似合う女優さん？　ついでに、『ジェシカおばさんの事件簿』にも一エピソード出ていましたね。

［俳優名鑑］――リチャード・アンダーソン

被害者役のリチャード・アンダーソンは、ニールセンとはすでに『禁断の惑星』で共演している（その関係での再共演？）。映画では他に『刑事コロンボ』出演者が多数出ている『強迫／ロープ殺人事件』（『悪の温室』の項で詳述）にも出演している。また、テレビ・ドラマにも多く出演しているが、レヴィンソン&リンク関係では『ジェシカおばさんの事件簿』の二エピソード出演を挙げておく。

8『死の方程式』 "Short Fuse"（75分）

ゲストにアン・フランシスが出演している。彼女は六〇年代に『ハニーにおまかせ』で、セクシーでタフな女私立探偵を演じて、往年のミステリ・ファンには人気ある女優なので、犯人か、せめて共犯の配役だったらよかったのにと思ってしまうが、本作では平凡な秘書役なのがちと残念。アン・フランシスはその後、『溶ける糸』にも誠実な看護師の役で再登板するが、ここでも、さっさと殺されてしまうので、失望することしきり。この人には、セクシーでタフな犯人役をぜひやってほしかったな。

倒叙物としては、コロンボは犯人の用いたトリックをそのまま再現して罠に嵌める《トリック返し》の手法で犯人を自供させる。ギリス脚本。ストーリー・エディターとしてボチコの名前もクレジットされているシリーズ典型の布陣。ギル・メレの劇伴はジャズに徹している。

［俳優名鑑］――アン・フランシス

アン・フランシスも『刑事コロンボ』以前から活躍している人気女優で、『ジェニーの肖像』で映画デビュー。その後エヴァン・ハンター（エド・マクベイン）原作の『暴力教室』（五五年）に出演、『禁断の惑星』（五六年）ではレスリー・ニールセンとも共演している。その後はテレビ・ドラマ『ハニーにおまかせ』（六五〜六年）の、当時は珍しかった女性私立探偵役で人気を不動のものにした。その他六〇年代の『ミステリー・ゾーン』のマネキン・エピソードへの出演が印象深い。だが、フランシス出演のテレビ・ドラマで特筆すべきは『アンタッチャブル』の第四話『血ぬられた鍵』への出演、ここでは私が期待していた女犯人（それも死刑確定のビッチ重罪犯）の役を既に演じておりました。また、『アンタッチャブル』にはフランシスの他にピーター・フォーク、レナード・ニモイ、レスリー・ニールセン、ロバート・ヴォーン、トーマス・ミッチェル、リカルド・モンタルバンと『刑事コロンボ』共演者・関係者が七人も出て

『ハニーにおまかせ』サウンドトラック“Original Music From The Soundtrack Honey West”（写真はMCAレコード〈現・ユニバーサル〉による復刻盤）。こちらに銃を向けるフランシス演じるハニー・ウエストの姿が見られる。

いる『刑事コロンボ』が同窓会となる出演者最多記録でもある点でマークすべきシリーズ。――フランシスに関しては、まあ、当時の犯罪物に欠かせないセクシー小悪魔女優という位置付けか。

〔俳優名鑑〕――ロディ・マクドウォール

犯人役の俳優ロディ・マクドウォールは、かなり香ばしい経歴の持ち主だ。マクドウォールは子役上がりで、ＳＦファンには、完全特殊メイクで臨んだ『猿の惑星』シリーズ（六八年～）のチンパンジーの考古学者、コーネリアス博士（と息子のシーザー）役が有名だろう。また、航空パニック物の『恐怖のエアポート』（七一年／珍しく毅然とした医師役）、海洋パニック物の『ポセイドン・アドベンチャー』（七二年／中盤で死ぬ脇役だが、映画がいいので挙げておく）、ホラー・ファンにはリチャード・マシスン原作の『ヘルハウス』（七三年）の霊媒師役。『ナイトフライト』（八五年）の二流怪奇役者の偽ヴァンパイア・キラー役ヴィンセント（役名は名怪奇役者ヴィンセント・プライス由来）でお馴染みだろう。

ミステリ・ファンの立場でいうと、マクドウォールが『刑事コロンボ』シリーズで完全特殊メイクの猿犯人役を演じていたら、『猿の惑星』や探偵小説の始祖と言われるポォのアノ名作のオマージュ・エピソードとして面白いものができただろうと妄想してしまう。ちなみにレヴィンソン&リンク関係では『エラリイ・クイーン』の『黒い鷹の冒険』にも顔を出している。

また、本エピソードの中でマクドウォールはカメラ・マニアを演じているが、実生活でもクラシック映画のコレクターとして知られ、海賊版所持の疑いでＦＢＩによる家宅捜索を受けている。――公私にわたってユニークな経歴の犯人役だったと思う。

〔俳優名鑑〕――ジェームズ・グレゴリー

被害者のバックナー社長を演ずるジェームズ・グレゴリー（『アリバイのダイヤル』にも出演）も、『続・猿の惑星』でゴリラのアーサス将軍役を演じている。ここまで読み進まれた読者はお察しのことと思うが、ロディ・マクドウォール、キム・ハンターと併せて、20

世紀フォックスの『猿の惑星』シリーズに『刑事コロンボ』出身者が三匹揃ったことになる。——これは、コロンボ同窓会と言うより、（猿の完全特殊メイクなので）仮装大会の様相を呈していますね。テレビ出演の多いグレゴリーの『刑事コロンボ』出演者との交点は他にも『宇宙大作戦』や『スパイ大作戦』などがあるが、何といっても『断たれた音』ローレンス・ハーヴェイ、『忘れられたスター』のジャネット・リーと共演した『影なき狙撃者』（六三年）を代表作として推奨したい。

尚、『闘牛士の栄光』の犯人役リカルド・モンタルバンも『新・猿の惑星』（七一年）『猿の惑星・征服』（七二年）に出演している——猿役ではないが往年の二枚目俳優として面目躍如の善玉を好演。これで、『猿の惑星』シリーズのコロンボ同窓生は四人。

［俳優名鑑］——アイダ・ルピノ

バックナー社長夫人役のアイダ・ルピノ（『白鳥の歌』では被害者役）は、一般的には、『ハイ・シェラ』でのハンフリー・ボガートの相手役のようなタフな役柄のイメージが強いが、女性監督の先駆けでもあり、『ミステリー・ゾーン』のエピソード(『生きている仮面』)を監督している。あとは、『魔鬼雨』にも出ていましたねえ——これで、『刑事コロンボ』=『魔鬼雨』共通の出演者は三人。

9『パイルD-3の壁』 "Blueprint for Murder" (75分)

何とピーター・フォーク自身が監督を務めているエピソード。そのフォークの演出は、冒頭、被害者になる人物の全体像を見せずに、車と足取りだけで表現するなど、なかなかシャープな絵作りをしている。本作の結末も、初見当時はファンの間で話題になった人気作だが、今回見直してみると、犯人の操りに関して、もう少し丁寧に伏線を張っておけば、より良い出来になっていたかなと思ったが、フォークの初演出に関しては合格点を進呈したい。

[監督名鑑]——ピーター・フォーク

『ピーター・フォーク自伝 「刑事コロンボ」の素顔』を読むと、フォークは待ち時間に事件の糸口を考えたり、本番でも独自の台詞を口にしたりと、演出面にも興味があったようだ。そのお陰で、『刑事コロンボ』最初の一年はスケジュール遅滞など揉め事も多く、フォークが「ストライキ」を起こして撮影中に帰宅してしまったり、逆に脚本をないがしろにするという理由でスタジオから締め出される事態にも至っている。制作陣、フォーク双方の言い分がはっきりしないので、その間の事情はわからないが、ともかく事態は本エピソードのコロンボ初監督就任ということで終息したようだ。

[俳優名鑑]——パトリック・オニール

犯人役を演じるパトリック・オニールはスマートな性格俳優として様々な作品に出演しているが、ジャンル物の観点からは、アイラ・レヴィン原作のSFホラー『ステップフォードの妻たち』(七五年)やシドニー・ルメット監督の犯罪ドラマ『Q&A』(九〇年)への出演が印象に残っている。『刑事コロンボ』では第七シーズンの『秒読みの殺人』にもゲスト(犯人ではありません)で出演。

第二シーズン（一九七二〜七三年）

10『黒のエチュード』 "Étude in Black"（96分）

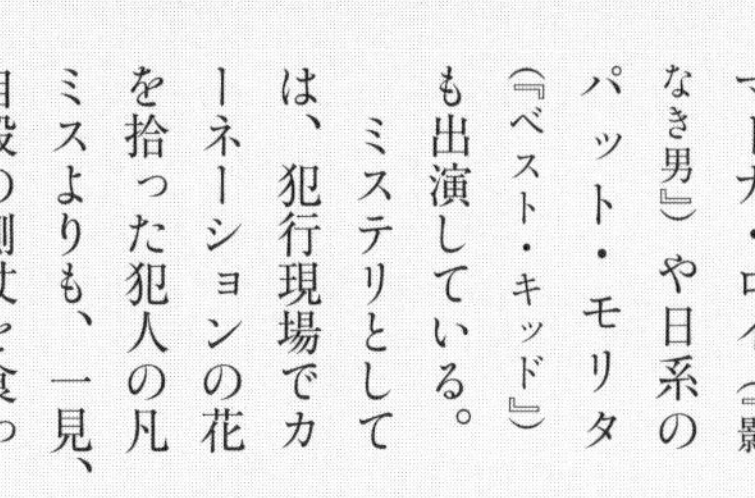

ピーター・フォークとは公私ともに盟友関係にあった俳優・監督・脚本家のジョン・カサヴェテスが天才指揮者の犯人役で登場。チョイ役なのが惜しいが、往年の名女優マーナ・ロイ（『影なき男』）や日系のパット・モリタ（『ベスト・キッド』）も出演している。

ミステリとしては、犯行現場でカーネーションの花を拾った犯人の凡ミスよりも、一見、自殺の側杖を食ったと見えるインコの死にコロンボが不審を抱くところに、優れてミステリ的なアイディアとして得点を与えたい。

充実の俳優陣の他、脚本：スティーヴン・ボチコ、原案：レヴィンソン&リンク、ストーリー監修：ジャクソン・ギリスというシーズン開幕に相応しい強力な製作布陣の力作エピソード。また、音楽に関しては、本作からアレンジャーとして多くのスター歌手から愛顧されていたハル・ムーニーが音楽監督に就任（ムーニーは、レヴィンソン&リンクの『エラリイ・クイーン』も担当）。

［**監督・俳優名鑑**］——**ジョン・カサヴェテス**

ジョン・カサヴェテスは即興演技を取り入れた実験的作品やインディペンデント映画という分野を確立した映画人として知られているが、ここは、ジャンル映画の観点から推奨作を列挙してみる。

まず、俳優としての出演作はアイラ・レヴィン原作、ロマン・ポランスキー監督のオカルト・ホラー『ローズマリーの赤ちゃん』（六八年）一択でいいだろう。監督・脚本としては、妻であるジーナ・ローランズをタフなヒロインに起用して商業的にも成功したハードボイルド映画『グロリア』を推したいが、あと、一本、ジャンル関係なく「怖い」映画を推奨しておきたい。盟友ピーター・フォークとジーナ・ローランズが夫婦役を演じた『こわれゆく女』（七四年）がそれ。良き妻、良き母、良き隣人となることを望みながら平凡な日常の中で精神が「こわれゆく」女をドキュメンタリー・タッチで描いた映画で、所謂ジャンル映画ではないのだが、上質のスリラーやホラーを見た時に近い感興があった。敢えてジャンルのレッテルを張るなら、フランシス・アイルズが得意とする夫婦物の心理スリラーに近い。「いったい本当にイカれているのは誰なのか」という疑問から生ずる逆転の図式は、新井素子さんの傑作サイコロジカル・スリラー『おしまいの日』も想起させる。また、ホラー・ジャンルの観点からは、最近のハリウッド産のホラーにありがちな、「家族愛」による恐怖の解消という予定調和を拒否した、アンチ・ファミリー・ホラーという観方も可能かと思う。何とも言えない「怖い」結末でした……。

『こわれゆく女』HDリマスター版DVD（キングレコード）

［俳優名鑑］――マーナ・ロイ

良妻賢母型を得意とした名女優だが、ミステリ分野で観るべきものは、ダシール・ハメット原作の『影なき男』シリーズ六作。本シリーズでロイはウィリアム・パウエルとコンビを組み、夫婦探偵物の嚆矢として、多くのエピゴーネンを生むことになる。

11『悪の温室』 "The Greenhouse Jungle"（74分）

いよいよ、名優レイ・ミランドが犯人役をやるというので、後述『別れのワイン』のようなB《犯人共感》タイプを期待する向きもあるかと思うが、違いましたね――誘拐偽装計画の果てに甥を殺し、その妻に罪を擦り付けようという純正のワルでした。今回は、最新の科学捜査を勉強したという、ボブ・ディッシー演ずる部下が抜け駆けの功名を狙うが、やっぱり、コロンボには敵わないという展開。

コロンボが自ら科学捜査機器を使いながら、（それに頼るのではなく）犯人が無意識に発した失言の一点に絞って事件を解決するのがいい。シンプルにして鮮やか。ストーリー監修は名手ジャクソン・ギリス。

［脚本家名鑑］――ジョナサン・ラティマー

この人も『刑事コロンボ』の脚本を書いていたとは！　ラティマーは日本でも人気のあったミステリ作家。酔いどれ私立探偵ビル・クレイン物の長編『処刑六日前』（三五年）や『モルグの女』（三六年）は、私も読んでいるサスペンスフルな佳作。脚本家としては他にレイ・ミランド主演の『大時計』（四八年）に書いているから、ミランド絡みでの脚本起用か。

［俳優名鑑］――レイ・ミランド

『指輪の爪あと』に次いで二度目の出演。いまさら解説する必要もない名優だが、ミランド主演のサスペンス映画の名作としてヒッチコックの『ダイヤルMを廻せ！』と、ケネス・フィアリング原作、ジョナサン・ラティマー（前述）脚本の『大時計』（四八年）を推奨しておく。

［俳優名鑑］――ブラッドフォード・ディルマン

ミランドに殺される資産家の息子を演じるブラッドフォード・ディルマンも、猿の惑星の住人でしたね。シリーズ中でも評価の高い『新・猿の惑星』の猿に好意的な科学者ルイス・ディクソン博士役（名門イェール大出なのでインテリの役が多い）。これで『刑事コロンボ』＝『猿の惑星』共通の俳優は五人ということになります。他のディルマン出演のジャンル映画の代表作として、『ダーティハリー』シリーズの二作があるが、特筆すべきは、リチャード・フライシャー監督の『強迫／ロープ殺人事件』（五九年／カンヌ国際映画祭男優賞受賞）への出演だろう。本作でディルマンは大学生二人組の殺人共犯として出演（本作で扱われる事件はニーチェの超人思想にかぶれた大学生の犯罪実話に基づく。同じ事件に材を取ってヒッチコックが四八年に『ロープ』を撮っている他、映画化多数）、もう一人の共犯者は『アリバイのダイヤル』と『歌声の消えた海』に出演しているディーン・ストックウェル。両者共に『刑事コロンボ』の犯人役起用ではないが、若い頃に、すでに共犯者役を演じていたという不思議な巡り合わせが面白い。また、この映画には『構想の死角』の被害者マーティン・ミルナー、『もう一つの鍵』の被害者リチャード・アンダーソンも出演しているので、『刑事コロンボ』の被害者が四人も揃った《被害者志望輩出大学》映画の様相を呈していることも面白い巡り合わせ。

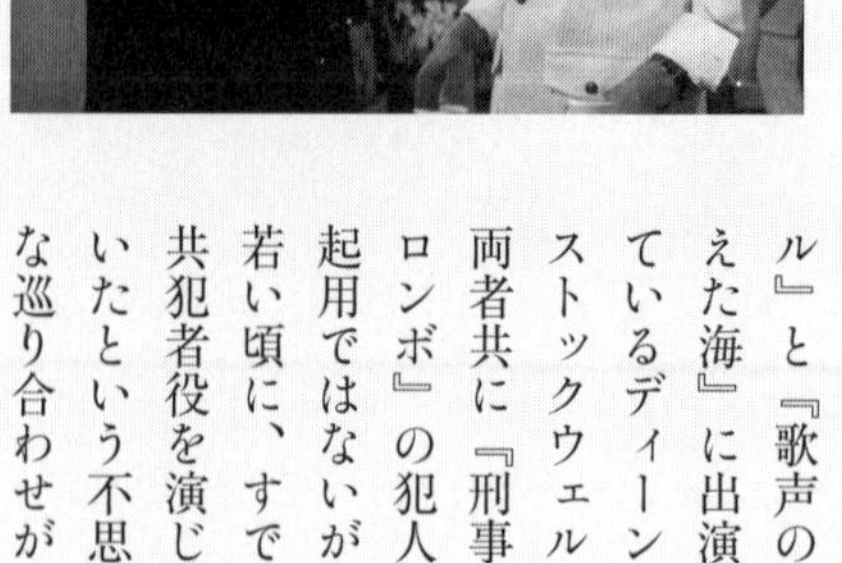

ディルマン出演作で最も知られているのは戦争映画の『レマゲン鉄橋』（六九年）ということになるだろうが、この作品については共演者のベン・ギャザラ、ロバート・ヴォーンと共に『歌声の消えた海』の名鑑で詳述することにする。

その他のディルマン出演作は、『刑事コロンボ』関連の『燃える昆虫軍団』（『毒のある花』の監督によるパニック映画）と『ジェシカおばさんの事件簿』の八エピソード、ホラーの『悪魔のワルツ』（七一年）を推奨。尚、『悪の温室』直前に放映された『狼男　謎の連続殺人』（七二年）は、フーダニット形式を取っているものの、なんの工夫もない凡作でした（似たタイトルのウィリウム・L・ディアンドリア原作ではありません）。

［俳優名鑑］――ボブ・ディッシー

コロンボの部下ウィルソンとして『魔術師の幻想』にも再登場する。科学捜査を重視するが、少々勇み足で失敗してしまう――という憎めない役柄なので、初見当時はコロンボの「ワトスン」役として、うってつけだと思った（ピーター・フォークとは子供のころから親交があったとか）が、二エピソードの出演に留まったのが惜しい。――しかし、思い返せば、コロンボ警部補には、端（はな）から推理を語り聞かせる「犯人」という名ワトスン役がいるのだから、わざわざ捜査陣にワトスン役を立てる必要もなかったということかもしれない。

12『アリバイのダイヤル』

"The Most Crucial Game"（74分）

ロバート・カルプの犯人役二度目の登板。しかし、今回はアメ・フトのGMという癇癪持ちの体育会系的役柄なので、緻密な犯罪工作は期待できない。だいたい、あんな凶器で健康な若者を殺せるものでしょうか？　コロンボのアリバイ崩しにしても、直近の伏線が見え見えでいただけない。私が作者なら、盗聴器のアレをこう利用すれば、もっといい解決場面ができるのに……と、つい偉そうなことを考えてしまうが、ここは、素直に、名犯人役のカルプの演技を楽しむべきか。この人、苛々演技にも、いろいろヴァリエーションをつけているのです。

［俳優名鑑］――ディーン・ストックウェル

本エピソードの他『歌声の消えた海』にも出演しているディーン・ストックウェルについては書かねばならないことが多い。

ストックウェルの名前が最初に私のアンテナに引っかかったのが七〇年、ロック・ミュージシャン、ニール・ヤングとの交流から。子役上がりで低迷していたストックウェルにデニス・ホッパーが脚本を書くことを勧め、書き上げた脚本がニール・ヤングの手に渡る。脚本に触発されたヤングは代表作であるヒット・アルバム『アフター・ザ・ゴールドラッシュ』を発表。その後も、ヤング、ホッパー、ストックウェルの交流は続き、映画好きのヤングが、三〇〇万ドルの私財を投じた映画『ヒューマン・ハイウエイ』（七八〜八二年）は、ストックウェルとヤングが共同監督、出演にヤング、ストックウエル、ホッパー、ジョージ・チャキリス（『ウェストサイド物語』『フランケンシュタイン対地底怪獣バラゴン』）、デイヴィッド・ブルー（七〇年代を代表するカナダのシンガーソングライター）が揃うという私にとっては「神」布陣の作品だが、「幻覚剤（アシド）まみれの『オズの魔法使い』」とか「世界のどす黒い危険な闇映画」とか「あまりにヒドくて大ヒット間違いなし」——とか評されている……まあ、最後の揶揄は除いて、他の評は当たっているとは思う。

個人的な公開当時の感想は、ダイナーのコックを演じる怪優ホッパーがヤングを始めとする他の演者の前で霞んでしまっているのが意外だったこと（「画面の外」では存在感を発揮していて、撮影現場に持ち込んだ本物のナイフで「悪戯」に共演女優の腱を切り、訴訟沙汰になって、その後は、ドラッグ更生施設行きという香ばしいエピソードあり）。また、核再処理場で人間退化論的ニューウェイブ・バンドDEVOを従えてヤングが『マイマイ、ヘイヘイ』（当時台頭していたパンク・ロックへのアンサー・ソング。私の『生ける屍の死』のエンディング・テーマでもある）を熱演する場面が好きだったということくらいで、ストーリーは特に印象に残っていなかった。

今回、本稿のためにディレクター・カット版のDVD（二〇一四年公開版）を再見して、ちゃんと筋が通っていてメッセージ性もある良作であることを確認した。「アシドまみれの『オズの魔法使い』」というレッテルはそのまま容認でいいと思うが、「あまりにヒドくて」という評言は、それこそ「ヒドい」のではないか。私は次の三点から、『ヒューマン・ハイウエイ』という映画を再評価したい。①これが、核による地球滅亡のような危機の中にあっても「無関心」でいられる大方の能天気な人々について描かれた強烈なアイロニー作品であること（ヤング自身も製作意図として明言している）。②北米先住民や障害者などの被差別マイノリティーのポテンシャルを示したメッセージが込められていること（先住民の血を引くヤングは、夢の中で先住民バンドを率いてツアーに出る）。③ミュージカル映画としても評価できること（ラストのジョージ・チャキリス主導で行われたと思われる『心配性の男』の歌舞シーンにはミュージカル映画好きの私も感激）。

——ところが。

私がここに書き連ねたことが、日本語版ウィキペディアのヤング、ストックウェル、ホッパーそれぞれのページでは、全然触れられていない（英語版でも記述は断片的）。つまり、映画、音楽両面での知識・見識がないと評価されず埋もれてしまう重要作もある

『ヒューマン・ハイウェイ』《ディレクターズ・カット版》DVD（キングレコード）

——ということで、あえて特記した次第。

さて、ディーン・ストックウェルのフィルモグラフィーだが、それだけで一冊本が書けてしまうくらいの分量があるので、私が観たものの中から主にジャンル映画に限って列挙しておく。

まず、子役時代の代表作を三本。クレイグ・ライス原作の『Home Sweet Homicide（スイート・ホーム殺人事件）』（四六年／可愛い三きょうだい弟のアーチー役！ なのに、本作も日本語版ウィキペディアにはまったく触れられていない）、『影なき男の息子』（四六年／探偵ニック・チャールズの息子役）、ファンタジーの『緑色の髪の少年』（四八年／緑の髪の少年・主役）

成人以降の出演作——『強迫／ロープ殺人事件』（五九年／大学生共犯役 ブラッドフォード・ディルマンの項参照）、『H・P・ラヴクラフトのダンウィッチの怪』（七〇年）、ヴィム・ベンダース監督のロードムーヴィーの『パリ、テキサス』（八四年）、デイヴィッド・リンチの『デューン／砂の惑星』（八四年）と『ブルーベルベット』（八六年／ゲイの友人役で、デニス・ホッパーと

再度共演)、『タッカー』(八八年/ハワード・ヒューズ役)、『ハートに火をつけて』(九〇年/デニス・ホッパーと三度共演)、ロバート・アルトマンの風刺コメディ『ザ・プレイヤー』(九二年)、『スティーブン・キング/ランゴリアーズ』(九五年)……etc.。

エキセントリックな役柄が多かったストックウェルだが、老いてからは、『エアフォース・ワン』(九七年)の国防長官役、コッポラ監督の『レインメイカー』の判事役など年齢に見合った役もこなしている。さらに、ニール・ヤングの名曲『ライク・ア・ハリケーン』を収録したアルバム『アメリカン・スターズン・バーズ』の「酔い潰れ銀河ヒッチハイク・ガイト」的スーパー・クールなジャケット・デザインを手掛けたのも、ディーン・ストックウェル師匠なのでした。

13『ロンドンの傘』 "Dagger of mind" (97分)

コロンボがロンドン警視庁に研修に行くという番外編的な設定が新鮮だ。シェイクスピア演劇、ロンドンのクラブにパブ、ルイス・キャロルなどの稀覯本、蠟人形館、英国紳士の必需品の雨傘などの舞台・道具立てに加え、シャーロック・ホームズについて語るロンドン警視庁の刑事部長や名士に仕える老獪な執事(!)まで登場し、英国ミステリの気分を存分に満喫させてくれる。当のコロンボもフィッシュ&チップスを食べながらの単独捜査で、容疑者から「すっかりロンドン子ね」と言われる始末。犯人は、舞台で『マクベス』を演じる俳優夫婦なのだが、犯行を重ねていくうちに現実の自分たちも、舞台のマクベス夫妻さながらになっていくという二重露出の物語の趣向が面白い。ただ、マクベス役の俳優に「クリスティーみたいな田舎芝居」には出たくないと不穏当な発言をさせているのが気になったが、それについては『死者のメッセージ』の解題の中で触れることにする。そして、ラストでコロンボが仕掛ける罠——これも、相変わらずの証拠捏造なのだが、ロンドン警視庁も看過しているので、これは《コロンボ芸》ということで、よしとしましょう。ストーリー原案がレヴィンソン&リンクで、脚本が『二枚のドガの絵』のジャクソン・ギリス。ギリスはストーリー監修でもクレジットされているという（自分で自分の脚本をチェック?）盤石の体制で生まれた会心作。

［追記］――ジャクソン・ギリスについて調べている過程で『Out, Damned Spot!』というタイトルのコロンボ脚本があるのを発見。このタイトルは『マクベス』の中の台詞の一節なので、本作の草稿かと思ったが、現物を取り寄せてみると案の定そうだった。読んでみると現行の映像版とは、かなり違う内容なので、本書の目玉として翻訳・収録することにした。（二六六ページ「『コロンボ』製作の裏側をのぞく」）。

［俳優名鑑］――リチャード・ベイスハート

マクベス役を演じたリチャード・ベイスハートは、『第三の男』の元ネタと言われたダークな犯罪物『夜歩く男』（四年）出演後、フェデリコ・フェリーニの『道』（五四年）、ジョン・フォードの『白鯨』（五六年）出演等で絶賛を浴びたアメリカの名優だが、テレビ畑では六〇年代にSFドラマ『原子力潜水艦シービュー号』（『スタートレック』の海底版みたいなドラマ）で主役のネルソン提督を演じて人気を博した。また、同作品の一エピソードでは、「初代コロンボ」バート・フリードが科学者の役で共演していて性格俳優として幅が広いところを見せている（同エピソードには『スタートレック』の日系乗務員レギュラー、ジョージ・タケイも出演）。ここでも『刑事コロンボ』を核とする複雑な関係――俳優相関図を見出せるわけだ。

［俳優名鑑］――オナー・ブラックマン

マクベス夫人役を演じたオナー・ブラックマンはロンドン生まれの女優で、六〇年代に特技の柔道（！）を生かしたテレビドラマ『おしゃれ㊙探偵』で人気を博するが、『007／ゴールド・フィンガー』（六四年）でボンド・ガールに抜擢され、ここでも柔道の腕前を披露、世界中に知られるようになる。

［俳優名鑑］――ジョン・ウィリアムズ

被害者サー・ロジャー役のジョン・ウィリアムズは英国人。ヒッチコック監督の映画で重用され、『ダイヤルMを廻せ！』（五四年）、『泥棒成金』（五五年）等に出演。テレビ畑でも『ヒッチコック劇場』に多数回出演している。

14『偶像のレクイエム』"Requiem for a Falling Star"（74分）

斜陽になった映画界からテレビ界に活路を見出した女優（アン・バクスター）がゴシップ記者に脅迫を受ける。記者の爆殺を図るも死んだのは自身の秘書で——というストーリー。

アン・バクスターの実人生そのままの設定なので、往年の名女優のやや大袈裟な演技が、痛々しく感じてしまうのは私だけだろうか（彼女の名誉のために言っておくが、五八年の出演作『生きていた男』は、知る人ぞ知るミステリ映画の佳作です）。お話のほうも、女性犯人に共感するBタイプではなくて、当該事件は未遂のまま、彼女の過去の犯罪を暴く方向へ。コロンボの観察眼や「気づき」も並みの出来。ギリス脚本だが、これは不発かも。

〔俳優名鑑〕——アン・バクスター

『剃刀の刃』（四六年アカデミー助演女優賞）、『イヴの総て』で知られる往年の名女優。サスペンスではヒッチコックの『私は告白する』（五三年）、本文で触れた『生きていた男』（五八年）を推奨。

15『溶ける糸』"A Stitch in Crime"（73分）

『スタートレック』のヴァルカン人ミスター・スポックこと、レナード・ニモイが冷酷な殺人外科医を演ずることで、放映当時、話題になった。ニモイの演技も、そのスポックを多少なりとも意識しているようで、彼は、人間的感情を露わにすることなく、淡々と犯行を重ねていく——と、初見当時は思ったが、それは当時のバイアスがかかった先入観で、本作でのニモイは敢えて「スポック」的な演技はしていない。物語の中盤までは他者に笑顔を振りまくし、コロンボとの際どいやり取りの際も笑顔を見せる。一方で、他の常連犯人のカルプやキャシディのような見え見えの苛立ちのような表情を見せることもない。つまり、ニモイは、自分に期待される「異星人」的な無機質キャラと「人間味」ある感情キャラの間を絶妙なバランス感覚によって演じ分けているのだ。窮地に立ったニモイが唯一感情を露わにした場面がコロンボの「気づき」を呼び覚まし、その点が事件の突破口になるところも巧妙だと思う。終盤で、感情を露わにしない能面のようなニモイ＝犯人に対して、いつも飄々として（演じて）いるP・フォーク＝コロンボが、激しい怒りの感情を爆発させるのも、いつもとは対照的な異例の演出で驚かされるが、結果的には、コロンボの「気づき」に向けての伏線だったのではとさえ思えてくる。名犯人と名探偵のキャラは、実は同一――という好個の例だろう。それにしても、『殺人処方箋』以来の怒ったコロンボというのも、なかなかカッコいいです。

[俳優名鑑]――レナード・ニモイ

　レナード・ニモイは五〇年代から『ボナンザ』『トワイライト・ゾーン』『コンバット！』等、テレビ草創期の人気番組に出ていたが、『87分署』（六一年）にも出演（『The Very Hard Shell』ピーター・フォークと同じく犯罪者の役）している。『刑事コロンボ』出演直前の『宇宙大作戦』（『スタートレック』／六六〜六九年）で、世界的にブレイク、その後、映画版『スタートレック』では、監督、原作、製作総指揮も務めた。また、ミステリ関係では舞台でシャーロック・ホームズを演じている（容貌・キャラ共に適役だと思う。観てみたかった）。

　ニモイ自身もシャーロッキアンであるようで、『スタートレック』の中でもヴァルカン人の金言としてホームズの決め台詞を口にしたりしていた（例えば、『スタートレックVI』での有名な「消去法の推理」等）。二〇一四年没――この人にも長く楽しませてもらいました。

[脚本家名鑑]――シリル・ヘンドリクス

　シリル・ヘンドリクスは、サスペンス・ドラマ・シリーズの嚆矢『Suspense』（四九年／ヘレン・マクロイなど豪華な原作陣）を皮切りに多くの犯罪ドラマの脚本を書いているが、六〇年代の戦争ドラマ『コンバット！』への脚本提供が最も多い（八エピソード）。尚、本エピソードのストーリー監修はジャクソン・ギリスが務めている。

16『断たれた音』"The Most Dangerous Match"（74分）

これは、シリーズ中、一、二を争う私の好きなエピソード。『ミステリ・マガジン』のピーター・フォーク追悼特集では初見の印象から『意識の下の映像』をマイ・ベストに選んだが、ミステリとしての完成度から言うと、どちらをベストに推してもおかしくない。耳が不自由なチェスの世界チャンピオンがライヴァル名人を殺害するのだが、犯人の神経症的なキャラクター（夭折直前の名優ローレンス・ハーヴェイが鬼気迫る演技を見せている）が、全篇にわたって異様な緊迫感を生んでいて、最後まで画面に惹き付けられる。犯人に利すると見えた殺害方法が、まさに犯人を追い詰める決め手となる点も素晴らしい。——こういうのを、私は個人的に《ミステリの神の皮肉（アイロニー）》と呼んでいるのだが。

また、超人的能力と障害のハンデを組み合わせて犯人をあぶり出す仕掛けに利用するというのは、実は黄金時代本格ミステリの裏技（例　エラリイ・クイーン他）でもある。脚本は佳作連発の打率王ジャクソン・ギリス。さらにストーリー原案には、そのギリスの他にレヴィンソン&リンクのクレジットもあるという——これまたシリーズ最強の布陣！

［俳優名鑑］——ローレンス・ハーヴェイ

日本では、六八年のクールなスタイリッシュ・アクション作品で監督代行も兼ねた秀作『殺しのダンディー』、七二年のスリリングな逃避行劇を描いた社会派作品『亡命者』の主演で知られているローレンス・ハーヴェイだが、私と菊地秀行さんの間ではジョン・フランケンハイマーのニューロティック・スパイ・スリラー『影なき狙撃者』（催眠術による殺人という『5時30分の目撃者』のようなテーマの話。また『忘れられたスターのジャネット・リーや『死の方程式』のジェームズ・グレゴリーも出ています）を推奨ということで合意している。さらに、ダメ押しトリヴィアを一発。『影なき狙撃者』のリメイク『クライシス・オブ・アメリカ』（二〇〇四年）にはディーン・ストックウェルも出ていました。——なので、『影なき狙撃者』と『刑事コロンボ』出演者は四人重なっていることになる（汗）。

『影なき狙撃者』DVD旧ジャケット（20世紀フォックス・ホーム・エンターテイメント・ジャパン／現行版とは異なる）。中央がハーヴェイ。『断たれた音』時とは別人のよう。

しかし、ハーヴェイは『断たれた音』撮影中、すでに胃癌の病状進行により体重が激減（『影なき狙撃者』のハーヴェイとは別人に見える）、被害者とレストランで会食するシーンでは料理を注文せず水すら口にしていない。これは演出ではなく体調悪化で手がつけられない状況だったためだという。エリザベス・テイラー主演の強烈なサスペンス・スリラー『夜を見つめて』（七三年／これもハーヴェイ出演の推奨作）とほぼ同時並行で撮影された『断たれた音』は、ハーヴェイの遺作となってしまった（フィルモグラフィー上では『オーソン・ウェルズのフェイク』が出演最終作）。七三年の暮れに四五歳の若さで夭折——合掌。

17 『二つの顔』 "Double Shock"（73分）

ミステリに携わる者なら、一度は挑戦したいと思わせる《双子》テーマを、このシリーズがどう料理してくれるのか——この一点に興味が絞られる。その双子を、六〇年代に『アウター・リミッツ』『スパイ大作戦』等で注目を浴び、『エド・ウッド』（九四年）でベラ・ルゴシを演じ、アカデミー助演男優賞を獲得したという香ばしい経歴を持つマーティン・ランドーがやるというのだから、こちらの期待も膨らむというもの。ひどく仲の悪い一卵性双生児の一方が叔父を殺す。その殺害場面は視聴者の目にも晒されるので、こいつが犯人かとわかるわけだが――そのままで終わるわけがない。ラストはこの設定ならではの奸計が暴かれ、年季の入ったミステリ・ファンも満足が行く出来。私は知的な悪人面のランドーという役者が、『刑事コロンボ』の犯人役にうってつけだと思い、当時、準レギュラーになってくれないかと望んでいたのだが、犯人役はこれ一回きりだった――いや、双子だから二回にカウントしてもいいかな？

［俳優名鑑］――マーティン・ランドー

六六年からNBC系列で放映された『宇宙大作戦』（『スタートレック』）のクリエーターのジーン・ロッデンベリーが当初、スポック役に望んだのはランドーだったというが、そのスポック役に選ばれたのが『溶ける糸』で犯人役を演ずることになるレナード・ニモイ。ランドーは同時期にオファーを受けていた『スパイ大作戦』の方を取ったようで、彼が演じた変装の名人ローラン・ハンドは当たり役となり、のちの映画版『ミッション・インポッシブル』でトム・クルーズが演じるイーサン・ハントの原型になった。また、ランドーが『スパイ大作戦』を降板後にメンバーに加わったのもレナード・ニモイだった。つまり、生き別れの双子のように似たタイプの二人の役者が、すれ違い、遂に『刑事コロンボ』の犯人役で邂逅（かいこう）したことになる。

［俳優名鑑］――ダブニー・コールマン

刑事役で登場する（のちにABC版『影なき殺人者』で犯人役）ダブニー・コールマンは『タワーリング・インフェルノ』では、スティーブ・マックイーンに屋上貯水タンク爆破を提案する消防署副署長の役で出ている。ロバート・ヴォーンと併せて『刑事コロンボ』

出身者は二人ということになる。

第三シーズン（一九七三〜七四年）

18 『毒のある花』 "Lovely but Lethal"（73分）

化粧品会社の女性社長がライヴァル会社に企業秘密を売ろうとした研究員を殺害、さらに自分が産業スパイとして送り込んだライヴァル会社の秘書も口封じのために殺してしまう——というストーリーよりも、本作は映画ファンには堪らないトリヴィアに満ち溢れたエピソードなので、そのあたりのことを。まず犯人役のヴェラ・マイルズ。彼女は『サイコ』にジャネット・リー（『忘れられたスター』の犯人役）の妹役として出演しているので、これは『サイコ』姉妹が揃って『刑事コロンボ』の犯人役を演じたことになる。最初に殺される研究員を『地獄の黙示録』でブレイクする前のマーティン・シーンが演じているのはトリヴィア初歩として、ライヴァル会社の社長の役を、ヴィンセント・プライスが演じているのが嬉しい。プライスは戦後の三大怪奇俳優と言われている役者で、AIPのロジャー・コーマン作品やウィリアム・キャッスル作品など低予算ホラー映画好きには堪らないキャスティングなのだ。このプライスの出演に因んでか、タイトルバックの医師の顔のアップで始まる新製品開発のシーンは、まるでB級マッド・サイエンティスト・ホラーのような演出になっている。これは臭いなと思って監督のヤノット・シュワ

ルツについて調べてみたら……なんと、代表作がウィリアム・キャッスルの遺作（製作・脚本）『燃える昆虫軍団』だったんですねえ……これって、ヴィンセント・プライスの口利きで実現した企画なんでしょうか（最後まで「怪虫」に拘ったキャッスル師匠、根性あります）……と書きかけて、さらにこの個性派揃いの布陣を吹っ飛ばすような配役（DVDボックスのバイオグラフィー解説にも言及されていない）に気づいた。

［俳優名鑑］――シアン・バーバラ・アレン

産業スパイの秘書役のシアン・バーバラ・アレンという女優――この人、最初に出てきたときはプライスの孫娘かと思ったぐらいの童顔なのだが、次に出てきたときは、愛煙家のコロンボも顔をしかめるくらいのヘヴィー・スモーカーのワルに変身、瞳孔開きっぱなしのカレン・カーペンターみたいな感じで、他の名だたる個性派俳優も霞むほどの存在感を示しているのだ……それで、またまた臭いなと妙な既視感が湧いてきたので調べてみたら……なんと、私はこの女優さんの出演映画、観ていました。

日本未公開のスリラー映画の佳作『You'll like my mother』で、ゴールデン・グローブ賞にノミネートされるくらいの演技を見せていたのだ（しかも、デビュー作にして言語不明瞭の障害者の役だから相当の演技力）。この不思議な存在感を持つ女優さんに、他のエピソードで犯人役をやってほしかった――そう思うのは私だけではないだろうと思い、あえてここに特記しておく。

［俳優名鑑］――ヴェラ・マイルズ

この人の映画も沢山観ていました。まず、ヒッチコックの『間違えられた男』（五六年）、『サイコ』（六

○年）と、続編の中では出来のいい『サイコⅡ』（八三年）を推奨。テレビ畑でも活躍していて、私が観ているスリラー・SFジャンルのものだけでも、『逃亡者』、『ヒッチコック劇場』、『ミステリー・ゾーン』、『アウター・リミッツ』、『0011／ナポレオン・ソロ』等、枚挙にいとまがない。レヴィンソン&リンク関係でも『エラリイ・クイーン』と『ジェシカおばさんの事件簿』に出ている。この女優さんにも長いこと楽しませていただきました（まだ亡くなっていないが、一応お礼しておきます）。

番外　『刑事コロンボ／存在しない煙草の謎』

『毒のある花』でシアン・バーバラ・アレン演ずる産業スパイは、ヘヴィー・スモーカーであることから、犯人の女社長が煙草に仕込んだ毒によって殺される。犯人が煙草をすり替えるためにアレンの持っているバッグの中身をぶちまけるシーンで、そのパッケージがチラっと映るのだが、印象的な白地にVのロゴマークに「おや」と思った。この煙草は他のエピソードにも出てきたはずだ。

確認すると、『新・刑事コロンボ』の『犯罪警報』の中で犯人役のジョージ・ハミルトンが毒を仕込んで使う「凶器」の煙草も、『毒のある花』と同じ白地にVのロゴマークの入ったものだった。こちらはアップになるシーンがあり、“Victory”というブランドの文字もハッキリ読み取れた。

“Victory”と言えば、往年の有名な煙草銘柄だ。主に船員や兵士に愛用され、第一次大戦後は、「兵士が吸って戦争に勝った《勝利（ヴィクトリー）》の煙草」というキャッチコピーで大いに売り上げを伸ばしたとの史実がある。しかし、“Victory”はこんな外装だったろうか。ネットで画像検索をしてみるが、歴代その疑念は、プレ・コロンボとも言うべき弁護士をピーター・フォークが演じたCBSのテレビ・シリーズ『The Trials of O' Brien』(六五年)の、YouTubeに上がっている断片映像を観ていて、さらに深まった。当時の放送を録画したものをそのままアップしたようで、本編の前に煙草のCMが入っていた。画面に映し出されたロゴは“Victory”——と一瞬思ったが、それは見間違いで“Viceroy(総督)”という別のブランドだった。だが、煙草メーカーが当時のテレビ・ドラマのスポンサーに名を連ねていた事実を勘案しても、やはり実在の“Victory”が凶器に用いられたというのは怪しい気がする。

検証のためにもう一度、両作を見返すことにした。そして、新たにふたつの事実を発見した。

『毒のある花』の煙草の吸い口の色は白。いっぽう、『犯罪警報』の吸い口は茶色だ。つまり、パッケージは同じでも中身は別物ということになる。

“Victory”のパッケージがゴッソリ出てくるにもかかわらず、件の白地にVのパッケージは一切、引っかかってこなかった。

そもそも、製作側の立場で考えれば、現実の商品をそれと分かる形で殺人の凶器に使うなんて、いくら嫌煙禁煙の世間的風潮が高まっている世相があっても、あり得ないことのようにも思えた。『刑事コロンボ』の「幻の煙草」“Victory”は、果たして実在したものなのだろうか?

上:『毒のある花』
下:『犯罪警報』

②『犯罪警報』の製作時に、旧シリーズでもゲストを務めたジョージ・ハミルトンの登場回だったことから、往年のファンへの「くすぐり」として、煙草を使った毒殺シーンに『毒のある花』で用いられた“Valiant King”を使うことを誰かが思いついた。

③煙草がアップになるシーンがあるので、クレーム対策として実在の銘柄を連想させる“Valiant”の文字を隠し、ロゴとの整合を図るためにVから始まる単語として“Victory”に変更された。

……ただ、名前を差し替えるにあたって、一時期は有名銘柄だった“Victory”（放送当時はまだ廃番にはなっていなかったはずだ）のことを、優秀な『刑事コロンボ』の製作陣が誰も思い出さなかったというのは少々、無理があるような気もする。十五歳で煙草を覚えたという、大の愛煙家のピーター・フォークもいたことだし。

ともかく私の推論はここで打ち止めにしよう。嫌煙・禁煙の風潮から、今後この手の議論はなされないだろうと思い、あえて問題提起として紙幅を割いた。さて、読者の判定やいかに——。

（山口・菊池）

さらに、画面を拡大してみて気づいた。『毒のある花』の煙草のパッケージに書かれている英単語は、どうやら“Victory”ではないようだ。Vの次の文字はAに見える……なんとか判別できる文字から単語になりそうなものを類推し、画像検索にかけると——大当たりだった。

海外のオークションサイトで「七〇年代にドラマ『スパイ大作戦』で使用された小道具」として、まさに『毒のある花』と同じ、白地にVのロゴの“Valiant King”という煙草のパッケージが売りに出されていたのだ。ちなみに“Valiant”（勇敢な）という銘柄の煙草もアメリカのブランドに実在することから、以下のような仮説を立ててみた。

①白地にVのロゴの架空の煙草“Valiant King”は、当時どこかの撮影スタジオかプロダクションが小道具として美術部に製作させ、いくつもの撮影で使い回されていた。

RETURN COLU

番外　怪奇役者「ヴィンセント・プライス」問答

客　今度はヴィンセント・プライス問答ですか。「俳優名鑑」じゃ駄目なんですか？

先生　うん、他の俳優とは別格だからね。私はヴィンセント・プライスのサイン入りレコードを持っているほどのビッグ・ファンだし、約半世紀に亘ってほぼリアルタイムで見守り続けた俳優だから、体験的に語ったほうが、どれほど心酔しているかが伝わりやすいと思ってね。

客　なるほど、じゃあ、先生にとってヴィンセント・プライスとは、どういう俳優で？

先生　うーん、一般には、ピーター・カッシング、クリストファー・リーと並ぶ戦後の三大怪奇スターと呼ばれているが、その一方で、カッシング、リー以外のボリス・カーロフ等の大方の怪奇スターたちとも共演、しかも、共演作では主役を務めているので、《怪奇役者のキング・オブ・キングス》と呼んでしまおうと思ったのだが、考えた挙句、同好の士である菊地秀行先生に相談したんだ。

客　おお、先生の先生が今回も登場ですか。

先生　うん。それで菊地先生から出てきたプライスの呼称が《最後の怪奇スター》。

客　それで納得ですか。

先生　ああ、さすが菊地先生、その呼称で異論はないね。ヴィンセント・プライスの実写映画の遺作がティム・バートン監督の『シザーハンズ』(九〇年)のマッド・サイエンティスト役で、彼以降の俳優で、「怪奇スター」の呼称を得ている人はいないよ。

客　『シザーハンズ』主演のジョニー・ディップもホラー系には、けっこう出ていますが、怪奇スターとは呼ばれてませんものね。

先生　ティム・バートンで思い出したが、彼もプライスの熱心なファンとして知られているね。バートンのデビュー作である『ヴィンセント』(八二年)は、熱烈なプライスファンの少年を描いた短編アニメで、語り手としてプライス自身が出演したし、先に触れた『シザーハンズ』では、死期が迫っていたプライスの死を描いていて、それが本当の遺作になってしまったという——。

客　師匠による免許皆伝でデビューして、出世作で師匠の死に水を取るとは——バートンも幸せ者ですね。

先生　バートンのプライス愛をよく物語るエピソードだね。怪奇ファンのプライス愛と言えば、『刑事コロンボ』の『死の方程式』の犯人役ロディ・マクドウォールが『フライト・ナイト』で演じる偽ヴァンパイア・キラーの怪奇役者の名前がピーター・ヴィンセントで、これは明らかにヴィンセント・プライスを意識した命名だろう。

客　——そろそろ、ヴィンセント・プライスのバイオ&フィルモグラフィーをお願いします。

先生　まず、この人が名門イェール大学で美術史等を学び、ロンドンの美術研究機関の会員でもあり、美術界の名士であること。

客　おお、イェール大ですか。『刑事コロンボ』の関係者、イェール大卒の学歴多いですねぇ。

先生　イェール大は演劇大学院が有名で、OBにはオスカー受賞者も多い。学識ある人が怪奇スターだったり、『刑事コロンボ』や『猿の惑星』に出演しているアメリカの状況は羨ましいね。あと、その美声でも怪奇に貢献している実績がある。一連のラジオ番組やマイケル・ジャクソンの『スリラー』のナレーションなんかが好例だね。それから、ユーモアのセンスがあることも、この人の美点だ。恐怖と笑いは表裏一体——ということが分かっていた知性の持ち主ですよ。

客　プライスが愛される理由がわかりますね。怖い映画に出ていても、どこか知性と品位がにじみ出ていて、いっぽう、笑いを誘うような余裕というか、憎めないところもある。

先生　映画デビューは一九三八年だが、五〇年代からホラーに多く出演するようになる。——すなわち『肉の蝋人形』（五三年）、『ハエ男の恐怖』（五八年）——だね。

五九年からB級映画の興行王ウィリアム・キャッスルの二作のコケ脅し映画（『地獄へつづく部屋』『ティングラー／背筋に潜む恐怖』）に出演。

六〇年から、今度は、B級映画の一方の雄、帝王ロジャー・コーマン監督と組んで、エドガー・アラン・ポォの作品を原作としたホラー映画の諸作に出演、次々に主演して成功を収め、怪奇役者のトップスターの座を不動のものとした。この頃の代表作としては、イタリア・ホラー界から絶叫クイーンの称号を得ている美人女優バーバラ・スティールと共演した『恐怖の振子』（六一年）、ボリス・カーロフ、ピーター・ローレとの共演で、やりたい放題をした『忍者と悪女』（六三年）あたりを推奨。ちなみに『忍者と悪女』は日本の配給が勝手につけたタイトルで、ポォの『大鴉』を元にリチャード・マシスンが大幅に改変した脚本を書いている強力布陣のホラー・コメディだった。

『地球最後の男』〈リカバリー版〉DVD（フォワード）

客　いや、さすが、《最後の怪奇スター／©菊地秀行》たくさん、出てますねえ。

先生　いやいや、私の一番好きな作品がまだ控えているよ。六四年の『地球最後の男』。——これまた、リチャード・マシスン原作の吸血鬼物。ジョージ・ロメロの『ナイト・オブ・ザ・リヴィング・デッド』に影響を与えた死者の彷徨シーンもいいんだが、地球最後の男となったプライスの孤独感・絶望感がよく出ていて、この人の演技力に心底感動したね。
七〇年代に入っても怪奇の大御所として活躍、日本での知名度は低いが異形のマッド・サイエンティストを演じた『怪人ドクター・ファイブス』（七一年）はカルト・ホラーとして人気が高い。また、テレビ出演では『ヒッチコック劇場』やレヴィンソン&リンク関連で『エラリイ・クイーン』の一エピソードに出演（こちらも『刑事コロンボ』同様、他の俳優でもできるような役だったのが残念だが）——まだ、何か質問ある？

客　いえ結構。そろそろ、いつものやつをお願いします。

先生　九三年、八十三歳で《最後の怪奇スター》も遂に永眠——だが、死霊となりて、どこぞの古城（セットでしょうが）に隠棲していると信じたい。——ほんとに長いことお世話になりました。

19『別れのワイン』 "Any Old Port in a Storm"（95分）

ワインをこよなく愛するワイナリー経営者が、彼の優雅な世界を壊そうとする愚劣な異母弟を、やむにやまれず殺害。父親が闇酒の用心棒をやっていたとうそぶく純正イタリア系のコロンボはワイン道の奥義について学びながら、いつしか、犯人の心情にも共感していく。犯人役ドナルド・プレザンスの偏執的でいながら繊細な演技、そしてコロンボと彼との交情が感動を呼ぶ人気作。本作をシリーズのベストとするファンも多いだろう。このあたりから、犯人側への共感のドラマに比重を置くBタイプのエピソードが増えていくことになる。『刑事コロンボ』も円熟期に入ったということなのだろう。

ワインセラーでのコロンボとプレザンスのやり取りは、作中でも言及されるポォの『アモンティラードの樽』の他、奇術師フーディニの挿話をベースにしていることは明らか。

脚本のスタンリー・ラルフ・ロスは、脚本参加はこれ一作きりのようだが、『白鳥の歌』に原案を提供している。尚、本作のストーリー原案にクレジットされているラリー・コーエンについては、『自縛の紐』のところで詳述する。また、Executive Story Consultant（ストーリー監修）としてジャクソン・ギリスの名前がクレジットされていて、やはり、『刑事コロンボ』の名作には、複数のライターによるストーリーのチェック体制が不可欠という好個の例となっている。

［トリヴィア］――『刑事コロンボ』の音楽

『刑事コロンボ』のテーマ曲としてはヘンリー・マンシーニの『Mystery Movie Theme』（実はＮＢＣのミステリ映画ローテーション枠のテーマ）が知られているが、もう一つ、コロンボ自身が口笛で吹く『This Old Man』という曲もコロンボのテーマとして知られている。この曲はイギリスの古い童謡（『Oxford Dictionary of Nursery Rhymes』に収録されていないことから、所謂マザーグース・ソングではないようだ）で、『別れのワイン』の電話を掛けるシーンで初めて口笛で吹かれた。その後のエピソードで口ずさんだり、ピアノ演奏されたりしたが、遂にはコロンボのテーマに昇格、本格的なオーケストラナンバーにまでなった。ちなみに、ピーター・フォーク自身は歌の類は苦手で調子っぱずれだとしている（フォークの歌声は、シナトラ一家と共演したミュージカル『七人の愚連隊』で聴くことができる。この歌唱シーンは、シナトラ一家が相手なので、罰ゲームをさせられている感じ）。

［俳優名鑑］――ドナルド・プレザンス

ドナルド・プレザンスというローレンス・オリヴィエ門下の英国人俳優は、『別れのワイン』の演技から、若い世代のファンからはなんとなく「名優」の範疇で語られがちだが、どうして、長年、彼の出演作に付き合ってきた身としては、悪役や奇矯なマッド・サイエンティスト的役柄の多い怪奇俳優の位置づけとなる。この作品出演前は、『大脱走』で書類偽造屋、『007は二度死ぬ』で悪のラスボス、ブロフェルドを演じて強い印象を残したし、本作の後もジャック・カーディフ監督のカルト・ホラー『悪魔の植物人間』(七四年/ここでプレザンスが演じたマッド・サイエンティストの役は当初ヴィンセント・プライスが予定されていたとか)やジョン・カーペンター監督の『ハロウィン』シリーズ二作(七八年、八一年)でやたら拳銃を発砲する精神科医ルーミスの役も好きでした。私にとっては、「境界のあちら側の」役者として親しみを持っている。

尚、『ハロウィン』については、[俳優名鑑]ジェイミー・リー・カーティスのところで詳述する。

20『野望の果て』 "Candidate for Crime" (98分)

犯人が選挙期間中の上院議員候補の大物政治家ということで、コロンボ警部捕最大の事件——といった雰囲気が漂う。傲慢な権力者が、コロンボにねちねちと責められて、次第に偽善の仮面を脱いでいくプロセスは、このシリーズの醍醐味である。終盤、捜査を投げたように見えたコロンボが、実は犯人に、すこぶるトリッキーな罠を仕掛けていた、というのもいい。前作に引き続き、ストーリー原案にラリー・コーエンの名前がクレジット。脚本家は四人と大人数で、前作に引き続き複数のライターによるチェック体制を維持している。

[トリヴィア]——スタッフ・ロールにストーリー監修としてのジャクソン・ギリスの名前はないが、本編中で上院議員候補がスピーチ原稿を「ギリスに書かせろ」と命じる内輪ネタの台詞が出てくるので、ギリスもノンクレジットで関わっている可能性はあるかも。

[監督名鑑]——ボリス・セイガル

本作の他『悪の温室』の監督も務める。映画の代表作に『地球最後の男 オメガマン』(七一年)があるが、テレビ畑での活躍が多く、前述の『探偵マイク・ハマー』の他、『ピーター・ガン』、『ヒッチコック劇場』、『四次元への招待』などの監督を歴任。

21『意識の下の映像』 "Double Exposure"（73分）

初見当時、犯罪に組み入れた斬新なアイディアで、鮮烈な印象を残したお気に入りのエピソード。犯人役常連のロバート・カルプが心理学者の犯人役で三度目の登板。フィルムに仕込んだカットの視覚刺激のサブリミナル効果によって被害者の行動を操り殺人を成し遂げる。

サブリミナル効果とは、人の潜在意識に視覚、聴覚、触覚の刺激を与えることで現れる効果のこと。視覚のサブリミナルは、二十世紀半ばからマーケティング業者が広告にその技術を用い始めていたが、一九七三年、ウィルソン・ブライアン・キイが著書『潜在意識の誘惑』の中でゲームの宣伝にサブリミナル刺激を用いたと指摘したことによって、米国連邦通信委員会で公聴会が開かれ、サブリミナル広告が禁止されることになった。本エピソードのアメリカ放映が七三年の十二月なので、当然、この事件を意識して脚本を組み立てたのだろうが、世間的にはあまり知られていなかった知見を大胆に犯罪に取り入れたことに、当時のミステリ・ファンはひどく驚かされ、ひとしきり話題になったことを覚えている。

ミステリの観点からは、『5時30分の目撃者』の催眠術と同様に「果たして、サブリミナル効果で、うまく人間が操れるか？」という疑問が生ずると思う。これは、九〇年のロック・バンド、ジューダス・プリーストの楽曲（聴覚のサブリミナル効果）による自殺契約事件が訴訟却下された例もあるが、前記の通り、早くから米国連邦通信委員会がサブリミナル広告禁止措置（日本では九〇年代後半）を取っていることでもわかる通り、フィクションとしては「可能性あり」の判定でいいだろう。

初見当時は、この斬新なサブリミナル効果導入の発案者は、視覚に訴えるアイディアで多くの映像作品を残しているレヴィンソン＆リンクのコンビなのかなとぼんやり思っていたが、今回、いろいろ調べてみて、アイディア導入の功績は脚本家のスティーブン・J・キャネルにあるのではないかと思い直した。

『殺人チャットルーム』（日暮雅通・訳／徳間書店）

ともかく、大胆にもコロンボを証人とする第二のアリバイ工作も面白いし、最後にコロンボが犯人に仕掛ける罠も、犯人が用いたトリックを、そのままそっくり仕掛け返す《トリック返し》（単なる罠じゃありません）の超絶荒業で、高得点を叩き出す――初見当時からの私自身の不動の推奨作。

［脚本家名鑑］――スティーブン・J・キャネル

初見当時ノーマークだったスティーブン・ジョセフ・キャネルという脚本家は、『刑事コロンボ』は、これ一本だけだが、六〇年代から二〇〇〇年代まで、犯罪物（『鬼警部アイアンサイド』等）を中心に約四十作品、千五百話以上の製作に携わり、四百五十本以上の脚本を自身で執筆しているという犯罪ドラマのエキスパートだった。また、すっかり忘れていたが、九六年から小説も執筆していて、彼が書いた『殺人チャットルーム』（九七年）は、私も所有していた。思わぬところで点と点が結びついたが、『チャットルーム』のタイトルからもわかる通り、スティーブン・

J・キャネルという人は、最新の知見を取り入れることに長けたクライム・ライターだったのだ。

22『第三の終章』"Publish or Perish"（74分）

常連犯人役のジャック・キャシディが、今度は出版社社長役で登場。初見当時ミステリ・ファンの間で話題となったのは、本物のハードボイルド作家ミッキー・スピレインが、彼に搾取される作家の役で出演したこと。話題になった理由は、スピレインが暴力・サディズム・反共がウリという『刑事コロンボ』とはかけ離れた作風の持ち主だったからだ。――とは言うものの、ピーター・フォークも『名探偵登場』と『名探偵再登場』で、ハードボイルド探偵のパロディを楽しげにやっていましたね。だが、スペシャル・ゲスト枠でもいいくらいなのに、スピレイン、劈頭でさっさと殺されてしまう。彼には、もう少し暴れてほしかった。コロンボの推理は、やや伏線不足気味だが、決め手に、作家の事件らしい「終章」が用意されているところはうまい。作家の創作過程の彼我の違いもよくわかった。脚本、ピーター・S・フィッシャーについては、別項目で書くことにする。

［作家名鑑］――ミッキー・スピレイン

セックスとサディズムを描く扇情的な文体は大衆に受け、私立探偵マイク・ハマーシリーズが軒並みベストセラーとなったハードボイルド作家。本文中でも書いたが、この人のキャスティングが解せない。話の中でも、スピレインに今までの作風とは違うものを書きたいとか言わせている（スピレインって洒落のわかる人?）し……『刑事コロンボ』には、時々、こうしたミステリ・ファンには、不可解な案件が現れる。

『刑事コロンボ』のゲストに作家を迎えるならエラリイ・クイーンのフレデリック・ダネイなんかどうだろう。私はMWA、CWAの作家・評論家たちが文士劇（?）でダネイが芝居っけたっぷりに探偵の役を演じた写真をピーター・ラブゼイ氏に見せてもらったことがある。自分に私淑しているレヴィンソン

&リンクの頼みなら受けてくれそうな気もするのだが……しかし、『構想の死角』みたいな話だったら洒落にならないからなぁ、駄目でしょうね。ミステリ・ファンの妄想キャスティングでした。

ところで、「作家の犯罪ドラマ出演」と言えば、『クリミナル・マインド』にパトリシア・コーンウェルが本人役で出ていたことを思い出す。——閑話休題。

[トリヴィア]——コロンボの部下として珍しく黒人刑事が出てくる。なぜか黒人俳優の出演が少ない『刑事コロンボ』だが、ピーター・フォークと『七人の愚連隊』（六四年）で共演しているサミー・デイヴィス・ジュニアの出演は検討されていたとか。

[脚本家名鑑]——ピーター・S・フィッシャー

『刑事コロンボ』『新刑事コロンボ』に多くの佳作を提供したピーター・スティーヴ・フィッシャーは、八〇年代に再びレヴィンソン&リンクと組んで、『ジェシカおばさんの事件簿』を共同企画、製作総指揮の傍ら、多くの脚本も提供している。その後も多くのテレビ・ドラマに携わり、ゴールデン・グローブ賞やエドガー賞も受賞している。引退を挟んで、二〇〇九年ポリティカル・スリラー『暴君の血（The Blood of Tyrants）』で小説家デビュー、その後も二〇一三年から《ハリウッド・殺人ミステリ》シリーズを刊行、インディペンデント出版社協会が優れたサスペンス作品を顕彰する「ベンジャミン・フランクリン賞」を獲得している。『刑事コロンボ』出身のライター、皆さん、その後も華々しい活躍を見せていますね。

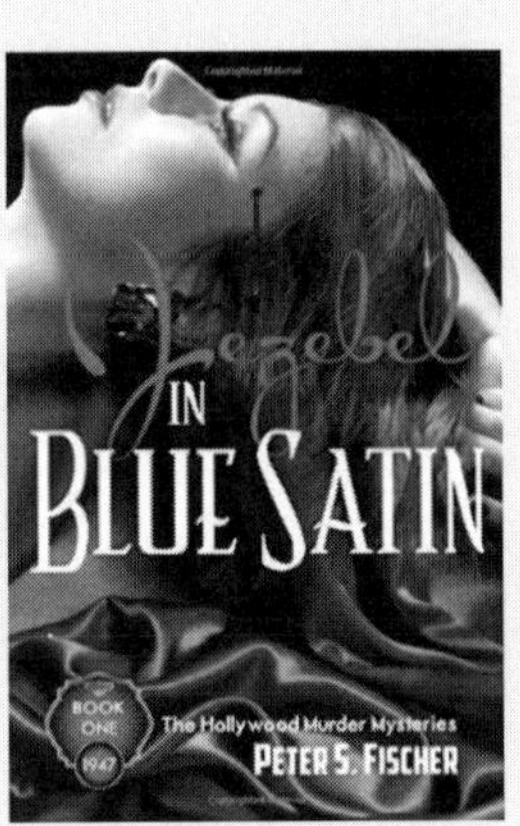

《ハリウッド・殺人ミステリ》シリーズ第一作“Jezebel in Blue Satin”（CreateSpace Independent Publishing Platform）

23『愛情の計算』

“Mind Over Mayhem”（74分）

年季の入った映画ファンには嬉しい一篇。名優ホ

セ・フェラーがシンク・タンクの科学者役で出演するほか、SF映画の古典『禁断の惑星』のロボット、ロビーが感情を持つチェス名人AI《ダブルMセブン》の名前で登場する。この命名はスパイの007（ダブル・オー・セブン）から来ているのだが、お話のほうも五〇～六〇年代米ソ冷戦下のスパイ・スリラーやSFを思わせるこの時代ならでは設定になっている。ロボット＝AIがアリバイ工作に使われるのが、当時としては斬新なアイディアとして記憶に残る。最先端の知識・頭脳を持つ容疑者ばかりの事件に遭遇したコロンボが、いったいどうやって解決するんだとハラハラさせられるが、すこぶる古典的な手法で犯人を追い込むところが素晴らしい――そう、これはスパイ・スリラーでもSFでもない、すこぶる古典的なミステリ・ドラマなのだ。脚本は『構想の死角』のスティーヴン・ボチコで、プロデューサーのハーグローブとキビーの筆も入っているらしい。本シリーズが古典的なミステリでありながら、新しい発想も積極的に取り入れていたことがわかる好個の例。

［俳優名鑑］――ホセ・フェラー

ホセ・フェラーも高学歴でした。プリンストン大学で建築家を志していたが、演劇に転じ、戦後は映画に進出。アカデミー他多くの賞を受賞している名優。なので、ここでは、ジャンル映画に限って二本を挙げておく。

まずロアルド・ダールがホストを務めたテレビ・シリーズ『予期せぬ出来事』（七九年）の『南から来た男』の賭け好きな老人役（『ヒッチコック劇場』では『指』のタイトルでピーター・ローレが演じた）。作品単位で推奨するなら、長らくソフト化されなかった、知る

『センチネル』〈特別版〉DVD（スティングレイ）

人ぞ知る幻のホラー映画の傑作『センチネル』（七七年）一択。——怖いですよ～、これ。

〔俳優名鑑〕——リュー・エアーズ
『西部戦線異状なし』の演技が評価されるも、それがきっかけで、良心的兵役拒否を宣言、俳優としてのキャリアを停滞させる。六〇年代はテレビ出演に活路を見出すが、特筆すべきは『最後の猿の惑星』（七三年）へのミュータント化した人間の役での出演。これで、『刑事コロンボ』出演者で『猿の惑星』シリーズに出演している俳優は六人。

〔俳優名鑑〕——ロバート・ウォーカー・ジュニア
母親は女優のジェニファー・ジョーンズ。主にテレビ畑の活躍が多い。『宇宙大作戦（スタートレック）』『ジェシカおばさんの事件簿』にもゲスト出演。

24『白鳥の歌』 "Swan Song"（98分）

本エピソードを特別なものにしているのは、ゴスペル歌手の犯人役を本物のカントリー・ロカビリー・ゴスペル歌手のジョニー・キャッシュが演じていること——私の感想は、まずこの一点に尽きる。ジョニー・キャッシュの日本での認知度は低いが、犯人役ゲスト・スターとしては、この人が本シリーズ中でも最高知名度の大物だったと今にして思う。他のミュージシャンを引き合いに出すならエルヴィス・プレスリーやボブ・ディランがゲスト出演したと想像してみれば、キャッシュのステイタスがわかるだろう。初見の時は、大胆過ぎる殺害方法（緻密に計算されてはいるが）ばかりが気になったが、再見の時は、キャッシュの歌手としての偉大さや特異な経歴を知っての上だったので、また違う視点からの観方ができた。キャッシュはエルヴィスと並ぶスター・シンガーでありながら、自らも薬物所持で拘留されたり、犯罪者や囚人の心情を描いた曲を多く書き、刑務所慰問コンサートでも名をあげている。つまり、犯人役のゲスト・スターとしては、犯罪者に最も近い経歴の持ち主だったということで、犯人共感路線のBタイプを代表するエピソードとして外せない一篇だと思う（初見当時は、大物ゲストの割には、犯人共感タイプではないのかと思っていたが、今回、共編者の示唆によって、コロンボが「こんないい歌を歌う人に悪い人はいません」と言う場面があることに気付いた）。

［俳優・歌手名鑑］――ジョニー・キャッシュ

ジョン・R・〝ジョニー〟・キャッシュは、アメリカ合衆国のシンガーソングライター、俳優、作家、カントリー・ロック・ロカビリー歌手、作曲家。カントリー・ミュージシャンのみならず多くのロック・ミュージシャンにも影響を与えた。カントリーのアイコンとして知られているが、曲やサウンドのジャンルの幅はロック、ロカビリー、ブルース、クリスチャン・ミュージックと多岐に亘る。この多様性により、カントリー・ミュージック殿堂、ロックの殿堂、ゴスペル・ミュージックの殿堂と複数の殿堂入りを果たしている。

六八年の伝説的な刑務所慰問コンサートのライヴ盤『アット・フォルサム・プリズン』（ソニー・ミュージックダイレクト）

25『権力の墓穴』 "A Friend in Deed"（98分）

これも、『コロンボ警部補最大の事件』候補とするに相応しいスケールの難事件で、犯人は、何とコロンボの直属上司であるロス市警本部次長。あえて言えば、この人をシリーズの最初のほうから準レギュラーとして出していたら、ファンの衝撃度も更に増していただろう。クイーン・ファンのレヴィンソン&リンクならやりかねない手筋だと思うのだが。最後にコロンボが仕掛ける罠は、非常にトリッキーで意表を突くものが用意されていて、これは、『指輪の爪あと』のような証拠捏造の反則技なのだが、数ある《コロンボ罠》の中でも記憶に残るものではある。また、市警本部次長の犯罪にも、プロらしからぬ凡ミスがあるが、ともかく、脚本担当は、シリーズ中でも、ジャクソン・ギリスと共に、緻密なプロット作りで打率の高いピーター・S・フィッシャーなので合格点。

［俳優名鑑］――リチャード・カイリー

市警本部次長を演じるリチャード・カイリーは、映画では『星の王子様さま』で知られているが、テレビ界でも『四次元への招待』、『スタートレック』等多数。

第四シーズン（一九七四〜七五年）

26『自縛の紐』"An Exercise in Fatality"（98分）

名探偵には、やはり、それに見合った名犯人が必要かも――と思わせるエピソード。今回の犯人は健康クラブのオーナー。一応、ちゃちなアリバイ工作もするのだが、コロンボとの絡みも体育会系の（笑いのほうに舵を切った）応対で、知恵比べの緊張感に欠ける。そうした話のムードに押されたわけではないだろうが、コロンボの靴紐に関する推理も精彩を欠く感じ。その一方で、決め手に結びついた邦題はいいと思う。ちょっと評価に迷うエピソード。

評価に迷うと言えば、本作の原案（他に『別れのワイン』『野望の果て』も）にクレジットされているラリー・コーエンという人物。この人については別に項目を立てて書くことにする。

［脚本家・監督名鑑］――ラリー・コーエン

初見の時はノーマークだったが、その後、この人が携わった監督・脚本作品を結構観ていたことに、今回初めて気づいた。――『悪魔の赤ちゃん』三部作、『屋根の上の赤ちゃん』『空の大怪獣Q』『ディーモン悪魔の受精卵』『新・死霊伝説』、『殺しのベストセラー』、『マニアック・コップ』、『地獄の殺人救急車』等々……ひどい邦題タイトルだけ見ると、ロジャー・コーマン、ウィリアム・キャッスルの系譜を継ぐ低予算ホラー・スリラー映画の職人みたいな位置づけで語りたくなるが、なかなかどうして、映画人としての定見・見識をしっかり持った人物だった。まず、ホラー監督としては、リック・ベイカーにモンスター造形をさせながら、敢えてそれを見せないという、四〇年代RKOのヴァル・リュートン製作ホラー（怪物を直接見せるのを避け、恐怖を観客の想像力にゆだねる）の手法を採っている（実際『悪魔の赤ちゃん2』では、RKOの『キャット・ピープル』への有名なプールのオマージュ・シーンがある）。また、スリラー監督としてはバーナード・ハーマンの重用（脚本を書く時はハーマンの映画音楽をかけながらだったという）でもわかる通り、ヒッチコックがお手本だろう。その意味では、ユニヴァーサルとの諍いからロンドンに渡ったハーマンを起用復活させた当時の若手三人括りで語ることもできる（他の二人はコロンボの没脚本も書いている『悪魔のシスター』のブライアン・デ・パルマと『タクシードライバー』のマーティン・スコセッシ）。

脚本家としてはどうかというと、これは、世間常識の真逆をいく発想が持ち味だろう。例えば、皆に祝福されるべき出産がアレだとか（『悪魔の赤ちゃん』）、スプリーキラーに殺しを命じるのがアレで、さらにアレの正体がトンデモなアレという――（『ディーモン悪魔の受精卵』私はこれが一番好き）、市民を守るべき警官がアレだったとか（『マニアック・コップ』）……ともかく、こちらの意想外のアイディアを繰り出してくるのである。近作――ハリウッド・メジャーの激しい入札争いの結果、コリン・ファレル主演でヒットした『フォーンブース』（二〇〇二年）にしても、皆が携帯を持つ時代にニューヨークの街に一か所しかない電話ボックスのみのワンロケーションで、サスペンスを盛り上げるアイディアはやはり意想外のものだ。

しかし、こうした、コーエンの作風を知ると、『別れのワイン』と『悪魔の赤ちゃん』『マニアック・コップ』のアイディアの隔たりに戸惑ってしまうのだが、まあ、『刑事コロンボ』に参加していた時期は駆け出しの頃だし、アイディアマンの資質は、本来全方位のはずだから、これはこれで、納得でいいと思う。『刑事コロンボ』出身ライターで低予算からAクラスに昇格した成功者の一人であることは間違いない。

『悪魔の赤ちゃん』DVD（ワーナー・ホーム・ビデオ）

残念ながら二〇一九年に逝去。

27『逆転の構図』

"Negative Reaction"（95分）

ピューリッツアー賞受賞の写真家が妻の偽装誘拐を画策して殺害の後、知り合いの元受刑者に罪を擦り付けて、こちらも殺害。犯人は共感できない人物。したがって、興味の焦点は、倒叙ミステリとしてどうなのか、ということになるが、これがよかった。犯人自身は犯行過程でミスはしていない。そこで、コロンボは、例によって自分の推理に沿った証拠捏造の罠を仕掛けるのだが――これが、精確に言うと、捜査側のミスによって結果的に証拠捏造が生じてしまったように見せかけて、ぎりぎりの告発時に犯人のミスを誘うという超絶技巧の多重罠だった。今回の三度目の鑑賞で、シンプルで地味なプロットの話が、解決場面で、正に「逆転」する様を目の当たりにして、これは、ミステリ・プロパーの人ほど唸らされる玄人好みのエピソードだと痛感した。脚本は打率王、ピーター・S・フィッシャー。

［俳優名鑑］――ディック・ヴァン・ダイク

『メリー・ポピンズ』（六四年）、『チキ・チキ・バン・バン』（六八年）など、ファンタジー映画のイメージが強い俳優だが、近作の『ナイトミュージアム』（二〇〇七年）もファンタジーの佳作。

［俳優名鑑］――ドン・ゴードン

第二の被害者となる前科者を演じるドン・ゴードンも、七〇年代の映画に多く出演していた。スティーブ・マックイーンとは友人関係にあり、代表作も『ブリット』（六八年）、『パピヨン』（七三年）、『タワーリング・インフェルノ』（七四年）とマックイーンとの共演作が多い。尚、『タワーリング・インフェルノ』には『刑事コロンボ』出演者が三名出ている。

28『祝砲の挽歌』（一九七四）"By Dawn's Early Light"（98分）

これも放映当時からミステリ・ファンの間で話題となった人気作。その理由は、犯人役のパトリック・マクグーハンが、当時、SF風の不条理スパイ・ドラマの『プリズナーNo.6』で、絶大なカルト人気を得ていたからだ。そのマクグーハン、本作では厳格な陸軍幼年学校の校長を好演、エミー賞の最優秀助演男優賞を獲得している。したがって、これは犯人役の存在感と犯罪動機の点で、『別れのワイン』と同じBタイプの佳作となった。

マクグーハンは、この作品への出演により、ピーター・フォークと親しくなり、シリーズに多方面で貢献することになるが、そのあたりのことは［俳優名鑑］にて詳述する。

脚本のハワード・バークはNBC最終話の『策謀の結末』も担当しているが、こちらを観るとどうもミステリの仕掛けは不得手なようで、本作では、ストーリー監修でピーター・S・フィッシャーが睨みを利かせている。

［俳優名鑑］――パトリック・マクグーハン

パトリック・マクグーハンは、俳優だけでなく、監督、プロデューサーの役もこなす才人。『祝砲の挽歌』でピーター・フォークと親交を結んだあとも、

『仮面の男』、ABC版『新・刑事コロンボ』シリーズの『完全犯罪の誤算』、『復讐を抱いて眠れ』でスペシャル・ゲスト・スター（犯人役）として出演した。それら三作では監督を兼任、さらに『さらば提督』、『奪われた旋律』でも監督を務めている。ちなみに、『刑事コロンボ』の新・旧シリーズを含めて四回の犯人役は、同シリーズ中の最多記録。クレジット回数も多く、『刑事コロンボ』への貢献度ではトップクラス。

【俳優名鑑】――ブルース・カービー

コロンボの部下のジョージ・クレイマー刑事役としてNBC版では最多の四回出場（『祝砲の挽歌』、『5時30分の目撃者』、『仮面の男』、『さらば提督』）。他に『毒のある花』の化粧品会社研究員、『秒読みの殺人』でテレビ修理業者の役で出ている。また、『祝砲の挽歌』では息子のブルーノ・カービーと親子共演を果たしていたり、ABC版三作（『刑事コロンボの帰還2』参照）にも出演していることから、『刑事コロンボ』の何でもこなす準レギュラーといってもいいユーティリティ俳優（プレイヤー）だろう（『ジェシカおばさんの事件簿』にも出ていました）。他に『刑事コジャック』にも刑事役の準レギュラーとして出演している。やっぱり、刑事が似合う顔？

【監督名鑑】――ハーヴェイ・ハート

『祝砲の挽歌』『忘れられたスター』『5時30分の目撃者』『魔術師の幻想』の佳作四作を監督。テレビ畑のベテラン、ハート監督の注目作はカナダ映画の『ザ・ピクス　マインドコントロール殺人』（七三年）だろう――邦題やカレン・ブラック演じる娼婦の投身死という事件の内容から、『5時30分の目撃者』

『ザ・ピクス マインドコントロール殺人』DVD（フォワード）

（七五年）に影響を与えたのではと思ったのだが、今回、観てみて、当時大流行りだったオカルト・テーマの心理スリラーであることが判明……まあ、『5時30分の目撃者』との関係性は微妙なところか（原作も脚本も別人だし）。

そんなことより――驚いたのは、刑事の役でカナダの名優クリストファー・プラマーが出ているではないか！　プラマーは一般には『サウンド・オブ・ミュージック』で知られているが、キャリア中盤からは悪役などで活躍。ミステリ・プロパーで指を折りたい作品はカナダのサスペンス・スリラー『サイレント・パートナー』（七八年／ソフトが入手困難でヤキモキさせられた隠れた良作。プラマーは冷酷な犯罪者の役。また、同作のカナダ人監督ダリル・デュークは後に『新・刑事コロンボ』で起用されることになる）、『スタートレックⅥ　未知の世界』（九一年／オリジナル・シリーズ完結編は、ニコラス・メイヤー監督脚本なのでフーダニット興味も横溢する良作。プラマーはグリンゴ人のラスボス・チャン将軍の役）最近作でもプラマー出演の話題作としては『ドラキュリア』（二〇〇〇年）のヴァン・ヘルシング役、『ドラゴン・タトゥーの女』（二〇一一年）などが挙げられるが、何といっても、直近で注目すべきは、ジェイミー・リー・カーティスと共演した『ナイブズ・アウト／名探偵と刃の館の秘密』（二〇一九年）ということになる。

他のハート監督作ではシドニイ・シェルダン原作のテレビ・ドラマ『ゲームの達人』（ドナルド・プレザンスも出演）を挙げておこう。

29『歌声の消えた海』 “Troubled Waters”（98分）

メキシコ行豪華船上の旅に懸賞で当たったコロンボが、航海中に遭遇する事件。ともかく船上の殺人という舞台設定、船上ならではの制約と可能性――が見どころとなる作品。コロンボの「姿を見せない」カミさんが船に同乗しているということで、ファンには話題の作品（結局、最後まで姿は見せず）だが、原案がジャクソン・ギリスなので、名作『二枚のドガの絵』を髣髴とさせる、見事な幕切れもちゃんと用意されている。

［**脚本家名鑑**］――**ウィリアム・ドリスキル**

この人も『刑事コロンボ』脚本陣の要の一人。「ビル・ドリスキル」名義で第五シーズン～第六シーズンのストーリー監修にもクレジットされている。『刑事コロンボ』の他、多くのテレビ・ドラマの脚本を書いているが、注目すべきは、アガサ・クリスティー原作のイギリスのテレビ・ドラマ・シリーズの『おしどり探偵』（八四年～八五年）でメイン・ライターとして活躍していること。

［**俳優名鑑**］――**ロバート・ヴォーン**

『刑事コロンボ』では、他に『さらば提督』で二度の犯人役を務めるロバート・ヴォーンと言えば、テレビ草創期の世代にとっては、なんといっても、スパイ物全盛だった六〇年代後半に放映された『0011ナポレオン・ソロ』（六八年）のソロ役にとどめを刺すだろう。――と言っても、当時の子供たちに圧倒的な人気だったのは、ハニートラップに弱いソロ（ヴォーン）ではなくて、クールに任務をこなすイリヤ・クリアキン（デイヴィッド・マッカラム）のほうだったんだが。

ところで、『刑事コロンボ』に先行する人気テレビ・ドラマ『スタートレック』からは、レギュラー三人が犯人役で出ているのに、どうして同じ人気ドラマ『0011ナポレオン・ソロ』の相方マッカラムの出演はなかったんだろう？　マッカラム、レヴィンソン＆リンク制作の『ジェシカおばさんの事件簿』では、脇で二回も出演しているのだが（『ナポレオン・ソロ』には、レギュラーではないが、レスリー・ニールセンも出演しているので、『ソロ』出身者は二人ということになる）。

さて、ヴォーンのキャリアで触れておかねばなら

ヴォーン（左）とマッカラム。写真はレギュラー放送終了後のスペシャルドラマ『0011ナポレオン・ソロ2』DVD（キングレコード）

ないことは、意外にも高学歴だということ。カリフォルニア州立大学大学院で演劇学の修士号を取得した学究肌で、その後も勉学を続けコミュニケーション論で博士号を取得している。それもあってか、キャリア後半は「知的な悪役」を演ずることが多い。ヴォーンで観るべき映画の一番手は『七人の侍』のリメイク西部劇『荒野の七人』（一九六〇年）、次がジョン・ギラーミン監督の戦争物『レマゲン鉄橋』でいいだろう。この『レマゲン鉄橋』には、『刑事コロンボ』出演の三人――ヴォーン（独兵）、ブラッドフォード・ディルマン（米兵）、『歌声の消えた海』を監督したベン・ギャザラ（米兵）が共演しているからだ――つまり、『レマゲン鉄橋』の同窓会ドラマが『刑事コロンボ』ともいえるわけ。

『レマゲン鉄橋』DVD（20世紀フォックス・ホーム・エンターテイメント・ジャパン）

その『レマゲン鉄橋』で、いい話を一つ。本作は当初チェコスロバキアで撮影されていたのだが、「プラハの春」阻止のためソ連軍が進行してきてキャストが拘束されるという事件も起こった。その時までに友情を育んでいたヴォーンとギャザラは、仲の良かったウェイトレスの国外脱出を支援したという――戦争映画さながらの実話。この時のヴォーンとギャザラの絆が本エピソードでの監督起用に繋がったのかもしれない。

他では、パニック物の、これもギラーミン監督『タワーリング・インフェルノ』（七四年）の上院議員役が記憶に残る（この作には『新・刑事コロンボ』のフェイ・ダナウェイも出ているので、共通の出演者は二人ということになる）。ところで、本作には妻殺害容疑で裁判沙汰となったO・J・シンプソンも出ている。この人の立ち位置からすると、もし『刑事コロンボ』の犯人役で出ていたら話題騒然――とまたぞろ妄想が湧いてくるが、実現したら神回が封印回になっていたかも。あとは、テレビの『特攻野郎Aチーム』をヴォーンの代表作として挙げておく。

［監督名鑑］――ベン・ギャザラ

この人も長く活躍している性格俳優。推奨作を列挙すると――オットー・プレミンジャー監督の『或る殺人』、カサヴェテス組の常連として三本（内『ハズバンズ』、『オープニング・ナイト』ではフォークとも共演）に出演、近年の娯楽作として、九八年にヴィンセント・ギャロ監督の『バッファロー'66』への出演、また同年、コーエン兄弟がチャンドラーを意識した能天気犯罪コメディ『ビッグ・リボウスキ』への出演（ポルノ映画製作者の役）も嬉しかった――何度見ても楽しい大推薦作。

30『ビデオテープの証言』 "Playback"（74分）

初見当時は珍しかった、監視カメラのビデオ操作を使ったアリバイ工作。ビデオに映る犯行現場の映像をあれこれ検討するところの面白さは、カーの『緑のカプセルの謎』を思い起こさせる（と言うより、現代の監視カメラ社会を予見しているアイディアだろうか）。もう一つ、中盤で、事件関係者の視覚的記憶からコロンボが突破口を見出すシーンも見事だし、犯人が仕掛けた視覚トリックで自らが自縄自縛となるラストもうまい。やはりこのシリーズは、映像的なアイディアを核にしてミステリを作っていたんだなあと思わせるエピソード。

［俳優名鑑］――ジーナ・ローランズ

言わずと知れたジョン・カサヴェテス監督の細君ということで、ピーター・フォークとも盟友関係にある。フォークとの共演作『こわれゆく女』（カサヴェテス監督）については、『黒のエチュード』の項で詳述した。一般には『グロリア』（八〇年）の年増のハードボイルド・ヒロインのイメージが強いが、個人的に推奨したいのは、NBC＝ユニヴァーサルのテレビ・シリーズ『87分署』（六一～二年／このシリーズの脚本には、エド・マクベイン自身の他、前述のジョナサン・ラ

『グロリア』DVD（ソニー・ピクチャーズエンタテインメント）

ティマー、ドナルド・E・ウェストレイクも参画）で、主人公刑事の有名な聾唖者妻テディを可憐に演じていること。この第一話はローランズの映像デビューなのだが、いきなり台詞のない難役を易々とこなしている演技力には舌を巻く。四エピソードのみの準レギュラーで、残念ながらピーター・フォーク、レナード・ニモイ出演の各エピソードには出ていないが、第一話では、結婚詐欺殺人者のロバート・カルプと対決するので、『刑事コロンボ』ファンには必須だろう。国内版ソフト化希望。

〔俳優名鑑〕――オスカー・ウェルナー

犯人役のオスカー・ウェルナーは、ヌーヴェルバーグ期のフランソワ・トリュフォー監督作品にたびたび出演。推奨作はレイ・ブラッドベリ原作の近未来ＳＦ『華氏４５１』（六六年）。『刑事コロンボ』絡みではホセ・フェラーと共演の『愚か者の船』（六五年）でアカデミー主演男優賞にノミネートされていました――この映画は観ているがウェルナーの演技はほとんど記憶になし。

31『5時30分の目撃者』

"A Deadly State of Mind"（74分）

ジョージ・ハミルトンが、ヘヴィー・スモーカーの精神科医の犯人として登場（常連煙草の"Victory"かどうかは不明）し、衝動殺人と催眠術による遠隔操作殺人を遂行。ミステリ的には「果たして催眠術で人を自殺に追い込めるか？」が問題になるかと思う。これは実社会でもいろいろな判例もあって、長い説明を要するが、①バルビツール酸系の強い催眠剤アモバルビタールを併用していること、②直接、自殺を命じていない――ということで、クリアできるだろう。コロンボも立証の困難な催眠術殺人のほうの捜査は諦めて第一の衝動殺人のほうに絞って追及する。ここで罠に使われる盲目の目撃者は、ダリオ・アルジェントの『わたしは目撃者』（七一年）へのオマージュとみた。それにつけても、素晴らしいのは、邦題。『刑事コロンボ』は原題と邦題が違い過ぎると非難されがちだが、この邦題はよかった。コロンボのチェック・メイトの一言で、タイトルの意味がまったく反転して犯人が絶句する。――こういう展開こそ《ミステリの神の皮肉（アイロニー）》というのだ。脚本ピーター・S・フィッシャー（ストーリー監修にもクレジット）。

［俳優名鑑］――ジョージ・ハミルトン

ジョージ・ハミルトンは、この後、『新・刑事コロンボ』の『犯罪警報』で二度目の犯人役を演ずるが、そこでは、非喫煙者で、ヘヴィー・スモーカーの被害者を煙草に仕込んだ毒で殺すという、『5時30分の目撃者』を意識したような真逆の人物設定が面白い。ハミルトンの『刑事コロンボ』における犯人役は「らしく」演じて好感が持てたが、『ドラキュラ都へ行く』のヒロインに一目惚れするドラキュラ伯爵役は、コメディ仕立てとはいえ、好きになれなかったな（ハミルトン自身に非はないが）。

第五シーズン（一九七五～七六年）

32『忘れられたスター』 "Forgotten Lady"（97分）

落ち目のハリウッド女優が再起を賭けて犯す殺人。犯行計画には小さな穴があるものの、何と言っても、犯人役のジャネット＝『サイコ』＝リーの熱演が光る、典型的な女性犯人による犯人側ドラマ重視のBタイプ・エピソード。ジャネット・リーの（まさにサイコ的）存在感は鬼気迫るものがあって、それがためか、コロンボも犯人との直接対決はせずに、自白も逮捕も起訴もない。こうした事態は、シリーズ中で

も本作だけという異例の展開で、これもファンの記憶に残る作品となった。

脚本のビル（ウィリアム）・ドリスキルはストーリー監修にもピーター・S・フィッシャーと共に名を連ねている、名作に相応しい布陣。

［俳優名鑑］――ジャネット・リー

アン・バクスターと共に盛りを過ぎた「往年の名女優」を熱演。同じ役柄を比較すると、鬼気迫るリーのほうに軍配を上げたい。映画の代表作は、何といっても『サイコ』（六〇年／アカデミー助演女優賞受賞）。この演技で長く記憶されるべき女優となった。この映画でリーは《絶叫（スクリーム）クイーン》の称号を得たが、それは実の娘のジェイミー・リー・カーティスに引き継がれている。また、『影なき狙撃者』（六二年）では、『刑事コロンボ』の多くの出演者と共演している。作品単位ではジャック・スマイト監督のハードボイルド『動く標的』（六六年）を推奨したい。

［トリヴィア］――リーが自宅試写室で観ている映画は『Walking My Baby Back Home』（五三年）という、実際にリー本人が出演しているミュージカル映画。リーといい、バクスターといい、『闘牛士の栄光』のモンタルバンといい、「忘れられた往年のスター」たちをそのままの役柄でキャスティングするテレビ制作陣も相当の覚悟がいるだろうが、その屈辱的な役を受けて立つかつてのスターたちのほうも、俳優としての矜持を賭けて熱演したのだろう。プロフェッショナル同士だからこそ生まれた会心作と理解している。

［俳優名鑑］――ジョン・ペイン

フレッド・アステアがモデルと思われるリーの相

方の「往年のミュージカル・スター」を好演。この人も三〇年代から五〇年代まで多くの映画に出演しているから、もう一方の「忘れられたスター」としてリーの相方に相応しいキャスティングだったのかもしれない。久々の映像出演の『忘れられたスター』がペインの遺作となった。

［俳優名鑑］——モーリス・エヴァンス

英国の俳優。劇壇ではシェイクスピア演劇で活躍。本エピソードで執事の役を演じたのも頷ける。だが——映画出演で特筆すべきは『猿の惑星』、『続・猿の惑星』で猿のザイアス博士を演じていること。

33『ハッサン・サラーの反逆』

"A Case of Immunity"（74分）

これも市警の警部補には難敵のアラブ某国外交官が犯人役——外交官特権があるので、市警では逮捕が困難な政治がらみの事件なのだ。だが、今回のコロンボは、珍しくも高レヴェルの「政治」的手腕を発揮して、供述書サインに持ち込む。「特別な凡人」は、政治権力に屈することなく、逆にそれを利用して事件解決に導く強かな捜査官だったのだ。脚本ルー・ショウ、ストーリー原案のジェイムス・メンテイズに加えて、ピーター・S・フィッシャーがストーリー監修を務める万全のチェック体制から生まれた異色の一篇。

［俳優名鑑］——ヘクター・エリゾント

ハッサン・サラー役のヘクター・エリゾントは映画は『サブウェイ・パニック』（七四年）に、テレビでは、『刑事コジャック』、『名探偵モンク』などに出演。

［俳優名鑑］——サル・ミネオ

共犯者兼被害者のサル・ミネオの人生も数奇である。十歳で強盗容疑で逮捕。その後『理由なき反抗』（五五年）でアカデミー助演男優賞にノミネート。五七年には、ヒット・シングルをリリース、ゴールドディスクに認定される。だが、その後はゲイであるとの噂も災いして役者としては低迷、コッポラの『ゴッドファーザー』の役も逃している（この点ではピーター・フォークも同様)。その後、LGBTがテーマの舞台を演出していたが、七一年、最後の映画となった『新・猿の惑星』に賢い猿博士マイロの役で出演。これで、『猿の惑星』シリーズには、『刑事コロンボ』と共通の出演者が、猿五匹、人間がディルマン、モンタルバン、エアーズの三人で、計八人出演したことになる。これは『アンタッチャブル』に次ぐ最多レコードなのではないか。

その後、『刑事コロンボ』、『エラリイ・クイーン』出演の後、七六年にゲイ・タウンで暴漢に襲われ刺殺される(享年三十七歳)。これで『刑事コロンボ』の被害者で本当に殺された俳優二名――おいおい、『新・刑事コロンボ』スタートの際に、お祓いでもしてもらっといたほうがよかったんじゃないか?

34『仮面の男』"Identity Crisis"(98分)

冷戦下の六〇年代は、映画もテレビも小説も、スパイ物ばかりが世界を席巻していた。『秘密諜報員ジョン・ドレイク』やカルトな『プリズナーNo.6』で諜報部員の役をやったパトリック・マクグーハンが、七〇年代の『刑事コロンボ』で再び諜報部員(しかも犯人)役をやるというのは、当然の流れだったと思う。

だがしかし――今回の三度目の鑑賞で、マクグーハンに殺される諜報部員の役を、その後、『スパイ・ハード』でお笑いスパイの役をやることになるレスリー・ニールセンが演じていたのに気づいた時、私の視点もシリアスからパロディのほうへシフトしてしまった。そう、『もう一つの鍵』を観た時と同じ心理状態に陥ってしまったのだ。特に、遊園地で二人の諜報部員が密会するシーン。マクグーハンが射的で当てた超特大のパンダの縫いぐるみを抱いていて――おいおい、秘密のコンタクトが、そんなに目立ってどうする、とツッコミを入れたくなるし、ニールセンが、いつボケをかましてくれるのかと、あらぬ期待を抱いてつい顔がほころんでしまう。だが、このシュールなシーンは『プリズナーNo.6』に通じるものがあり、おそらくは監督も務めたマクグーハンの演出アイディアなのだろう。

マクグーハンでもう一つ。話の中盤でマクグーハンが眼鏡・白髪・白髭の老人に「変装」して出てくるシーンにも笑ってしまった。——これが『新・刑事コロンボ』の『復讐を抱いて眠れ』でマクグーハンが四度目の犯人役を演じた老葬儀屋に、そっくりなんですねえ。まあ、本人なのだから、そっくりで当たり前なのだが、若き日の変装通りに歳取ったのか、それとも、本作を意識した確信犯で老葬儀屋のメイクをしたのか、よくわからないところが、この人らしいと思う。真面目な顔でジョークを言う——あの感じ。ちなみに、私は六〇年代のマクグーハンより、年老いてからのマクグーハンのほうが好きである。老いて顔がしなびた分、あの冷徹な眼差し——独特の眼力が増しているように思うので。

　さて、お話は、全編、スパイ・スリラーのような調子で進む。『刑事コロンボ』の特権階級（エスタブリッシュメント）対「特別な凡人」という基本図式は、高給の国家公務員（ＣＩＡ）対薄給の地方公務員（ロス市警）に置き換えられ維持されるが、いかにコロンボといえども、ＣＩＡ相手では分が悪い。現に本作の幕切れでは、逮捕起訴には至らず、アリバイ崩しをしたところで、すとんと終わってしまう。そのコロンボのアリバイ崩しの決め手も、ＣＩＡの諜報部員なら、いくらでも言い抜けできるような類のもの。コロンボ対マクグーハンの対決としては不発の一篇となってしまった。まあ、別の部分では、いろいろと楽しめるエピソードではありましたが。脚本はウィリアム・ドリスキル。

35『闘牛士の栄光』"A Matter of Honor"（74分）

珍しくも『歌声の消えた海』の続編。豪華客船で旅行に出かけたコロンボ夫妻が目的地のメキシコに上陸。闘牛界の事件に遭遇する（相変わらずカミさんは登場せず）。犯人は過去の栄光を背負う闘牛の英雄なのだが、最後まで動機がわからないホワイダニットの興味が話を牽引する。実は、開幕早々に伏線はちゃんと張られているのだが、ぼんやり観ていると、大方の視聴者は気づかないだろう。言葉による追及をせずに、犯行状況の再現だけで、犯人を追い詰めるラストの緊張感も、迫力があり新鮮だ。

ストーリー監修にフィッシャーとドリスキルがクレジットされている。

［俳優名鑑］――**リカルド・モンタルバン**

犯人役をリカルド・モンタルバンが演じている。このメキシコ人俳優は『スタートレック』でカリスマ的悪役カーンを演じているのでニモイに次いで二人目の、同シリーズからの出演者ということになる。また、冒頭、モンタルバンがテレビで観ている映画は、若き日の彼が闘牛士の役を演じた『闘牛の女王』（四七年）と思われる。その『闘牛の女王』で共演したエスター・ウィリアムズとはMGMミュージカルでも共演、人気スターの地位を確立した。さらに『サヨナラ』（五七年）で演じた歌舞伎役者の役は日本でも評判になった（観ているが記憶にない）。――二枚目だけでなく性格俳優も悪役もできる、ハリウッド屈指のユーティリティ・プレイヤー。

36『魔術師の幻想』"Now You See Him"（89分）（一九七六）

準レギュラー犯人役のジャック・キャシディ再々登板。今回は犯人の職業が奇術師なので、ミステリ・ファンとしては、どうしても、幻想的な謎、不可能興味、ミスディレクション（手品の基本原理でもある）などを期待してしまうが、残念ながら、そうした想いは満たされない。奇術師のアリバイ工作が視聴者にもバレバレの脱出奇術に寄りかかっているのが、ま

『スタートレック』からカーク、スポック、カーンが揃い踏み

ず興ざめだし、犯行過程で、厨房を通り抜ける場面も、特徴的な顔を隠していないので、誰かが気づくはず。最後にコロンボが仕掛ける罠については、脚本上は別ヴァージョンがあると聞いて確認してみたが、ミステリとしてはそちらを採用したほうがよかったのではないかと思った。引き続きフィッシャーとドリスキルがストーリー監修を務めているが、(奇術師の過去も含めて) このネタならもっと面白くできたはず。

——と、過剰な期待で注文が多くなってしまったが、一つ、おおっと思うシーンがあった。それはコロンボが奇術師のショウの舞台に上げられて座興で彼に手錠をかけるシーン。これは、被害者の部屋の錠を開けられる能力を試す一種のコロンボ罠なのだが、奇術師のほうは、プライドがかかっているから、懸命に開錠してしまう——これって、コロンボの側が仕掛けた一種のミスディレクションなのではないか。それに、コロンボが「犯人」に手錠をかけたという事実にも驚いた。数あるエピソードの中でもコロンボ自身が手錠をかけたのは、この話だけなのではないか。……いや、『刑事コロンボ』、こんな、さりげないところにもトリヴィアが潜んでいるのだから油断できない。

尚、本作には『悪の温室』に出ていたコロンボの部下ウィルソン刑事も再登場する。私はこの刑事の張り切りボーイの勇み足的キャラクターが好きで、初見当時はワトスン役として、レギュラーにしたらと考えたこともあったが、シリーズを通観してみて、考えを改めた（理由は『悪の温室』の項を参照）。

［俳優名鑑］――マイケル・ラリー

本作では「ヨーロッパきっての綱渡りの名人」と称揚されるマイケル・ラリー。ほぼノン・クレジットのチョイ役やエキストラとして『刑事コロンボ』に四十三回も出演しているとか。

［俳優名鑑］――ロバート・ロッジア

この人も弁護士役で少し顔を出すだけだが、多くの映画に出ていて、まず、映画版『87分署』（五八年）で、スティーブ・キャレラ刑事を演じていることに注目。他に『サイコⅡ』でヴェラ・マイルズと共演している。テレビでも『ジェシカおばさんの事件簿』等多数出演。

37『さらば提督』 "Last Salute to the Commodore"（96分）

これは、驚きのシリーズ掟破りの異色編。

序盤ではいつものように、『歌声の消えた海』に続いて二度目の登場となるロバート・ヴォーン（両作とも海が舞台というのは、どういう経緯なのだろう？）の犯罪隠蔽工作が描かれるのだが、そのヴォーンが途中で退場し、以降、犯人不明のまま、お話はフーダニットに移行してしまう。つまり、『刑事コロンボ』＝倒叙ミステリという不文律を破っているわけで、このシリーズの忠実なファンほど、びっくりするような展開となるのだ。そしてラストは、フーダニットのお約束通り、容疑者全員を一室に集めて、名探偵コロンボが「さて」と言う……いいですねぇ……レヴィンソン＆リンクが同じＮＢＣで製作した『エラリイ・

クイーン』シリーズみたいだ。倒叙じゃない本格フーダニットのコロンボというのも、もう一つぐらい観てみたかったと思わせる楽しさがある。脚本は、またしても名手ジャクソン・ギリス。

［俳優・監督名鑑］――デニス・デューガン

本作では刑事の役を演じているデニス・デューガンは、七〇年代以降、俳優・監督の掛け持ちで、多くの作品に関与。テレビ畑でも『新・刑事コロンボ』で監督も務め、以降、主に犯罪ドラマの監督を務めている。

第六シーズン（一九七六年－一九七七年）

38『ルーサン警部の犯罪』

"Fade in to Murder"（73分）

テレビ局が舞台だが、業界内幕といった本格的なものではなく刑事ドラマを演ずる役者個人の人生の内幕を描いている。本シリーズは時に楽屋落ちネタはあるが、長いシーズン続いている人気ドラマの末期にありがちな、セルフパロディの倦怠感を避けているのがいい。尚、本作で脇役を務めるシーラ・ダニーズは、のちにピーター・フォークの実生活の「カミさん」（再婚相手）となり、その後もシリーズ合計六作品にゲスト出演している（もちろん、カミさん役ではありませんが）。

［俳優名鑑］――ローラ・オルブライト

被害者役のローラ・オルブライトは、五〇年代から多くの映像作品に出演しているが、特にテレビ・ドラマでの活躍が目覚ましく、代表作に、『ピーター・ガン』、『ヒッチコック劇場』『バークにまかせろ』等。映画の代表作として『刑事コロンボ』出演者が彼女を含めて三人揃った『0011／ナポレオン・ソロ　スラッシュの要塞』（六八年）がある。

ここで、『0011／ナポレオン・ソロ』のテレビ・シリーズのゲスト・スターで、『刑事コロンボ』と共通している俳優を挙げておくと、まず六四年のエピソードで『スタートレック』出演前のウィリアム・シャトナーとレナード・ニモイが一緒に（！）出ている。以下、列挙すると、リカルド・モンタルバン、ジャネット・リー、アン・フランシス、マーティン・ランドー、レスリー・ニールセン、ヴィンセント・プライス……と確認できるだけで八名というのは『アンタッチャブル』と同数のタイ記録。さすが六〇年代きってのNBC人気ドラマであります。

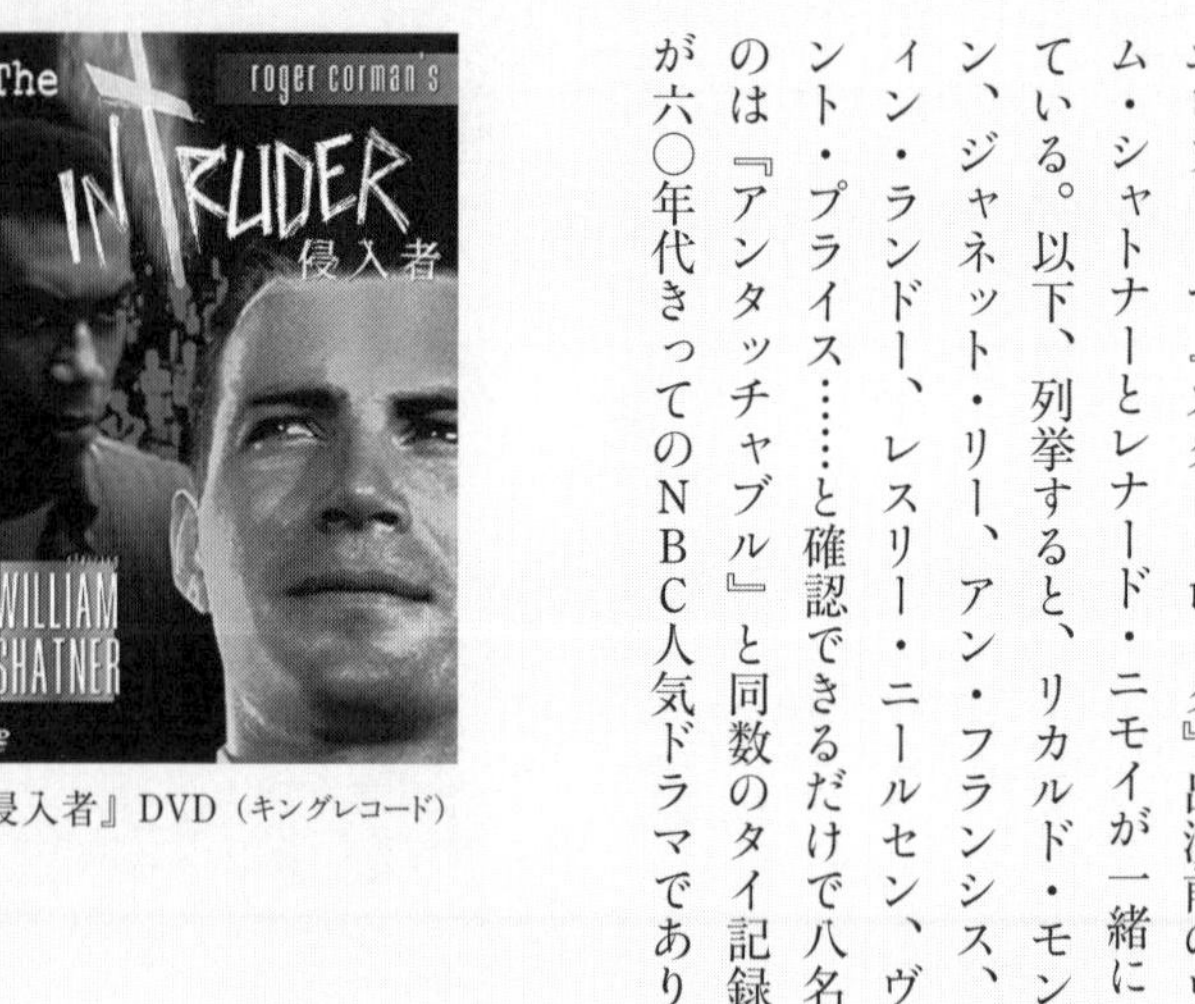

『侵入者』DVD（キングレコード）

［俳優名鑑］――ウィリアム・シャトナー

犯人役のウィリアム・シャトナーは、もちろん『スタートレック』でカーク船長を演じた俳優なのだか、これで、『溶ける糸』のニモイ、『闘牛士の栄光』のモンタルバンと併せて『スタートレック』の主役級が三人、『刑事コロンボ』に揃ったことになる。四十万もの投書で知られる「元祖オタク」のトレッキーを当て込んでの配役ではないのでしょうが――。尚、カーク船長役で正義漢のイメージが強いシャトナーだが、『スタートレック』出演以前には『侵入者』（一九六二年／ロジャー・コーマン監督／チャールズ・ボーモント原作）では、ソシオパス的な扇動者の役を好演している。『新・刑事コロンボ』の『4時02分の銃声』では二度目の犯人役（嫌味で尊大なラジオ・パーソナリティー）を演じているが、これも『ルーサン警部』を上回るくらいの好演でありました。

39『黄金のバックル』

"Old Fashioned Murder"（76分）

博物館の女館長が、館の維持運営を守ろうとして殺人を犯す。その犯行を注意深く見ていると、犯人（というより脚本家）が致命的なミスを犯しているのがわかる。その点で、プロットに穴のある話なのだが、女性犯人ケースの常として、犯人側共感路線のドラマが充実しているので、この瑕疵はさほど気にならない。むしろ、犯人役のジョイス・ヴァン・パタンの上質な演技が『別れのワイン』を思い起こさせるような感動を生んでいる点で印象に残る作。

［俳優名鑑］――**ジョイス・ヴァン・パタン**

本作での犯人役の前に『逆転の構図』でシスターの端役を演じている。多くの映画・テレビ・ドラマに出演しているが、特筆すべきは『アンタッチャブル』への出演。これで、同シリーズと『刑事コロンボ』共通の出演者は八名（『0011／ナポレオン・ソロ』と最多タイ記録）ということになる。

40『殺しの序曲』

"The Bye-Bye Sky High IQ Murder Case"（73分）

ＩＱの高い天才ばかりが集うクラブの会員が企てる殺人計画。何と言っても、天才が考案するアリバイ・トリックが解明される視覚的場面に尽きる。これは複雑極まりないピタゴラ（機械的）トリックなのだが、小説で書かれると読者をしらけさせかねないこの種のトリックも、映像化されると実に面白く感じられる。他の例で言えば、クイーンの、あの、しようもない『チャイナ橙の謎』の映画化作とか、ピンク映画であり同時に本格密室ミステリでもあった、伝説の『痴漢電車　聖子のお尻』（タイトルにたじろがないで。ミステリとして良作です。滝田洋二郎監督　高木功脚本）のボレロをＢＧＭに密室の機械的トリックを優雅に再現するアノ場面とか……観ながら、思わず頰がほころんでしまうような、あの感じ。

［監督・俳優名鑑］――**サム・ワナメイカー**

テレビでは『ジェシカおばさんの事件簿』に出演。

本作の他、『新・刑事コロンボ』の『おもちゃの兵隊』の監督も務める。監督の代表作は『シンドバッド虎の目の大冒険』（七七年）。俳優としての推奨作は『寒い国から帰ったスパイ』（六五年）、『ナイル殺人事件』（七八年）など。

［製作者名鑑］――リチャード・アラン・シモンズ

ピーター・フォークとは『トマトの値段』の脚本を書いてからの付き合い。また、プレ・コロンボとも言うべきキャラクターの弁護士オブライエンをピーター・フォークが演じたCBSのテレビ・シリーズ『The Trials of O'Brien』（六五年）の製作総指揮を務めている（このシリーズの二エピソードをリメイクした映画が六七年の『泥棒がいっぱい』）。『殺しの序曲』から第六～第七シーズン製作総指揮を担当。コロンボ製作陣の要の一人であったのだろうが、シリーズ終了後には、その『刑事コロンボ』製作陣（レヴィンソン&リンクやフィッシャー）の反対を押し切ってNBC社長が製作を強行した『ミセス・コロンボ』で製作総指揮務を務めている――これって、裏切りじゃないのと思ったのだが、九〇年代に入ると、シモンズは一転、ABC版の『新・刑事コロンボ』で五作品に製作総指揮としてクレジットされているのだ。なので、シモンズの真意は裏切りではなく、NBCとの「大人の事情」として『ミセス・コロンボ』に関わらざるを得なかったのだが、その後、義理も果たしたのち、ABCの『新・刑事コロンボ』で、付き合いの長いピーター・フォークらオリジナル製作陣と合流した――というのが真相ではないかと推測するのだが。

［俳優名鑑］――セオドア・ビケル

天才犯人役のセオドア・ビケルは、五八年の『手錠のままの脱獄』でアカデミー助演男優賞にノミネートされたが、サスペンスとしてはリチャード・ニーリィ原作の『プラスティック・ナイトメア／仮面の情事』（九一年）を推奨。テレビ・ドラマでは『スパイ大作戦』や『スタートレック』に出演。

［俳優名鑑］――サマンサ・エッガー

犯人の妻を演じるサマンサ・エッガーは『コレク

ター』（六五年）で映画デビュー、各種映画賞を受賞。他に『シャーロック・ホームズの素敵な挑戦』（七五年）でワトスンの妻を演じている。

［俳優名鑑］――ジェイミー・リー・カーティス

初見時には気付かなかったが、事件に関係ないチョイ役（不愛想なウェイトレス）でジェイミー・リー・カーティスが出演していたのを発見。ジェイミーはジャネット・リーと俳優トニー・カーティスの間に生まれた二女。

ジェイミーは本エピソード出演の翌年、ジョン・カーペンター監督の『ハロウィン』（七八年）、『ザ・フォッグ』（八〇年／母親のジャネット・リーも共演）等の出演で、ホラーで主演を張れる《絶叫クイーン》（「先代」絶叫クイーンは実母のジャネット。こうした親子二代続けてジャンル映画出演という例は他にもあって、ホラーのロン・チェニー&ジュニアがまず思い出されるし、ミステリ畑でもエラリイ・クイーンとネロ・ウルフのミステリ・ドラマにそれぞれ出ているジム&ティモシー・ハットン親子という例もある）の称号を得るまでになる。その『ハロウィン』については、今回の再見で大きな発見があった。『別れのワイン』のドナルド・プレザンスが精神科医の役で出ていることは先に書いたが、更に驚いたことにもう一人『刑

『ハロウィン』ブルーレイ＋DVD（NBCユニバーサル・エンターテイメントジャパン）

『ナイブズ・アウト／名探偵と刃の館の秘密』DVD（バップ）

事コロンボ』の犯人役——ウィリアム・シャトナーも出演していたのだ！　初見の時は気付かなかったが、『ハロウィン』シリーズのボックス・セットの特典映像の中でカーペンター監督が自ら証言していた——『ハロウィン』の殺人鬼マイク＝シェイプ＝マイヤーズの被っていたマスクは、何とウィリアム・シャトナーの顔型のラバー・マスク（トレッキー向けのカーク船長の市販品）に細工を施したものだと。つまり、間接的ながら、『ハロウィン』は、『刑事コロンボ』出演者が三人揃った同窓会映画と見ることもできるわけだ。

さて、ジェミー・リー・カーティスに話を戻して、彼女はキャリア中盤にはコメディエンヌとしての才能も発揮、クライム・コメディの佳作として『ワンダとダイヤと優しい仲間』（八八年）『トゥルーライズ』（九四年）『ＭＯＮＡ　彼女が殺された理由』（二〇〇〇年）を推奨したい（この頃になると《絶叫クイーン》と言うより《タフ・ビッチ》とも言うべき役柄に変容）。ジェイミーの活躍は近年も続いていてオリジナル『ハロウィン』の四十年後を描いた直接の続編『ハロウィン』（二〇一八年）もあるが、アガサ・クリスティー・オマージュのガチのミステリ映画『ナイブズ・アウト／名探偵と刃の館の秘密』（二〇一九年）に注目！

第七シーズン（一九七七年 - 一九七八年）

41『死者のメッセージ』 "Try and Catch Me"（73分）

アガサ・クリスティーを思わせる老齢の女性ミステリ作家による殺人。ところで、レヴィンソン＆リンクがクイーン、カー好きで、クリスティーは好んでいなかったという話をどこかで読んだ覚えがあるが、『新・刑事コロンボ』の『幻の娼婦』で、クリスティーのペイパーバックについて「つまらないけれど、睡眠薬代わりにはなる」なんて言わせてしまっている場面がある。いくらなんでもこれは……いいんでしょうかね？

ここに登場する女性作家、自動車の運転好きなところまで、クリスティーをモデルにしていることは、明らかなのに――まあ、いずれも脚本等にレヴィンソン＆リンクのクレジットはないので、彼らを責めるのはお門違いかもしれませんが。

本事件のポイントは、被害者が残したダイイング・メッセージ。コロンボがメッセージに気づき、その正しい意味が判明するまでのプロセスは、ミステリのセンスが横溢していて面白いと思うが、これも、物語全般を見ると、犯人共感型のBタイプで、シリーズ最高齢犯人を演じた女優のチャーミングな演技に点数を入れたいところ。

ところで、本作中の女性作家の講演で、スピーチを促されたコロンボは、初めて犯人に対する共感を口にする――自分が逮捕した犯人の何人かには、友情さえ抱き、好きだったと。

［俳優名鑑］――ルース・ゴードン

『刑事コロンボ』史上最高齢女性犯人を演じたルース・ゴードンは六〇歳前後からキャリアがアップしたという特異な「ばあさん専」女優。代表作は『ローズマリーの赤ちゃん』（六八年）の不気味な隣人老婆役。

42『美食の報酬』 "Murder Under Glass"（73分）

犯人が料理人と裏取引をする美食評論家ということで、シリーズ屈指の嫌味な犯人（小物部門）の座は確定。まずイタリア・レストランで毒殺事件が起こり、イタリア系のコロンボらしく、従業員とイタリア語で話す。事件はシリーズには珍しい不可能犯罪興味なのだが、小粒な謎（いかにワインの瓶に毒を入れたか）で、あまり関心を惹かれない。それより、美食の世界が舞台なので、コロンボの行く先々で出される料理の数々に目を奪われる。そういうわけで、冒頭でシリーズを二分類したが、それに、C《業界内幕タイプ》を加えてもよかったかもしれない――まあ、各エピソードの殆どが、このCタイプの要件を満たしているのだが。尚、本エピソードは、七九年のエドガー賞のテレビ・ドラマ最優秀エピソード賞を受賞している。脚本は、これ一本のみのロバート・バン・スコヤック。エドガー賞を与えるなら、もっといいエピソード・脚本があっただろうにとは思うのだが、同時受賞で、レヴィンソン&リンクがエドガーの特別賞（『エラリイ・クイーン』に対して）との合わせ技一本で、この受賞はよしとしましょうか——。

［監督名鑑］——ジョナサン・デミ

このエピソードをジョナサン・デミが監督していたとは気付かなかった。七〇年代はロジャー・コーマン門下で低予算映画の監督をしていたが、八四年、ロック・バンド、トーキング・ヘッズのライヴを記録した『ストップ・メイキング・センス』で注目を浴び、九一年公開の『羊たちの沈黙』のアカデミー五部門受賞で大ブレイク。『刑事コロンボ』関係の監督としてはスピルバーグに次ぐ出世頭ではないか。また、デミは音楽の使い方もうまく、『羊たちの沈黙』でのハワード・ショアの起用、『フィラデルフィア』（九三年）でのブルース・スプリングスティーンやニール・ヤング（ヤング単独のライヴ・フィルムも三本撮っている）の楽曲の起用が記憶に残る。サスペンス分野では、『シャレード』や『影なき狙撃者』のリメイクも手掛けている。二〇一七年、七十三歳で没。

［俳優名鑑］——ルイ・ジュールダン

犯人役のフランス人俳優ルイ・ジュールダンも多くの映画に出ているが、ヒッチコックの『パラダイン夫人の恋』（四七年）、『予期せぬ出来事』（六三年）あたりを推奨しておく。

［俳優名鑑］——シーラ・ダニーズ

美食評論家犯人の秘書を演ずるシーラ・ダニーズはピーター・フォークの実生活の「カミさん」（二度目の妻）で、『刑事コロンボ』初出演は『ルーサン警部の犯罪』（七六年）。翌年にフォークと結婚、『美食の報酬』を経て、『新・刑事コロンボ』にも四作出演。五度目の出演となる『死を呼ぶジグソー』で個性的な画廊経営者を好演したが、結局、殺されて被害者役に。六度目の出演となる『殺意の斬れ味』で、ようやく主犯格に昇格したという、出世魚のような女優さん。

［俳優名鑑］――マコ岩松

六六年の『砲艦サンパブロ』出演以降、日米の映画やテレビ・ドラマに多く出演した日系俳優。当時は、早川雪舟以来の、ハリウッドで最も成功した日系俳優として知られていた。『刑事コロンボ』出演の直前の七一年には日本のドラマ『キイ・ハンター』にFBI捜査官として出演、千葉真一との擬闘も果たしている。『黒のエチュード』に出演したパット・モリタに続く二人目の日系俳優の出演ということになるが、モリタ同様チョイ役なのが残念。マコほどの知名度なら、犯人か被害者の役で起用ということもあり得たと思うのだが、やはり、犯人や被害者だと人種差別に繋がるということで白人以外は敬遠されたんでしょうか？　同時期に『スタートレック』のレギュラーを務めたジョージ・タケイは他作品で悪役をやっていますが――。

43『秒読みの殺人』

"Make Me a Perfect Murder"（98分）

シリーズも終盤に差し掛かってきて、C《業界内幕タイプ》も、いよいよ本丸のテレビ業界という切り札を切ってきた。さすが、製作陣の勝手知ったる世界ということで、業界内幕がリアルに描き出されている。コロンボも局内の調整室の卓を嬉々としていじったりして、いつにも増して意欲的に捜査を進める。今回の犯人は、上昇志向に凝り固まった女性チーフ・アシスタント。昇進のために殺人を犯す。女性犯人エピソードの常として、犯人側のドラマ重視のタイプかと思いきや、最後までタフな姿勢を崩さない主人公は共感できる人物には描かれていない。逆に、だからこそ本作は、文字通り「秒読み」の綱渡り的な犯人のアリバイ工作や凶器隠蔽工作のサスペンスを楽しむべきなのだろう。業界内幕ドラマの充実ぶりとサスペンス値の高さで、シリーズ中でも屈指の力作となった。シリーズ終盤に自らの業界を舞台にしていながら、セルフパロディに逃げなかったところに製作陣の矜持を感じる一篇。

［俳優名鑑］――トリッシュ・ヴァン・ディヴァー

焦りまくりの女性犯人を演じてサスペンス醸成に一役買ったトリッシュ・ヴァン・ディヴァーは、七一年の『ラスト・ラン／殺しの一匹狼』で共演したジョージ・C・スコットと翌年に結婚（この歳の差婚がのちにシーラ・ダニーズとピーター・フォークの結婚を後押しした?）。代表作として、SFスリラーの『イルカの日』（七三年）とホラーの佳作『チェンジリング』（八〇年）を推奨。両作とも旦那のジョージ・C・スコット主演の夫唱婦随作品。やっぱり、フォーク夫妻と似たキャリアを辿っておりました。

44『攻撃命令』"How to Dial a Murder"（72分）

言葉で人を支配できると思っている心理学者が、飼い犬を訓練、映画『市民ケーン』由来の「薔薇の蕾（ローズバット）」という言葉を合図に、同僚心理学者を噛み殺させる。本エピソード初見時の感想――①手間をかけた割には危ない橋を渡るような犯罪。いくらドーベルマン二頭でも、被害者は壮健な男子だし、抵抗されたりして確実に殺せなかったら、事後の証言によって犯行計画バレバレだろう（被害者も心理学者だし犯行計画は見抜けるはず）。②実行犯に仕立てた飼い犬の殺処分を願うなんて、今回の犯人、サイテー野郎だな、と。

だが、今回三回目の鑑賞で考えを改めた。心理学者とコロンボの対決はシリーズ屈指の見どころ満載の名シーンだと思う。まず、さすが心理学者、早い段階でコロンボのやり口を見抜いている――①コロンボを犬にたとえて、そこらをうろつきながら「地雷」を埋

めていると看破。②コロンボの捜査法を心理学用語の「ゲシュタルト」概念で説明している（なるほど、言えてます）③言葉の連想ゲーム（心理学者のターン）で、腹の探り合い。④最後はビリヤード（コロンボのターン）をしながら真相究明。犯人対探偵のスリリングなシーンの連続で、シリーズ中でも佳作認定でいいと思う。

［トリヴィア①］――犯人の心理学者が映画のコレクターということで、トリヴィア満載――『市民ケーン』の「薔薇の蕾」の雪橇、ロバート・シオドマク監督のノワール『容疑者』のポスター、喜劇役者W・C・フィールズの曲がったキュー等々……枚挙に暇がない。殺人犬の名前――ローレル＆ハーディーはサイレント喜劇最高のお笑いコンビ。尚、ローレル＆ハーディーに捧げたブレイク・エドワーズの映画『グレート・レース』（六五年）にはピーター・フォークも出演、お約束のパイ投げ合戦にも参加しております。

［トリヴィア②］――他のエピソードでもビリヤードのシーンはあるが、本エピソードではピーター・フォークがその腕前を披露。自伝でもビリヤード好きを自認している通り、かなり上手です。

［脚本家名鑑］――
アンソニー・ローレンス＆トム・ラザラス

ストーリー原案のアンソニー・ローレンスは、多くの分野の人気テレビ・ドラマ脚本を書いている巨匠ライター。『ボナンザ』、『ハワイ5-O』、『ラット・パトロール』等が日本で知られているが、注目すべきは日本放映のない超常現象スリラー『The Sixth Sense』（七二年）への貢献。ホラー分野でもリチャード・マシスンがクリエイトした番組『Ghost Story』（七二年～七三年）に二本書いている。それから、『刑

事コロンボ』とは何かと縁がある『猿の惑星』のテレビ版にも脚本を書いておりました。脚本家としてクレジットされているトム・ラザラスは近年も活躍していて『スティグマータ／聖痕』（九九年）を代表作として推奨。

〔監督名鑑〕――ジェームズ・フローリー

第七シーズンの終盤の三作（『死者のメッセージ』、『秒読みの殺人』、『攻撃命令』）と『新・刑事コロンボ』初期の三作を撮ったシリーズの功労者。打率高し。

『シャーロック・ホームズの素敵な挑戦』DVD（スティングレイ）

〔俳優名鑑〕――ニコル・ウィリアムソン

犯人役のニコル・ウィリアムソンはスコットランド出身の俳優。シェイクスピア演劇を得意としていたが、ミステリ・ファンにはフロイト博士の診察を受ける心を病んだホームズを演じた『シャーロック・ホームズの素敵な挑戦』（七六年）でお馴染みのことだろう。また、ピーター・フォークとはドイツ軍将校の役で『名探偵再登場』（七八年）で共演している。

〔俳優名鑑〕――キム・キャトラル

居候の学生を演じているキム・キャトラルという女優、映画デビューはオットー・プレミンジャー監督のスリラー『ローズバッド』（七五年）なのだが、『攻撃命令』へのキャスティングは、この映画が関係しているのだろうか？　それとも映画界では有名な言葉なので、単なる偶然？　尚、『市民ケーン』の中の謎の言葉「薔薇の蕾」については、次に詳述する。

番外 「『市民ケーン』と『薔薇の蕾』の謎」問答

客 今度はオーソン・ウェルズの名作映画を語るんですか？　そんな大物相手に大丈夫なんでしょうか？

先生 平気だね。『攻撃命令』で「薔薇の蕾」がキイ・ワードになっているんだから、本家の『市民ケーン』についても体験的・私的読み解きを語っておくのが、半世紀映画を観続けた者の使命なんだろうから、やってみるよ。まあ今回も、独断と憶測の類の羅列になるかもしらんが、悪評高いケネス・アンガー以外のハリウッド・スキャンダル資料本を調べた成果をたっぷり披露するので、覚悟し解くように。

客 なるほど。お付き合いしましょう。『市民ケーン』を先生が最初に観たのは中学ぐらいと聞いておりますが――。

先生 うん、多分テレビ放映で観たと思う。

客 どんな話でしたっけ？

先生 暗く荒廃した大邸宅「ザナドゥ城」の幾つものショットから始まる。そしてその一部屋で屋敷の主、かつて三十七の新聞社と二つのラジオ局を傘下に収めた新聞王チャールズ・フォスター・ケーンが小さな雪景色のスノードームを握りしめ、「薔薇の蕾（ローズバット）」という謎の言葉を残して息を引き取る。ある会社が彼の生涯をまとめたニュース映画を制作しようとするが、そのありきたりな内容に不満を持った経営者は、編集者に「薔薇の蕾」という言葉にはきっと深い意味がある、それを突き止めケーンの人物像を探るようにと命じる。

客 おお、「薔薇の蕾」というある種ダイイング・メッセージをめぐる謎解きミステリみたいな展開じゃありませんか。それなら、初見時の感想は「面白かった」ですか。

先生 いや。プロットは感心しなかった。――だって「薔薇の蕾」という謎の言葉の探偵小説的興味

『市民ケーン』DVD（アイ・ヴィ・シー）

で、思わせぶりに散々、話を引っ張っておきながら、最後までその言葉の真の意味は解明されないんだもの。これじゃ、ミステリ・ファンじゃなくとも、「?・?・?・」の疑問符連打ですよ。なんか解決部分が肩透かしで、納得できる話ではなかったな。これは菊地秀行先生も同感とのことだった。

客　でも、アメリカ映画で常にベスト1に輝く名作なんでしょう?

先生　それは、物語を表層的に観ていること——、つまり、巨万の富と権力を得た独裁的権力者でも、結局、最後は孤独のうちに、「愛」も得られず、子供の頃の玩具を心のよりどころとして死んでいくのだ——という一般大衆が好む、成功者・権力者の栄枯盛衰、東洋流に言えば、ある種の無常観で予定調和的に終わっている……なんか知らんけど、感動的な物語の典型としての満足感はあったはずなんだ。それに——。

客　それに——何です?

先生　監督としてのウェルズの映画技法（撮影監督らと『駅馬車』を観て猛勉強）は、やはり、うまかったんだろうよ。ワンシーン。ワンショット、パンフォーカス、クローズアップ、広角レンズ、ローアングルの多用という、映画技法を駆使して、一気に観客を映画に没入させる語り口は、今でいう《ノン・ストップ》ってやつで、こう言うところが、後の映画のプロたちが高評価を与えた所以だと思う。

客　それじゃ、映画としてはいい作品と認めると。

先生　ああ。「薔薇の蕾」という謎の言葉の完全な解明がなされていないという一点を除いてはね。

客　——で、先生、「薔薇の蕾」という言葉の謎解きができたと?

先生　ああ、案外簡単にわかった。市民ケーンのモデルになった実在の新聞王、ウィリアム・ランドルフ・ハーストのバイオグラフィーを調べてみたら、そこにまるまる答えがあった。

客　それは——?

先生　その前に、新聞王ハーストについては、どの程度ご存じかな?

客　えー、市民ケーンと同じ新聞・ラジオを買い占めて、いろいろ、悪さもしている俗物成金だったとか仄聞(そくぶん)しておりますが。

先生　ああ、「合衆国最大の俗物」とか言われているね。父親の遺産によって、楽して大富豪になった成金なんだが、権力欲・支配力の強い男でね。買い取った新聞社で捏造記事を連発、それがスペインとの戦争(米西戦争)にまで発展したこともあった。ハーストは新聞売り上げのためにフェイク・ニュースを垂れ流す傍ら、政界進出を目論見、若い頃に、二度にわたって下院議員を務めるものの、大統領候補選、ニューヨーク市長選、ニューヨーク州知事選では、いずれも敗北。政界進出はここで断念するんだが——。

客　だがしかし、合衆国最大の俗物の支配欲断念はなかったと?

先生　うむ。ハーストは政界には見切りをつけたが、今度は、市民ケーンを遥かに上回る多くの新聞・ラジオを買収しマスコミを乗っ取って、大衆世論を操作・支配しようとしたんだ。新聞王として再生したハーストは、ハリウッド・スキャンダルから国際問題まで、ひたすら扇情・捏造記事を連発して新聞の売り上げを伸ばし、大衆を支配しようとする。

客　新聞——言葉によって他者を支配しようというやり方は、『攻撃命令』の心理学者に似てますねえ。

先生　うん、いいところに気付いてくれた。あの心理学者犯人の人物造形と「薔薇の蕾」の組み合わせは、ハーストがモデルになって発想されたのに違いないね。

客　ハーストは、私生活も相当乱れていたんでしょう？

先生　巨大なザナドゥ宮殿を造って、鉄道まで敷いてハリウッドの名士を招いてのパーティー三昧。そんな中で自身の殺人事件への関与も疑われている。それから、ハーストは購買欲も強くてね。金に任せて世界中の財物を買い漁り、その中には、ミイラやヨーロッパの城を丸ごと買って持ち帰るなんて愚挙もしている。だが、ハースト最大の浪費お買い物は、マリオン・デイヴィスだった――。

客　マリオン・デイヴィス？

先生　人気レビューの金髪のショーガール。ハーストとは、会ったその日に結ばれて愛妾となる。マリオン十代半ば、ハースト五十代の時の事だった。

客　その小娘愛妾が、最大の浪費になってしまったと……。

先生　ハーストはマリオンを映画スターにしようと画策、自前の映画会社を設立して、彼女の主演で超大作映画を四十六本も製作して、ハースト系新聞で絶賛評を書かせるんだが……。

客　ステマどころじゃない、見え見えの扇動・捏造宣伝すねえ。……でも、大衆は、そんなに愚かじゃなかったわけでしょう？

先生　そうだね。映画はすべて大コケの大赤字。マリオンの演技は全然ダメだったそうだ。

客　……つまり、新聞王唯一の弱点が、出来の悪い愛妾だったってわけですね。

先生　そこだよ！

客　は？

先生　オーソン・ウェルズは、そこに目を付けたんだよっ。「薔薇の蕾」という言葉に込められたウェルズの真意もそこにあったんだ。

客　じゃ、「薔薇の蕾」という言葉はマリオンのことを意味していたと？

先生　そう。それも最低に下品な意味合いで――「薔薇の蕾」はハーストがマリオンにつけた愛称で、彼女の「香り立つ女性器（プッシー）」を意味していた……。

客　なるほど、確かに薔薇の蕾の形は……（略）。しかし、そりゃ、いくらなんでもマズイでしょ、自分がモデルというのが明らかな映画で、そんな卑猥な言葉を使っていたなんて暴露されたら、世間騒然の大スキャンダルじゃないですか！

先生　うん、ハリウッドはハーストの報復を恐れて騒然となったし、ハースト自身も当然、激怒して、お得意の新聞を使って映画やウェルズ本人を酷評したり、スタジオに圧力をかけたりと――様々な妨害工作をした。おかげで、上演拒否の映画館も続出、アカデミー賞も多くの票を失っている。

客　ウェルズは、どうして、そんなアブナイ真似をしたんですかね？

先生　アブナイ真似が好きだったんだろ。

客　――と言いますと？

先生　ウェルズには、こういうアブナイ真似で世間を騒がせた前科があるじゃないか――ほら、『市民ケーン』を撮る前の一九三八年に、放送したラジオドラマ『宇宙戦争』の放送中に火星人襲来のニュース速報を挿入する悪戯（トリック）を行い、そのフェイクかつリアルな演出で全米をパニックに陥れたと話題になった事件が――。

客　そのお騒がせ事件がきっかけで、オーソン・ウェルズの名前が世間に知れ渡ったんですもんね。

先生　そう、その火星人襲来フェイク・ニュース事件で、ウェルズの才能に注目した映画会社ＲＫＯが破格の待遇で契約を結んだ。ウェルズは監督第一作としてジョセフ・コンラッド原作の『闇の奥』の映画化に取り掛かった。この原作は、後にコッポラ監督が『地獄の黙示録』として映画化することになるんだが、ウェルズ版は予算の都合などから製作中止となり、続いてニコラス・ブレイク原作のスリラー小説『ナイフを忍ばせて笑う者』の映画化も企画する。

客　おお、新本格（当時の呼称）名作『野獣死すべし』のニコラス・ブレイクの映画化も！

先生　うん、だが、それも中止となって、次に俎上に上ったのが。『探偵〈スルース〉』の監督ジョセフ・Ｌ・マンキーウィッツの実兄、脚本家のハーマン・J・マンキーウィッツが長年温めていた新聞王ハーストをモデルにした物語のアイディアだった。これを目にしたとき、ウェルズの脳裏に、火星人の次に世間を騒がせるアブナイ物件として、スキャンダラスな新聞王ハーストの存在が浮上したに違いない。この時点でウェルズが「薔薇の蕾」という言葉の意味するところを知っていたという事実も判明しているのでね。こうして、二人は改訂を繰り返しながら『市民ケーン』の脚本を完成させた。

客　そうすると、『市民ケーン』は偉人の穏当な伝記映画ではなく――。

先生　火星人来襲のフェイクで世間を騒がせることに快感を抱いたウェルズが、次の一手としてスキャンダラスな新聞王に仕掛けた壮大な「悪戯（トリック）」であり、「薔薇の蕾」という言葉は子供時代を想起させるセンチメンタルな言葉などではなく、傲慢な新聞王の弱点を突く「攻撃命令」の言葉だったと――そう考えているんだが、どうだろう？

客　なるほど、ウェルズは自らのことを「詐欺師」と言って憚らない人だし、『フェイク』ってタイトルの映画も撮ってますもんね。それにしても――。

先生　ん？

客　オーソン・ウェルズが撮ったニコラス・ブレイク、観てみたかったですねえ。

先生　先生　感心するの、そこかいっ。でも、まあ、ルシル・ボール主演で検討していたらしいから、実現していたら、ミステリ史も映画史も、少しは変わっていたかもしれんね。

【追記】ストックホルム症候群で知られるパトリシア・ハーストは新聞王ウィリアム・ランドルフ・ハーストの孫娘にあたる。

【参考資料】映画『ザ・ディレクターズ［市民ケーン］の真実』（九九年）　書籍『スキャンダルの祝祭』（ポーリーン・ケール　新書館）他

45『策謀の結末』 "The Conspirators"（97分）

NBC版のシリーズ最終話。今回の犯人は、アイルランド人の詩人テロリスト。だが、その陽性の性格で人懐こいところなど、珍しくコロンボと似たキャラクターである。つまり、最後は、そうした似た者同士対決となるわけで、アイリッシュ・ウィスキーが、犯人とコロンボを結びつける小道具として使われるなど、『別れのワイン』を髣髴させる、犯人共感のBタイプの話となっている。ところで、本作の演出が、やけにいいムードだなと思って監督名を調べてみたら、これがレオ・ペンで、この人は『別れのワイン』の監督も務めていたんですねえ。それにつけても、『別れのワイン』は、シリーズ中で、このタイプの話のメルクマールとなっているんだなあと、最終話を観ながらつくづく思った次第。

また、本エピソードの事件が、本来ならロス市警ではなく、FBIやCIAが捜査すべき種類のものであることに注目しておきたい。実際、今現在のアメリカの犯罪ドラマの趨勢は、そちらの方向が主流なわけで、これは『刑事コロンボ』の製作陣が、いかに優秀であり、先見の明があった——ということ

『ヘルハウス』〈HDリマスター版〉
DVD（ウォルト・ディズニー・ジャパン）

を象徴するような最終話になっていたと、今にして思ったのでした。

〔俳優名鑑〕――クライヴ・レヴィル

犯人役を演じたクライヴ・レヴィルは、シェイクスピアから『スター・ウォーズ』までこなす、イギリスの個性派俳優として知られているが、私が推奨するレヴィル出演作はリチャード・マシスン原作・脚本のホラー『ヘルハウス』（七三年）の物理学者役一択でいいだろう。理由はシンプル。この映画、ホラー（当時はオカルト映画と呼ばれてました）として出来がいいのと、『死の方程式』で犯人役を演じたロディ・マクドウォールが霊媒師役で共演しているから――ほら、ここでもまた『刑事コロンボ』同窓会映画を発見！　――というわけだ。

〔俳優名鑑〕――アルバート・ポールセン

被害者の武器商人役のアルバート・ポールセンは、主にテレビ畑で活躍した俳優（『0011／ナポレオン・ソロ』、『スパイ大作戦』他）だが、映画では『影なき狙撃者』に出てました。これで、同作と『刑事コロンボ』共通の出演者は四人。

――というわけで、NBC版『刑事コロンボ』全作品を見返して解題を付してみた、追悼特集時には二七編に絞ったが、その時、落としたエピソードも、それぞれ見どころがあり、『刑事コロンボ』に凡作なし――ということを改めて痛感した。

この後、一九八九年から二〇〇三年まで『新・刑事コロンボ』として再登場するのだが、物故したレヴィンソンの穴を埋めるべく名手ジャクソン・ギリスがスペシャル・ストーリー・アドヴァイザーとして睨みを利かし、NBC時代よりさらに精緻で複雑なプロットの刑事ドラマを提供し続けることになる。この新シリーズについては、リアルタイムで観ている新世代の菊池篤氏に『刑事コロンボの帰還2』で解説を引き継いでもらうことにする。

最後に異論覚悟で独断と偏見による各賞を。

◉最優秀犯人賞　男優部門――
ロバート・カルプ（『指輪の爪あと』他）
◉最優秀犯人賞　女優部門――
リー・グラント（『死者の身代金』）
◉最優秀助演賞　男優部門――
レイ・ミランド（『指輪の爪あと』）
◉最優秀助演賞　女優部門――
シアン・バーバラ・アレン（『毒のある花』）
◉ゲスト・スター賞　男優部門――
ドナルド・プレザンス（『別れのワイン』）
◉ゲスト・スター賞　女優部門――
ジャネット・リー（『忘れられたスター』）
◉特殊助演賞――
レスリー・ニールセン（『仮面の男』他）
◉最優秀新人賞――
ジェイミー・リー・カーティス

◉チョイ役残念賞――
ヴィンセント・プライス　パット・モリタ
マコ岩松
◉特別功労賞――
パトリック・マクグーハン
（シリーズ全般の多方面にわたる貢献）
◉特殊効果監督賞――
ヤノット・シュワルツ（『毒のある花』）
◉特殊原案賞――
ラリー・コーエン（『別れのワイン』）
◉特別美術（凶器）賞――
煙草“Victory”
◉最優秀作品賞――
『二枚のドガの絵』『意識の下の映像』
『溶ける糸』『断たれた音』『5時30分の目撃者』
◉脚本家各賞
技能賞――ジャクソン・ギリス
敢闘賞――ピーター・S・フィッシャー
殊勲賞――スティーヴン・ボチコ

あとひとつだけ。

全作再見で、すっかり刷り込みになってしまった、お馴染みのコロンボ対犯人の会話集を――

「なんでも協力するから、いつでも言ってくれたまえ」

「いま、ちょっと忙しいんでね、後にしてくれないかな？」

「また君か、犬っころみたいに嗅ぎまわるのは、いい加減やめてくれないか？」

「私を疑ってるのか？　君のところの、しつこい署長に電話して、訴えてやってもいいんだぞ！」

……

「あと、一つだけ――」

……

「いつから私に目をつけていたんだ？」

「あなたに初めてお会いした時から……」

ピーター・フォークの死によって、この毎度ワクワクさせられた対決の遣り取りを、もう新作では見聞きできないのかと思うと、やはり寂しい。ＲＩＰ。

刑事コロンボ コンプリートブルーレイBOX
刑事コロンボ・シリーズ　DVD＆ブルーレイ　発売中
発売元　NBCユニバーサル・エンターテイメント

俳優ピーター・フォーク私的考察

山口雅也

客　俳優ピーター・フォーク論も問答形式ですか？

先生　うむ。ピーター・フォークの自伝を読んでみたんだが、回想断片的な語りに終始して、彼が目指す演技論とかがほとんど書かれていないんでね。一次資料としては、少し物足りない感じなんだねえ。……自身はコロンボの役柄が一番気に入っているとか、マーロン・ブラントを尊敬していたということぐらいで。――そこで、私は、自伝ではなかなか伺い知れない『刑事コロンボ』以前の時期の俳優ピーター・フォークのことを中心に語ってみたい。

客　つまり、リアルタイムで付き合ってきたピーター・フォークについて、体験論的に語りたいと？

先生　ああ、まあ、私が観ている範囲限定だから、憶測・仮説の類になるかもしらんが、ともかく俳優ピーター・フォーク論を語ってみることにするよ。

客　わかりました。じゃ、俳優ピーター・フォークを語るうえで、まず押さえておくべき基本事項は？

先生　①子供の頃の眼疾で片目が義眼であること（容貌のハンデ）。②低身長（一六八センチ）。③ユーモアのセンスがあること。④独特の声と喋り。④ニューヨーク出身であること。⑤高学歴（名門シェラキーズ大で修士号取得）であること。⑥四十歳過ぎてのブレイクの遅咲き——ぐらいかな。

客　①と②は、身体的特徴としてセットにできますね。

先生　そうだね。義眼については、ブロードウェイの劇団で一定の業績を上げ、コロムビア映画のスカウトの目に留まり社長面接に行くんだが、社長に「欠けているもの」として義眼のことを指摘されるんだが、フォークが反論しても、社長の「同じギャラを払うなら、二つの目がちゃんと『足りてる』役者を雇うよ」の一言で一蹴、結局スクリーンテストも不合格になっている。

客　映画会社の幹部にありがちな傲慢で無神経な発言ですね。

先生　そうだね。——でも、ピーター・フォーク自身は、さほどめげてなかったと思うよ。フォークが義眼になったのは、幼い頃の先天性疾患が原因だが、こんなエピソードが残されている——子供の頃に野球の試合中に審判の判定に納得いかなかったフォークは、自らの義眼を外し「お前の方が必要なんじゃないか？」と抗議して、それにチームメイトも賛同した。このエピソードから、フォークは子供の頃から友達の前でも義眼である事を隠さず、むしろジョークにしてしまうほどの強い心の持ち主だったことがわかる。彼はそうしたハンデを克服していたし、ひょっとすると、そのハンデを個性として他にアピールする武器と考えていたような節がある。

客　カッコいいエピソードですね！　コロンボが捜査するときの目を細める仕草は義眼から来ているといいますし——。

先生　——あるいは、目を大きく見開いた時の、当惑しているのか、何かに気付いたのかわからない独特の義眼からくる表情なんかは、「名探偵」の表情として有利に働いていたと思うぞ。

客　そう言われれば、そういう表情を何度も観て、こちらも頭をひねりました。

先生　自分のハンデを隠さず、キャラクター造りやジョークのネタにする——このユーモアのセンスは高い知性からくるものだろう。再度言うが、ピーター・フォークは子供の頃からすでに、自分の身体的ハンデを克服して前向きに生きようという知的でタフな男の理想像ができていたんだろうよ。

客　先生が最初にピーター・フォークを映像で観たのは、やはり『刑事コロンボ』からで？

先生　いや、その前にテレビ放映で『ポケット一杯の幸福』[註①]（六一年）を観ていたはずだよ。

客　その時のフォークの印象は？

先生　さすがに『刑事コロンボ』放映の前だったから、印象は残らなかったねえ。そのそも『ポケット一杯の幸福』という作品が「下町人情喜劇」の典型かつ始祖みたいな作品だから「いい話」だったなという記憶しかない。

客　あの後、似たような話が結構日本でもドラマ化されてますからねえ。——で、今回、観直してみて、いかがでした？

先生　やっぱり、グレン・フォードのノリノリのギャングスター演技と、ベティ・デイヴィスの早変わり演技に押されてフォークの印象は薄い。なんかブツブツ不平ばかり言っている手下のチンピラをやってて、脇役としての見せどころが、これといって、ないんだ。

客　でも、この作でアカデミー助演男優賞にノミネートされているんでしょう？

先生　それを言うなら、前年に同賞にノミネートされた、『Murder Inc（殺人会社）』（六〇年）のほうが、相応しいと思う。ここで、フォークは殺人請負会社の殺し屋に扮しているんだが、キレやすかったり、女性に乱暴したり、悪役をシリアスに熱演している。

客　女性に乱暴……というのは、コロンボ・ファンはショックを受けるかも、ですね。

先生　乱暴といっても、直前までの描写だから……ただ、ターゲットを刺し殺すシーンは、嫌なリアリティがあって、他に印象的な俳優も出てこないし、助演男優賞ノミネートも頷けるわな。

客　じゃ、観るべきは『ポケット一杯の幸福』より『Murder Inc』のほうだと？

先生　いや、そうとは言い切れん。『ポケット一杯の幸福』に関しては、フォークの演技開眼ともいうべき重要な契機があってね。当時ニューヨークで気鋭の舞台俳優で鳴らしていたピーター・フォークは、その気負いもあってか、『ポケット一杯の幸福』撮影時、与えられた役柄をめぐって製作側と対立し、「自分は、あくまで演技者であり、コメディアンのような真似事はやらない」と主張したという。監督のフランク・キャプラはフォークに「それでいい。シリアスにコミカルを演技すればいいんだ」と語ったという。

客　巨匠監督の一言で、初期のフォークの俳優路線がほぼ決まったわけですね。シリアスに犯罪者を演じるか、コミカルな犯罪者を演じるか——。

先生　いずれにせよ、結局、悪役であり脇役なんだが。ともかく、『Murder Inc.』と『ポケット一杯の幸福』でイメージがついちゃったんだろうねえ。『七人の愚連隊』（六四年）とか『グレートレース』（六五年）なんかでは、コミカルな悪役で作品を「真面目」に支えているよ。

客　シリアスなほうの演技はどうです？

先生　映画で麻薬依存者の役をやったり、このころ多く出るようになったテレビ・ドラマでもたくさんアブナイ役を演じてるよ。例えば『ヒッチコック劇場』で髭だらけのカストロみたいな革命家を演じたのを観た時も特徴的な目つきで、すぐフォークとわかったし、日本でソフト化されていないのが残念な『87分署』ではキャレラ刑事たちにたっぷり絞られる容疑者の役を演じていた。

客　やっぱり、下っ端犯罪者の脇役が多いんですね。

先生　いや、そうでもないぞ。六五年になると、堂々のテレビ・シリーズの初主役を演じる『The Trail of O'Brien』[註②]という番組がスタートする。——これはフォークが敏腕弁護士の役を演じるんだが、プレ・コロンボとも言うべきキャラのオブライエン弁護士の役を演じて、これが初期ピーター・フォークを語るうえで最重要作だということがわかったのだが——。

客　プレ・コロンボ？

先生　うん。横分けの短髪にパリッとしたスーツとコートという服装で、後の『殺人処方箋』（六九年）の横分けコロンボはオブライエン弁護士と驚くほど似ているよ。タイトルバックの「頭を使う」オブライエン弁護士のシャープな絵面もかっこよくて、概ねシリアスな演技。前妻に頭が上がらないところで笑いをとったりするが。

『The Trail of O'Brien』

客　カミさんに頭が上がらないというのが、コロンボに似てますね。弁護士オブライエンは人気シリーズだったんですか？

先生　いや、僅か一年の短命に終わっている。——だから、ピーター・フォークが『殺人処方箋』の脚本に惹かれたというのも、オブライエン弁護士みたいな、自分がヒーローを演じたドラマに再挑戦したかったという気持ちがあったんじゃないかな。

客　犯罪者や悪役の脇役からステップアップしたかったと——？

先生　多分ね。フォーク自身がコロンボよりいいシリーズだと言っている（出典不明）らしいし、オブライエン弁護士シリーズはコロンボ・ファンは要チェックでしょう。

客　日本で観られるんでしょうか？

先生　断片映像がいくつかYouTubeに上がってるが、テレビ放送の翌年に前後編エピソードをつなげて『泥棒がいっぱい』として劇場公開——『マルタの鷹』みたいなお話だ——されているから、それを観れば、だいたいの雰囲気は掴めると思う。オブライエン弁護士というキャラ、テレビでは短命に終わったが、フォークも含めた関係者には「惜しい」と思わせるSomething elseがあったんだろうよ。

客　それで『刑事コロンボ』でキャラクターを確立して、その後、探偵役のイメージが定着して、二本の探偵映画に出ていますが——。

先生　ニール・サイモン脚本の『名探偵登場』（七六年）と『名探偵再登場』（七八年）だね。私としては、オー

フォークの演技のモデルになった？　ボガード主演『マルタの鷹』

ルスターキャストでフォークの影が薄くなっている『名探偵登場』より、断然『名探偵再登場』のほうをフォークの主演映画として推すね。

客　続編のほうを、ですか？

先生　いや、いかにも続編的な邦題で損をしているが、原題は『The Cheap Detective』で、『名探偵登場』とは、まったくムードが違う。お話はハンフリー・ボガート主演の『マルタの鷹』と『カサブランカ』のパロディなんだが、まず、ニール・サイモンがハード・ボイルドの基本的書法をきっちり抑えたうえで脚本を書いているのに感心する。そのサイモンの意図は、「ボガート映画」を作りたかったということで、そのボガート役にピーター・フォークが最適だと考えたらしい。

客　ハンフリー・ボガートをピーター・フォークが……ですか？

先生　私は前々から気付いていたんだが、ボガートとフォークは似たところがあると思う。ます、ピーター・フォークのひしゃげたような甲高い声とフォークより低いが、やはりひしゃげたようなボガートの声、似てると思わないか？

客　そう言われれば、そうですねえ。二人とも独特の声だ。

先生　台詞回しの感じも似てるよ。ハード・ボイルド探偵を演じている時のボガートは弾丸の代わりが言葉だと言わんばかりに、相手を言葉の連打で圧倒するだろう？　初期のフォークも『十二人の怒れる男』みたいなディスカッション・ドラマに出たら――弁護士の役もやってることだし――面白かろうと思うくらいに多弁な俳優だ。

客　さっき、フォークの基本事項のところで低身長のことを言ってましたね。

先生　うん、フォークの身長は一六八センチで明らかに低い。一方のボガートは一七一センチで、当時のアメリカ男子の平均なんだが、それは一般人の基準であって、映画スターの基準では一八〇とか一九〇なんて男優スターがザラだったんだから、低身長の部類だろう。

客　『カサブランカ』でも、イングリット・バーグマンの身長が五センチ近く高くて、撮影に苦労したって話ですからね。

先生　高学歴というのも似てる。ピーター・フォークはシェラキーズ大で修士号をとってるね。ボガートは高校中退だが、父親は外科医で、息子をイェール大に進学させる予定だったらしい。

客　高学歴——というより、二人とも地頭がよかったんでしょうね。

先生　さらに、二人とも、四十過ぎに適役を得てブレイクしたことも似ている。

客　ボガートも下積みの頃は、犯罪者や敵役が多いんでしたね……。

先生　そうだね。まとめて言うと、二枚目でない容貌かつ低身長で、チンピラ犯罪者ばかりやらされてきた脇役が、頭の良さと小気味いい台詞回しで頭角を現し、ついに四十を過ぎて、自分の個性が生かせる適役を得て、人気スターの座を得た——ということじゃないのかな。フォークの自伝の中にボガートの記述はないが、自分のキャリアと重ね合わせて意識していたことはあり得ると思う。——ボガート＝フォーク関係でもう一つあるんだけど、いいかな。

客　いいっすよ。

先生　フォークの出世作『Murder Inc.』は、三〇年代に実際にあった殺人請負会社に材をとっているんだが、実はその約十年前、ボガートは同じ殺人会社に材をとった『脅迫者 The Enforcer』（五一年）に出ているんだ。それで同映画の別題が『Murder Inc.』というんだよ。

客　ほう、そりゃあ……。

先生　まあ、ボガートのほうは殺人会社を起訴する側の検事役で、フォークのほうは捕まる殺人会社側ということで、話は真逆なんだけどね。これは、偶然の一致かもしらんが、同じ題の映画だからフォークが観ていた可能性はあるし、面白い暗合ということで、敢えて言及しておいたわけだ。

客　じゃ、アフター・コロンボのピーター・フォークについては？

先生　『カリフォルニア・ドールズ』『最高のルームメイト』『ベルリン　天使の歌』『消滅水域』（『クリミナル・マインド』のロッシ役でお馴染みジョー・マンテーニャが監督）『ＮＥＸＴ』……いろいろ観てはいるが、ここでは、ピーター・フォークが『刑事コロンボ』になるまでということで、他に譲ることにする。ただし、ジョン・カサヴェテス監督、ジーナ・ローランズ共演の『こわれゆく女』は重要作なので、全作解題のところで、たっぷり語ってあります。

【註①】　『名探偵再登場』でアン・マーグレットが登場するシーンがある。そこでピーター・フォークは演技とは思えない親密な表情を彼女に向ける。それもそのはず、マーグレットの銀幕デビューが『ポケット一杯の幸福』なのでした。

【註②】　フェイ・ダナウェイがゲスト出演する『新・刑事コロンボ』の『恋におちたコロンボ』の中でも、フォークは、マーグレットに向けたのと同様に親密な表情をダナウェイに向ける。それもそのはず、『The Trails of O'Brien』で、すでに両者は共演しておりました。昔からの友人を大切にするフォークの人柄がわかるエピソード。

【追記①】　ピーター・フォーク版『Murder Inc.』のナイト・クラブのシーンでは、デビュー間もないサラ・ヴォーンが登場。歌ってくれます。それだけでも得した気分に。

【追記②】　『Murder Inc.』の特典映像は、何と、ストックウェルとディルマンら『刑事コロンボ』出演者が四人出演している『強迫　ロープ殺人事件』の予告編でありました。不思議な縁起なり。

『コロンボ』製作の裏側をのぞく
――「消えてしまえ、呪わしいしみ」について

菊池篤

"OUT , DAMNED SPOT"（「消えてしまえ、呪わしいしみ」）――『マクベス』第五幕第一場、狂気に憑かれたマクベス夫人が自分の手を汚す血糊を幻視する、この物語で最も有名な台詞のひとつからタイトルを冠されたこのシナリオは、ファンの方ならお察しの通り、マクベス夫妻を演じる俳優夫婦が犯人の『ロンドンの傘』の準備稿です（山口氏が本稿を発見したネット古書店では「七四年刊」と書かれていましたが放送が七二年なので誤りでしょう）。

ちなみに放送された『ロンドンの傘』の正式な原題は"DAGGER OF THE MIND"。こちらも『マクベス』の台詞が由来で、第二幕第一場、バンクォーを見送ったマクベスが自室で、夫人が用意した短剣を発見する場面の"Art thou but a dagger of the mind, a false creation, proceeding from the heat-oppressed brain?"（「熱におかされた頭が造りあげた、幻覚の短剣にすぎぬというのか」）というモノローグから引かれたものです。

読んでみると、大枠のストーリーやトリックなどは現行の『ロンドンの傘』とほとんど変わらない一方、冒頭とラストに大きく異なるポイントがあり、『刑事コロンボ』のシナリオ製作において、撮影までにどのような試行錯誤がなされていたかを考察できる資料として、実際にテキストをご覧いただきながら、紹介していきたいと思います。

"OUT, DAMNED SPOT"（P1～P4）翻訳・白須清美（『マクベス』からの引用部分の訳は福田恆存版に準ず）

昼間。屋内。

場所はチェルシー。

煮えたぎる鍋のクロースアップ。

巨大な鉄の鍋で、気味の悪い中身が泡立ち、湯気が立っている。

不気味に呪文を唱える低い声。

アンガス　この世の憂さも辛さも倍ましだぞ、
　　　　　それ、焔はごうごう、釜はぐらぐら。

ニックの声　（鋭く）アンガス？

カメラが上を向くと、アンガスが鍋の上に手と鼻をかざしている。

アンガスは最新流行とオカルトを大胆に混ぜ、家で雑に洗濯したような服装。体の大きさも含め、あらゆる意味で常人離れしている。

行動はさらに変わっている――打ち解けた、気さくな態度かと思えば、トランス状態に陥ったようになる。

アンガス　（気づかず）このまじないで、恐ろしい禍（わざわい）が湧き起る。さあ、地獄の雑炊、
　　　　　ぶつぶつ煮えろ。

苛立ったような手が、アンガスの腕をつかむ。

ニック　つまらない台詞はやめてくれ。急いでるんだ。

カメラ、ニックへ

ニコラス・フレイム（ニック）は、この家の主や室内ときわめて対照的に、高価で上品な服装。

ニックはアンガスを個人的に嫌いながらも、彼のアドバイスを必要としている。

そこで、ニックは容赦なくアンガスを追い立て、星の飾りがついたモビールといった神秘主義的ながらくたの中、風変わりな霊能力者の部屋の奥へ向かう――そこにはテーブルがあり、タロットカードが伏せて置かれている。

アンガス　（怒って）せっかくの魚介のシチューが！　うまくできたのに……。

ニック　いい加減にしてくれ、アンガス。頼むから、今は。（カードを手ぶりで示す）さあ占ってくれ。成功か失敗か。

カメラ、アンガスへ

アンガス、ニックをにらみつけ、ぶつぶつ言いながらテーブルを回り込む。

アンガス　（気が進まない様子で）いつだって同じ質問だ。リスクを冒す意味がわからない。この一年で三回、失敗だと告げ……三回とも――〝コケた〟っていうんだっけ？――ああ、あんたは三回とも……。

ニック　（真剣に）アンガス、私は知りたいんだ！　（時計を見る）最終リハーサルに、すでに遅刻している。

アンガス、ため息をつき、カードの前に座る。

アンガス　（肩をすくめ）わかったよ！　おれのせいにしないでくれよ……。（静かに、眉をひそめながら）あんたにアストラル界の声を乱されたものでね。燃えさかる貪欲な野心を通して見るのは、簡単なことじゃないんだ……。

ニックはすでに、テーブルに札束を置いている。

ニック　（冷たく）やれるはずだ。

札束のクロースアップ

アンガスは金を見て、ゆっくりとカードをめくる。

アンガス　（考え込むような間）うーむ……騎士だったら満足かな？

ニックは驚いて近寄る。だがアンガスは首を振り、別のカードをめくる。

アンガス　（続けてため息）駄目だな、こいつは堅物のハビシャムだ……。（ふと、共謀者のようにくすくす笑う）なあ、ニッキー、どうやってあのサー・ロジャーを引き込んだ――このひどい舞台の後援者に？　秘訣を聞かせてくれよ。おれならあの気取ったじいさんに――。

ニックのクロースアップ

ニック、アンガスの腕を乱暴につかむ。

ニック　自分の仕事に専念しろ。答えるまでに十秒やる。今度は成功か、それとも――？

アンガスのクロースアップ

アンガスはニックの手を振り払い、大声で笑いながら立ち上がる。

カードと金が床に散らばる。

アンガス　（大声で）見えたぞ！　カードなんか必要ない！　未来を見るのに水晶球はいらない。そんなものなくても、あんたが大金を手にするとわかる！

（興奮を募らせながら歩き回る）そうとも、あんたが入ってきたときから、何か違うと思ってた！　緑と金色——それがあんたの周りを取り巻いてた！　無一文から大金持ちだ！　万歳、ニッキー・フレイム、いずれは王になるお方——！

アンガス、言葉を切る。自身の突飛な言葉に陶酔した様子。

間。ニック、穏やかに、

ニック　……これも何かの冗談か？

アンガスは身震いする。不意ににやりとし、親しげにニックの肩を叩く。

アンガス　（笑いながら）どうでもいいだろ？　自分でも何を言っているのかわからないことがよくあるんだ。リリーによろしく言ってくれ——答えは成功だ。今度こそ成功だ！

ニックはしばらく、じっとアンガスを見る——やがて、急にきびすを返して出ていく。

別アングル。

ニックが出ていき、ドアが閉まる。

アンガス、くすくす笑いながら首を振り、落ちた金を拾いはじめる。

やがて落ちていたカードを一枚拾い、引っくり返すと笑いが消える。
彼は体を起こし——素早くドアのほうを見て——もう一度手の中のカードに目をやり、驚いたように顔をしかめる。

タロットカードのクロースアップ。死神のカード。男が絞首台にぶら下がっている。
画面にタイトルクレジットが重なる。

①オープニング、占い師アンガスによる「予言」シーンのカット

最も大きな変更点は、冒頭、犯人のニックが占い師のアンガスから舞台の成功を予言されるシーンが丸ごとカットされていることです（飯嶋永昭先生によるノベライズでは、同シーンもしっかり拾われています）。

「予言」は『マクベス』の重要なモチーフです。

有能で実直ながら小心な将軍マクベスは、まず荒れ地で出会った三人の魔女に「やがて王になる」「だが、その後で王になるのはバンクォー将軍の子孫だ」と予言されたことで心を揺さぶられ、主君ダンカンを殺害し、自身を脅かしかねないと友人バンクォーさえも手にかけてしまいます。

そして、バンクォーの子フリーアンスを取り逃がしたことと、自らが重ねた罪への良心の呵責から心を病んだマクベスは物語の後半、魔女たちのもとを訪れ、自身の運命を占うよう命じます。「女の産み落とした者（女の股から生まれた者、とも。言語では“one of woman borne”）にマクベスは倒せない」という、有名なダブル・ミーニングの予言が登場するのはこの場面です。

占いのシーンの冒頭、鍋をかき混ぜながらアンガ

スが唱える言葉は、この「第二の予言」シークエンスの、魔女たちが呪い(まじない)のための秘薬を大鍋で煮る場面から引用されており、「成功の予言と死神のカード」の両義性も、「女の産み落とした者に」の予言をイメージしたものと思われます。

このアンガス、エキセントリックながらユーモラスで憎めない人物で、映像化されていれば印象的なキャラクターになっていたことでしょう。

「予言」シーンのカットは時間尺の都合という訳でもなさそうで、映像版ではこの場面の代わりに、コロンボさんが空港の手荷物預かり所でひと悶着起こすシーンが追加されています（〝OUT,DAMNED SPOT〟には空港のシーンはなく、バッキンガム宮殿を見物する場面でコロンボさんが初めて画面に現れる予定でした）。

他の細かな放送版『ロンドンの傘』との相違点を追っていくと、サー・ロジャーの屋敷を訪れ、虚偽の盗難被害をでっち上げるシーンや、秘密を知った執事タナーを殺害するために彼の家に向かう場面などで、放送版ではニックは及び腰で、妻のリリーが手綱を握っているという構図ですが、〝OUT,DAMNED SPOT〟では、ニックが一貫して主導的にふるまっていることに気づきます（一方で、こちらでは凶器はクリーム瓶でなく蒸気パイプで、リリーの殺意はより強く感じます）。

『マクベス』では、前半と後半でマクベス夫人の性格が大きく変わる——王位など畏れ多いと二の足を踏む夫を鼓舞する野心家として登場しておきながら、マクベスが「第二の予言」に自信を取り戻し、王位への執着を見せるようになると別人のように気弱になり、良心の呵責から病んでしまう——ことから、夫人と魔女たちはそれぞれ、「マクベスの心の抑圧された部分」を示しているのだとする読み方があります。

つまり、魔女の「王になる」という予言と、「魚は喰いたい、濡れたくはないの猫のように、そうして一生をだらだらとお過ごしになるつもり？」なんて痛烈な言葉でマクベスを王殺しへと焚きつける夫人は、いずれも忠義と良心に抑えつけられていたマクベス自身の「王位への野心」（物語の舞台となる11世紀のスコットランドでは、下克上は珍しいことではありませんでした）の象徴であり、一転、マクベスが自身の野心を自覚し、どれほど手を汚そうとも王位を守らんと決意した時には、彼が目を逸らした罪悪感と自罰感情が、破滅の未来を囁く魔女たちの「第二の予言」と、両手を染める血を幻視し亡霊に慄く夫人の姿を取って表れているというのです。

この『マクベス』の読みに従うなら、倒叙ミステリとして『ロンドンの傘』を物語る時には、「魔女」的な人物を表層的なパロディで出すよりも、「犯人」の野心と罪悪感の二面性を「ふたりの犯人の物語」に集約する方が効果的だと、脚本にクレジットを連ねるレヴィンソン、リンク、ギリスら製作陣は考えたのかもしれません。

あるいは、後述のように、本作は「コロンボによる罠」で決着をつけるタイプの作品です。『マクベス』という一種、運命論的なニュアンスを孕む物語を下敷きにしながらも、「犯人を捕まえるのは運命ではない、コロンボだ」という対決のドラマの命題を強調するために、占いという非科学的なシークエンスは不要だと判断された可能性もあります。

A：『ロンドンの傘』放映版・日本語吹替　解決シーン

（ダークはコロンボを案内するロンドン警視庁刑事部長、オキーフとスマイスはその部下、ジョーンズは解決シーンの舞台となる蝋人形館の館長）

コロンボ　サー・ロジャーは別の場所で殺されて、死体を屋敷に移されたんだ。だからその晩いったいどこに出かけたのか……誰に会いに行ったかが立証できれば、つじつまが全部合ってくるんです。

ニック　――私たちには、会いに来なかった。

コロンボ　それはもう何度も、ええ。あなたの楽屋にじゃありません。(リリーに)あなたの楽屋にです。そこで傘が登場する。傘ってやつはここもアメリカもおんなじで、差してた人が中に入ってきたら、こうしてすぼめて、雨を振って、どっかそこらに立てておく……ただし、濡れてる間は絶対にきちんと巻かないんだ。

リリー　面白いこと。

コロンボ　困るのはね、何かが中に入ることです。(傘の中に灰を落として見せ)時にとんでもないもんが入ります。そこで考えました。あの晩、サー・ロジャーも多分そうしたろうとね。そして――何かが入ったんじゃないかって。何か、が。……初日の晩、あなたの楽屋で踏んづけたやつね。あれと同じものを衣装係に言ってもらってきたんですよ。

コロンボ、レインコートのポケットから模造真珠を取り出す。

リリー　……ええ。

コロンボ　ひょっとして、喧嘩の間にネックレスが切れたのだとしたら。

リリー　でも……でもあれは、主人とあたしの喧嘩よ。

ダーク　ジョーンズ、傘を取ってきてくれんか。

ジョーンズ　はいはい、ただ今。

ジョーンズ、サー・ロジャーの蝋人形の手から蝙蝠傘を外す。

コロンボ　見込みですがね、しかしかなり有望な見込みだと思うんですよ。
リリー　いいえ違うわ！
コロンボ　なあに、すぐ分かることです。皆さん、少し下がってください。ジョーンズさん、傘を開いてみてください。
ジョーンズ、傘を開く。
赤い絨毯の上に、模造真珠が一粒、零れ落ちる。
リリー、目を見開く。
ダーク、真珠を拾い上げ、
ダーク　同じものだ。まったく同じだ。
コロンボ　いかがです？
ニック、タガが外れたように笑い出す。
ニック　あした、あした、あしたという日……ふふふふ、あはははは！

手を掲げ、マクベスの台詞を呟く。
リリー　ニック、やめて！　彼が入れたのよ！　ねえ、分からないの？　あの人が今ここで入れたんだったら！
ダーク　ジョーンズ、誰か傘に触れた者はいるかね？
ジョーンズ　ありません。証言します。
ニックはふらふらと歩き回りながら、焦点の合わない目を虚空に向けてマクベスを演じ続ける。
リリー　ニック、やめてよ！（コロンボに）分かるでしょう？　正気じゃないのよ。サー・ロジャーはあたしのせいで……事故だったのよ！
コロンボ　そうでしょうとも。
リリー　誓って言うわ。ダークさん！　バカなことしちゃって……でもどうか、分かってください。

ダーク　詳しくは本庁に行って聞きましょう。スマイス、護送してくれ。

スマイス　はい、部長。

リリー、泣き崩れる。

ニック　……意味もない。あした。あした。あした……。

サー・ロジャーの蝋人形が、犯人たちを見下ろしている。

蝋人形館の外観の空撮。

集まった観衆に見送られながら、リリーとニックはパトカーに乗り込み、連行されていく。

B：“OUT, DAMNED SPOT” 同シーン（P111〜P114）　翻訳・白須清美

コロンボ　サー・ロジャーは別の場所で殺されて、死体を屋敷に移されたんだ。だからその晩いったいどこに出かけたのか……誰に会いに行ったかが立証できれば、つじつまが全部合ってくるんです。

ニック　（怒って）私たちには、会いに来なかった。それはもう何度も――！

コロンボ　ええ。あなたの楽屋にじゃありません。（リリーに）あなたの楽屋にです！

ニック、リリーの腕をつかみ、しゃべらせまいと

する。

その間コロンボは近くの壁に近寄り、自分の傘を広げる。

コロンボ　（続けて）そこで傘が登場する。傘ってやつはここもアメリカもおんなじで、差してた人が中に入ってきたら、こうしてすぼめて、雨を振って、どっかそこらに立てておく……ただし、濡れてる間は絶対にきちんと巻かないんだ。

ニック　面白い！　実に面白い！

コロンボ　困るのはね、何かが中に入ることです。時にとんでもないもんが入ります。

と、葉巻の灰を傘に落とす。続いて立入禁止のロープに近づき、ロジャーの蝋人形を指す。

コロンボ　（続けて）そこで考えました。あの晩、サー・ロジャーも多分そうしたろうとね。そして――何かが入ったんじゃないかって。何か、が。……初日の晩、あなたの楽屋で踏んづけたやつね。あれと同じものを衣装係に言ってもらってきたんですよ。

リリー、急いでコロンボに近づき、手の中を覗き込んで、ひどく動揺する。

ニックも同じように、恐怖に打たれてリリーを見る。

コロンボの手のクロースアップ

いくつかの模造真珠がきらめいている。

リリー　……ええ。

コロンボ　ひょっとして、喧嘩の間にネックレスが切れたのだとしたら。

リリー　（徐々にパニックになって）でも……でもあれは、主人とあたしの喧嘩よ。

ニック　リリー、何も言うな！

ダーク　ジョーンズ、傘を取ってきてくれんか。

ジョーンズ、ロープをまたぎ、サー・ロジャーの蝋人形の手から蝙蝠傘を外す。

コロンボ　見込みですがね、しかしかなり有望な見込みだと思うんですよ。あなたが争っていた相手が、サー・ロジャーだったとすれば……。

リリー　いいえ違うわ！

ジョーンズ、戻ってくる。コロンボは皆を下がらせる。

ニックはリリーの腕をつかんだ手に力を込め、彼女が感情を爆発させるのを防ごうとする。

コロンボ　なあに、すぐ分かることです。

リリー　そんなこと、あるはずないわ！　ありえない……（息を詰め、自分を抑える）

コロンボ　皆さん、少し下がってください。ジョーンズさん、傘を開いてみてください。

傘のクローズアップ

ジョーンズ、ゆっくりと傘を開く。しばし沈黙――続いて何かがこすれるような小さな音と、大理石の床に模造真珠が落ちる鋭い音。

リリー、ヒステリックに叫び出す。

ニックが彼女を平手打ちする。

ニック　リリー！
リリー　どうしようもなかったの！　あなたのせいよ――！
ニック　私の!?　君が傘を盗ったんじゃないか。どうして見なかった!?
リリー　知るものですか！　あたしは誰かさんを吊るしたりしていないもの！
コロンボとダークのクロースアップ

コロンボ、無言でダークの隣へ行く。
ニック　君が彼を殴ったんじゃないか？　君が殴ってさえいなければ！
リリー　ひどいわ――！
オキーフ　（素早く二人に近づき）もういいでしょう……続きは本庁に行ってお聞きします。
ダーク　二人を護送してくれ、オキーフ。後からすぐに行く。
リリーのヒステリックな声とニックの怒声が、すみやかに消えていく。

②ラストシーンの大幅変更

『ロンドンの傘』は、「解決編で犯人が発狂する」という、シリーズでも例のない強烈なラストが印象的な作品ですが、準備稿〝OUT, DAMNED SPOT〟を読む限り、あの劇的な幕切れは最初から企図されていたものではないようです。

　ご覧いただいたとおり、準備稿の段階でのラストは決定的証拠（コロンボさんが仕掛けた偽物なのですが）を突きつけられた夫妻が決裂し、互いに罪をなすり付け合って自白に至るというものでした。レヴィンソンとリンクがシナリオに関わっていることから、同じく男女共犯の第一作「殺人処方箋」が念頭にあったのかもしれませんが、そもそも旧シリーズ四十五作中、七作で被害者が「配偶者」、二作が「愛人」と、「五回に一回は異性のパートナーが殺害されている」という些か女性恐怖症の傾向がみられる『コロンボ』製作陣ですから、正気を失った夫を妻が必死でかばおうとする放送版『ロンドンの傘』の方が、異例であると言えるでしょう。

　思えばニックとリリーの夫婦は、漫才のような喧嘩を繰り返しながらも、「殺されないにしても夫婦仲は基本的に冷え切っている（『黒のエチュード』『歌声の消えた海』『ビデオテープの証言』『殺しの序曲』など）」このシリーズの犯人たちの中で、ほぼ唯一の仲良しカップルだったと言えるかもしれません。

　ちなみに、放送版で追加されている蝋人形館館長ジョーンズ氏の「傘に触れた者はいない」という証言は、結局のところ「証拠」の模造真珠はコロンボさんがこっそり指ではじいて入れたものなのですから、一見してアンフェアな気もします。ですがおそらく、このくだりも『マクベス』のオマージュで、「女の産み落とした者にはマクベスは倒せない（自然分娩でなく帝王切開で出生したものはその限りでない）」という予言のパロディとしての、「誰も傘に触れていない（傘に触れずに偽の証拠を仕込んだ者がいないとは言っていない）」という意地悪なダブル・ミーニングを意図したものなのでしょう。

アリバイ工作は
完璧のはずだった
——殺人者を待ち受ける
数奇な運命とは?
幻の『刑事コロンボ』第ゼロ作!

愛しい死体
Dear Corpus Delicti

リチャード・レヴィンソン&ウィリアム・リンク/上條ひろみ訳

チャールズ・ロウは妻のヴィヴィアンを見おろした。横向きに倒れ、首の下のシルクスカーフの結び目が小さな赤い花のようだ。口の近くに手を当ててみたが、もう息はしていなかった。

腕時計を確認した——時間はまだたっぷりある。

慎重に妻を避けて、フレンチドアを開け、石敷きのテラスに出た。イーストリバーからの微風で涼み、額の汗を乾かした。少しのあいだガラスドアにもたれて気持ちを鎮めてから、背後のドアを閉めた。

テラスの縁の手すりの近くに植木鉢が並んでいた。妻が買って、毎朝水やりの儀式をしていたものだ。ロウはひとつ手に取り、重さを確かめると、ドアのほうに戻った。軽くぶつけてガラスパネルの一枚を割った。書斎の床でガラスのかけらがきらめいた。

植木鉢をもとに戻し、フレンチドアを少し開けたままにして室内に戻った。あとは妻のバッグを見つければ準備は完了だ。妻はバッグをどこにしまっているのだろう？　結婚して六年になるが、そんなことも知らなかった。

書斎と寝室をさがしたあと、玄関脇のテーブルでそれを見つけた。よし。いいぞ。これでほぼ完璧だ。

明日の朝メイドが来て、書斎で妻の死体を見つける。単純な強盗殺人に見えるだろう。泥棒がこっそりテラスを這いのぼって侵入した。だが、ヴィヴィアンに見つかり、スカーフで首を絞めた。バッグを盗んで逃げた。

ロウは小さく口笛を吹き、財布を開いた。航空券が二枚。いちばん重要な部分はこれからだ。タン色のレインコートのボタンをはめて財布をしまい、玄関扉のまえに立った。

明かりを落とした書斎から、投げ出された妻の手が見えていた。結婚指輪がきらめいた。

ロウは深呼吸をひとつしてアパートメントを出た。外に出てテラスを見上げたが、闇にまぎれて見えなかった。通りに出てタクシーをつかまえた。「九十六丁目通りとウエストエンドの角まで」と運転手に告げた。

タクシーを降りるとさっきより寒くなっていた。濃い川霧が街灯をにじませていた。いったい彼女はどこだ？　六時ちょうどにと言ったのに。

腕時計を見ながら、ホテルの日よけの下でいらいらと待った。妻はいつも時間に正確だった。スーはいつも遅刻する。妻は何ごともてきぱきこなし、男と同じくらい信頼できた。スーはのんびりしていて子供のように頼りにならない。

不意にロウは微笑んで顔を上げた。向かい風にブロンドの髪を乱しながら、スーが通りを渡ってきた。

「待った？」彼女は息を切らしてきいた。

「ああ、いつものようにね。でも問題ない」

「早めのバスに乗ろうとしたんだけど、そのバスは停まらなかったの。あたし、知らなくて――」

ロウは彼女の唇に指を当てた。

「いいんだよ。時間はたっぷりある。だから心配するのはやめなさい」

スーの腕を取って通りに導いた。「眼鏡は忘れたのか？」

「眼鏡？」

「おいおい、スー、何度も言っておいたじゃないか。サングラスだよ。それじゃ買いに――」

「それならあるわ」彼女は言った。「読書用眼鏡のことかと思ったのよ。あれは読書のときにしかしないから」

ロウはやれやれと首を振った。「かけなさい」

黒眼鏡をかけたスーをじっと見た。こうするとヴィヴィアンに似ている――小柄で均整のとれた体つきに、ブロンドの髪。ぱっと見なら充分だませる。重要なのはそれだけだった。

「どう？」

「元妻のようだ」

彼女の唇が震えたが、眼鏡の奥の目は見えなかった。

「チャールズ、あなたほんとに――？」

「そのことは話さないと決めたはずだ。覚えているか？」

スーはうなずいた。

ロウは手を上げてタクシーを呼び、彼女を乗せた。運転手はハンガリー名であやしげな英語を話した。これまた運がいい、とロウは思った。

「アイドルワイルド空港（現在のジョン・F・ケネディ空港）まで。できるだけ急いでくれ」

スーは隣でちぢこまっていた。手を重ねてきた。

「ほら」と言って、ロウはヴィヴィアンのバッグをわたした。

「何これ？」

「中に身分証が。航空会社のカウンターで本人確認のために必要になる。もう質問はするな。やるべきことは教える――その都度」

スーは彼の肩に頭を預け、顔を見あげた。「やめたほうがいいのかも」とささやく。「チャールズ、これって恐ろしいことだわ。あたしたち――」

ロウは顔を寄せて、彼女にキスした。「もうはじめてしまったことだ。最後までやらないと。さあ、気を楽にして」

彼女に腕をまわして窓の外のハイウェイを見た。交通量は少ないにもかかわらず、タクシーのスピードは制限速度をかなり下回っていた。

「急いでくれ。もっとスピードをあげるんだ」

すぐにビル群から抜けた。ショッピングセンターを通りすぎ、広い並木道を進んだ。霧でぼやけた街灯が飛び去った。頭上を巨大な旅客機が、翼の先端を点滅させながら轟音をあげて通りすぎた。

「あとどれくらい？」スーがささやいた。

「数マイルだ」

数分後、広大な離着陸場の敷地に入った。黒い空ではさらに多くの飛行機が旋回し、離陸していた。

「トランスコンチネンタルの建物で降ろしてくれ」彼は運転手に言った。

窓の外を建物の集合体が流れていくあいだ、彼は落ち着きながらも警戒を怠らずに座っていた。タクシーは車列をまわりこんでまえに出ると、メインエントランスに向かった。エントランスのドアの前で、ようやくタクシーはタイヤをきしらせて停まった。運転手が笑顔で振り向いた。

ロウは料金を払い、スーをタクシーから降ろした。

「チップをはずんでおいた。私たちを覚えていてくれるだろう」

空港ターミナルはまばゆい明かりに照らされ、混み合っていた。ロウはエントランスをはいったところで立ち止まり、スーに身を寄せた。「よし。ここからはきみの出番だ」

「どういうこと？」

「カウンターに行ってチェックインするんだ。預ける荷物はあるかときかれたら、ないと答えろ」

彼女は目をぱちくりさせて彼を見た。「でも――あたし、どうすればいいかわからない。こんなのやったことないもの」

「簡単だよ、係の人が全部やってくれる。さあ、行った」

少し気の毒な気もしたが、彼女の腕をつかんでまえに押し出した。彼女は心細そうに振り返ったあと、まえを向き、カウンターに急いだ。

ロウは空港の時計を見やり、自分の時計と見比べた。離陸時間まであと三十分。彼は煙草を取り出した。

「チャールズ！」

声がターミナル内を切り裂いた。すばやく顔を上げる。スーが顔面蒼白でカウンターに立ち、彼を見つめていた。そこにいる全員に見られているのを感じた。「どうした？」と叫ぶ。

「航空券！」

彼は急いでカウンターに行った。空港係員は微笑んでいた。

「ああ、そうだった、きみにわたすのを忘れていたよ」実にしっかりとした手つきで財布を取り出し、二枚の封筒をカウンターにすべらせた。

係員は航空券を調べ、電話で確認を取ると、ロウに小さなカードをよこした。「搭乗のとき、スチュワーデスにおわたしください。ありがとうございます、サー。楽しい空の旅を」

ロウはうなずき、カウンターに背を向けた。スーの腕をしっかりつかみ、ラウンジのほうへ連れていく。

「あたし、大丈夫だった？」

「いいぞ。よくやった」

「どこへ向かってるの？」

「ラウンジだ。一杯飲んだほうがいい。必要になるはずだから」

＊

ふたりは駐機場に出るゲートに立っていた。二杯の酒のせいでロウは酔っていた。眠気を覚え、興奮はさめていた。スーは顔が赤く、熱があるかのようだった。

「チャールズ」彼女は陽気に言った。「あたし、なんだか——ちょっと飲みすぎたみたい……」

「大丈夫だ。そのほうがいい」

ロウは彼女の腰に腕をまわした。彼女はすっかりリラックスしており、宙に浮いているようだった。

ゲートが開き、ふたりは乗客の波に押された。航空会社の案内係の先導で、夜の滑走路を歩いた。

ロウはスーの腕をにぎる手に力をこめた。「何をすればいいかわかるかい？」

「あたし……よくわからない」

「座席についたらすぐ、わたしたちは口論をはじめるんだ。大声で――みんなに聞こえるように。だがきみの怒りは収まらない。それどころか席を立って飛行機から降りるんだ」

「でも、口論することなんてある？」

「それは問題じゃない。わたしが口火を切るから。きみはそれに合わせればいい」

冷たい風がわずかな雨を運んできて、ふたりを揺さぶった。前方には長い銀色の機体が、暗闇の中で濡れて光っていた。

「飛行機を降りたら」ロウは言った。「そのあときみはどうする？」

「タクシーでまっすぐうちに帰る。そして週末じゅううちにいる」

「そうだ。だれにも電話するな。わたしは月曜日に戻る。きみに会いにいくようにするよ」

「電話してちょうだい、チャールズ。お願い。あなたからの電話がなかったら、どうやって週末をやりすごせばいいのかわからないわ」

「やってみよう」

タラップに着き、ロウは最初の段に足をかけるスーに手を貸した。雨は今や烈しい突風をともなって降りはじめていた。スチュワーデスが扉に立って、職業的に微笑みかけた。

「いい天気だね」ロウは皮肉っぽく言った。

「ニューヨーク上空だけです」スチュワーデスは言った。「離陸すればすぐに晴れます」

「よく聞く言葉だ」ロウは彼女に微笑みかけ、機内にはいった。

スーは歯をかちかち鳴らしながらレインコートを脱いでいた。「あたし、風邪ひいたみたい」

「コートは着たままのほうがいいかもしれないな」

彼はコートを開いて彼女に着せかけた。「きみは通路側に座るんだ」とささやく。

ふたりはクッションのよくきいた座席に座った。さっきとは別のスチュワーデスが通りかかって、ふたりの席にかがみこんだ。「離陸後すぐにホットコーヒーをご用意できます」

「いいね」ロウは言った。「もらおう」

彼は明るく細長い機体を見わたした。飛行機はほとんど満席だった。乗客たちは通路に立ち、旅行かばんを持ちあげて棚に入れては、温かい座席に引っこんで座っている。雨が窓をたたき、駐機場をぼやけさせていた。

「チャールズ」スーが言った。「あたし、怖いわ。こういう天気のときに飛行機に乗るのは好きじゃないの」

ロウは冷ややかに彼女を見た。「いつだって文句ばかり。いいかげんもううんざりだ」

スーは驚き傷ついて見返したあと、彼がこれから何をするつもりなのかに気づいた。

「そもそもおまえは一緒に来たがらなかった」彼は大声でつづけた。「もうわたしとは何もしたくないんだな」

「そんなことないわ！」

「よく言うよ」彼は前方の席にいる老人が振り返るのを見た。「おまえがわたしに求めるものといったら金だけじゃないか。やれ服を買いに行く、劇場に行く――うちを離れられるならなんでもいいんだ。わたしより友だちとすごす時間のほうが多いじゃないか」

スーは泣きだした。すばらしい、と彼は思った。そのままつづけるんだ。みんな見てるぞ。

「気分を変えていっしょに旅行にいけば、またお互いを知ることができるかもしれないと思った。それなのにおまえはいっしょに来るのもいやがったんだ！」

スーは座席から立ちあがった。「ええ、いやよ」泣きじゃくりながら言った。「行くつもりはないわ！」

「上等だ！　帰れ。友だちのところにでも行くんだな。わたしはいっこうにかまわない」ロウは彼女を見た。「何をぐずぐずしている?」

彼女は急いで飛行機の後部に向かった。鋭いはっきりとした声が機内じゅうに響きわたった。「あたし、降ります」

「ですが奥さま」スチュワーデスが言った。「もう離陸準備にはいっておりますので」

「かまわないわ。降ろしてちょうだい!」

ロウは顔を窓に向けた。後方からくぐもった話し声とさらなる泣き声が聞こえてきた。乗務員が扉を開けて雨の中に何やら叫んでいた。

スチュワーデスが彼の座席にやってきた。「ミスター・ロウ」と静かに言った。「奥さまを説得してみます。おそらく――」

「いや」彼は苦々しく言った。「妻が出ていきたいならそうさせてくれ。わたしはかまわない」

スチュワーデスは厳粛にうなずいて歩き去った。ロウは窓の外を見た。アルミニウムのタラップがまた扉に取りつけられようとしていた。鋭い音がして、機体にタラップが接続された。

ロウはスーがタラップを降りて係員の傘の下にはいるのを見た。彼女は涙のあとがついた淋しそうな顔で、少しのあいだ彼のいる窓を見あげたあと、背を向けて去っていった。

ロウはやわらかなクッションに頭をもたせかけた。完璧だ。少なくとも二十人の乗客が、怒って夫を残し、ターミナルに戻ったミセス・ヴィヴィアン・ロウを目撃した。このことから、警察は人まかなタイムテーブルを作成するだろう。彼女はアパートメントに戻り、ちょうど家宅侵入中の泥棒に遭遇した。泥棒は彼女を殺して逃げた。そのとき夫は? どこにいた? 何千フィートも上空で、妻の態度に憤慨していた。完璧な、実に完璧なアリバイだ。

心やさしい思いやりのあるスチュワーデスがまたそばに来た。「あと数分でコーヒーをご用意できます。お飲みになりますか?」

「ああ」彼は言った。「たっぷりたのむ」

＊

週末はのんびりとして平穏だった。ロウはモントリオールから数マイルのところにあるハンティングロッジで過ごした。ほとんどの時間、休暇中のビジネスマンたちとブリッジをしたり、釣りをしたり、芳醇なカナディアンウィスキーを飲みながら政治について議論していた。心地よい二日間の休息のあと、帰宅して妻の不幸な死を知らされることになるのは残念だった。

ニューヨークに戻る機中、ロウは新しい生活に思いをめぐらせた。邪魔者は消え、自由に旅行できるようになり、妻の浪費癖からも解放される。もちろんスーはいるが、これからはいっしょにいてやれる。いずれ結婚することになるだろう。彼女は従順だ。重荷にはならないだろう。

窓の外を見た。飛行機はアイドルワイルドの上空を旋回中で、長い降下をはじめていた。安全ベルトのサインが赤くともった。飛行機がごくわずかに前傾し、ロウは微笑んだ。

その後、空港のグリルでステーキサンドイッチとビールの食事を取った。食べながら《タイムズ》を読んだ。急いでもしかたがない。この二日間、世界ではほとんど何も起こっていないことに驚いた。

街に戻るときも、タクシーの運転手に急がなくていいと言った。顔に日差しを受けながらの、長くのんびりした道中となった。「こうでなくちゃ」と運転手は言った。「最近じゃだれもが急ぎすぎなんですよ」

「みんな休むことを学ぶべきだな」ロウはゆったりと言った。「のんびり生きなきゃ」

アパートの建物のまえでタクシーを降りた。ドアマンは電話中だった。いいぞ、とロウは思った。口先だけの慰めのことばなどかけられたくない。無人のエレベーターに乗って住まいのある階まで行き、ゆっくりと廊下を進んだ。

「ミスター・ロウ？」

ドアのまえでポケットから鍵を出そうとしていたロウは振り向いた。「そうですが？」

特徴のないやせ形の男が階段室の近くに立っていた。帽子を手にしてまえに進み出る。

「フィッシャー警部補です。四十五分署の」

ロウは眉をひそめた。ほう、おいでなすったか。それらしい反応をしなければ。「なんのご用でしょう、警部補？」

「それが、実は悪いお知らせがあります、ミスター・ロウ。週末じゅうご連絡しようとしていたんですが、あなたは街を離れていると会社でうかがいまして」

ロウは微笑んだ。「ええ、モントリオールにいました。釣り旅行です。医者の勧めでね」

ドアマットを見おろした。その下にはさまれた紙切れが縁からのぞいている。かがんで拾いあげた。

「奥さんのことです、ミスター・ロウ。彼女は——金曜日の夜に亡くなりました」

ロウは顔を上げなかった。紙切れをじっと見ていた。胸のなかで心臓が張り裂けそうだった。

それはメイドの殴り書きのメモだった。〝ミセス・ロウへ——妹が病気なのでうかがえません。代わりに火曜日に参ります。〟

フィッシャー警部補は帽子をいじった。「空港からタクシーで帰宅する途中でした。家具運搬用トラックと衝突して……」

茫然として鍵を回し、ドアを押し開けた。玄関に立って、書斎に目を向けた。

「タクシーに奥さんのバッグがありました」フィッシャーはつづけた。「それで身元が判明して……」

ロウはめまいを覚えた。書斎の戸口の、投げ出された手を見つめた。フレンチドアからの日差しに結婚指輪が光った。

「いくつかお話しすることがあります」フィッシャーは言った。「お時間は取らせません」そして凍りついたロウの顔を見た。

「はいってもよろしいですか？」

【Memo】 前項「名コンビが『名刑事』を生み出すまで」で触れたとおり、本作がのちの「殺人処方箋」の原型となった、「コロンボの出てこない第ゼロ作」です。「愛人を妻に変装させ、飛行機内でトラブルを起こしてアリバイをつくる」というトリックはこの時点で完成している一方で、登場人物の名前がすべて異なっているだけでなく、犯人・ロウ氏の職業も本文を読む限り単なるビジネスマンのようです。「VS精神科医」という設定は、「人の心理を読み、その裏をかくプロ同士の攻防」という「対決」のプロットが物語に加わった時に、それにふさわしいものとしてつくられたのでしょう。

偶然の連鎖で窮地に追い込まれる犯人・ロウ氏ですが、仮にすべて彼の計画通りにことが進んだとしても、すぐに完全犯罪成立というわけにはいかなかったはずです。本作のフィッシャー警部補の探偵役としての能力は伺う由もありませんが、少なくとも警察がミセス・ヴィヴィアンの遺体を解剖し、空港での聞き込みを丁寧に行えば、「ヴィヴィアンがラウンジで飲んだはずのアルコールが遺体から検出されない」という、替え玉を示唆する矛盾が発見されたでしょうから。

翻って本作のラスト、この「絶体絶命」の状況からでも、ロウ氏に言い逃れする道はないこともないと思います。空港に一緒に行った「夫人」がスーだったと認めてしまい、「お忍びの不倫旅行のために、周囲には『妻と旅行に行く』と言っておき、チケットも夫婦の名前で取った。妻には出張に出ると嘘をつき、搭乗時に辻褄を合わせるためスーには妻の恰好をしてもらった」と強弁すればいいのです。スーと喧嘩したことは本当で、妻が居直り強盗に襲われたこととは関係ないと言い張れば――「運命」に打ちひしがれた彼に、そんな余裕はなさそうですが。（菊池）

（『ミステリマガジン』二〇一一年十一月号「特集　刑事コロンボに別れの挨拶を」掲載）

PART II

第2部

トリビュート小説篇

樹林伸
大倉崇裕
降田天
七尾与史
山口雅也

RETURN OF COLUMBO

序——

「帰還」と冠した本書の目玉企画として、『刑事コロンボ』を愛する作家さんたちに完全新作トリビュート短編を寄稿頂きました。

編集部からのリクエストは「今まで観たことのない『いつもと違うコロンボ』にしてください」。

樹林伸先生は、旧シリーズ終了（一九七九年）から新シリーズ開始（八九年）の間の〝空白の十年間〟に起こった事件を。

大倉崇裕先生は、コロンボが「策謀の結末」事件の後処理に追われるさなかに起こった「担当ではなかった事件」を。

降田天先生は、コロンボらしからぬ「エスタブリッシュメントではない犯人」を追う物語を。

七尾与史先生は、「殺人処方箋」以前の〝コロンボのロサンゼルス最初の事件〟を。

いずれも一筋縄ではいかない異色作ばかりです。そして巻末には製作総指揮・山口雅也による「こんなのアリ？」な番外編的一作も。

逆年代記形式で送る「語られざる事件簿」、ぜひお楽しみください！　（編集部）

樹林伸

殺意のワイン

1985年

——新シリーズ開始直前、

「空白の十年間」の事件

RETURN OF
COLUMBO

樹林伸（きばやし・しん）

1962年生れ、東京都出身。早稲田大学政治経済学部卒業。87年、講談社に入社。『週刊少年マガジン』に所属し、『MMRマガジンミステリー調査班』の主人公「キバヤシ」のモデルとなった。編集者時代より漫画原作者として数々のヒット作を送り出す。99年、講談社を退社し漫画原作者として独立。天樹征丸（『金田一少年の事件簿』『探偵学園Q』など）、安童夕馬（『サイコメトラーEIJI』『クニミツの政』など）、亜樹直（『神の雫』など／姉・樹林ゆう子との共同ペンネーム）など、複数のペンネームを使い分けることで知られる。安童夕馬名義で手掛けた『探偵犬シャードック』は、『刑事コロンボ』にオマージュを捧げた本格倒叙ミステリ。漫画のみならず小説（『ビット・レーダー』『ドクター・ホワイト』など）、テレビドラマ（『HERO』など）、映画、バラエティ番組など、その仕事は多岐にわたる。ワインへの造詣の深さでも知られ、『神の雫』等での普及啓蒙活動が認められ、フランスの複数のワイン生産者団体から「騎士号」を受けている。『コロンボ』偏愛のエピソードは「別れのワイン」「溶ける糸」「権力の墓穴」。

この事件は、一九八五年に当時ロサンゼルス市警殺人課に勤務していた、コロンボ警部が解決に導いたものである。

1

リチャード・トンプソンの別荘は、ロサンゼルス市ビバリーヒルズの中心街から、七マイルほど北の小高い丘の上にあった。

この古い大きな木造家屋は、ロサンゼルスのダウンタウンでワイン作りをしていた、リチャードの祖父が建てたものだ。南向きの二階の窓からフランクリン・キャニオン・パークの森や湖が見え、遠くには太平洋が望める好立地である。そしてなにより、地下には一万本以上ものワインを寝かせることができる、大きなワインセラーがあった。

一九二〇年の禁酒法をきっかけに、ロサンゼルスで営まれていた多くのワイナリーが廃業していく中で、トンプソン家も一時は没落しかけた。しかし、大戦後のワインブーム到来に上手く乗り、リチャードの父は地下セラーに眠っていた大量の高級ワインを売りさばき、財を成して一家を救ったのだった。

リチャードがワイン評論家として名声を得ることが出来たのは、地下セラーに残されていた多くの貴重なワインを、若い頃から嗜めたが故である。そんな彼にとって、ワインとは一族の歴史であり、自らのアイデンティティそのものだった。

この夜、リチャードの別荘では、彼のワイン仲間たちが集まるパーティが催されていた。

参加しているのは古くからの飲み友達であり、時には仕事のパートナーでもある二十数名。ワインジャーナリスト、ワイン生産者やインポーター、コレクター、バイヤー、評論家といった顔ぶれで、全員がワインの世界に深く関わる者たちだった。

リチャード自身も、かれこれ三十年以上もワイン業界に身を置いてきた。自らワイン評論誌も主催し、世界でも有数の影響力を持つワインテイスターと言われている。六十を過ぎて編集長こそ後進に譲り渡したが、今でもカリフォルニアで開催されるワインイベントには必ず招待を受けるし、アジアやヨーロッパからもお呼びがかかる。その影響力は、発表されたワインにつける彼の評価が、価格に大きく影響を与えるといわれるほどだった。

気の置けない仲間たちを集めたホームパーティ。楽しくグラスを交わしワイン談義に花を咲かせる、笑顔にあふれた一夜の宴。しかしリチャードはただ一人、友人たちの享楽とは裏腹のどす黒い企みを、胸に秘めていたのである。

「リチャード、なんだかカリフォルニアワインにも飽きてきちゃった。次はフランスワインが飲みたいわ」

有力経済誌のワインジャーナリスト、キャサリンが言った。彼女の雑誌では、リチャードもコラムを連載している。連載のモチーフは主にフランスワインで、販売業者やオークション好きの富裕層にも読者が多くいる人気コラムだ。

「そうだね、キャシー」

リチャードは手にしていたグラスを彼女のそれに軽く当てて、

「君がこれを飲み終えたら、次は素晴らしいフランスワインを持ってこようじゃないか」

と、わずかに残っている赤ワインを飲み干す。

「聞いたわよ」

キャサリンは言うが早いか、大きなグラスにまだ一インチ以上は残っていたワインを、いっきに飲んでしまった。

「さ、取りにいって。ボルドーの赤がいいわ。それも左岸の古いもの」

もうじき四十歳になるブロンドの美人ジャーナリストの悪戯っぽい笑みに、リチャードは軽い酔いも手伝って心を奪われそうになる。五年前に妻に先立たれた彼にとって、同じように夫を亡くしているキャサリンは密かに思いを寄せる相手だった。

しかし今夜だけは、そんなだらしないことではいけない。リチャードは気を落ち着かせるためにミネラルウォーターをボトルのまま一口飲み、キャサリンにウインクしてみせた。

「わかったよ。四九年もののシャトー・ラトゥールを持ってこよう。ただし他の連中には、まだ銘柄は言うなよ？」

「本当に？　それは素晴らしいわ。ええ、もちろん黙ってる。テイスティングは……」

キャサリンはパーティ会場を見渡して、少し怪訝そうに言った。

「ジャッキーはどこかしら。さっきまで居たのに……」

「ああ、トイレかなにかだろう」

「ならすぐに戻るわね。ラトゥールの四九年は、たしか彼から買ったものでしょう？　あなたは雑誌で最高評価をしていたけれど、天才テイスターと言われる彼のインプレッションも聞いてみたいわ」

ジャッキーの名前を聞いて、リチャードの心を惑わす酔いは醒め、代わりに屈辱が込み上げる。悟られないよう作り笑顔で、

「いいだろう。それまではつまらんワインを飲みすぎないようにね」

と、歩きだしながら、念を押すようにキャサリンに向けて人さし指を立ててみせた。

自分と親しいジャーナリストの彼女をも巻き込みかねないスキャンダルの渦に、リチャードを引きずり込んだ『あの男』だけは、決して許すわけにはいかない。今夜は、長く練り上げた計画を実行するための宴なのである。

キャサリンには少し前から、古いボルドーの中にそろそろ開けたいものがあるというような話をしながら、彼女の苦手な甘みの強いジンファンデル種の

ワインを勧めた。そうやって、ボルドーワインを取りにいってほしいと言わせるように仕向けていった。

その上で計画の五分前には、耳元で囁いてターゲットを二階の書斎に向かわせた。完璧なタイミングで、キャサリンはわがままを言い出してくれた。そしてリチャードは、客に求められたワインを地下セラーまで取りにいく。ごく自然な成り行きだ。

キャサリンに頼まれて地下にワインを取りにいくと周囲に触れ回りながら、一階のパーティ会場を抜け出したリチャードは、地下ワインセラーではなく二階の書斎に向った。

地下セラーに保存された一万本近い数のワインの中から、狙ったワイン一本を探し出してパーティ会場に戻ってくるのには、どんなに急いでも五、六分はかかるだろう。高価なワインはすべて鍵のかかる地下セラーに寝かせてあるのだが、シャトー・ラトゥール一九四九年のマグナムボトルを1本だけ、書斎にある冷蔵庫タイプの小型セラーに移してあった。計画どおりに行動した後は、そのラトゥールを持って、パーティ会場に戻ればいい。

緊張を隠すために大きく深呼吸をして笑顔を作り、リチャードは書斎のドアを開けた。

2

「おお、待っていましたよ、リチャードさん」

そう言ってジャクソン・リーは、シャトー・ラトゥールのマグナムボトルを掲げてみせた。

リーは香港出身のワインテイスターで、テレビのショー番組でずらりと並べられたワインの銘柄からヴィンテージまで、すべてブラインドテイスティングで当てるパフォーマンスを見せて、二十代から注目を集めた。その後、ワインの輸入やオークションのコーディネートで頭角を現し、三年前からはリチャードの販売会社にワインを納入して、全米のワイン業界から信用を得て財を築いた。つまり彼の成功には、世界的なワイン評論家であるリチャードの『信用保証』が、大きく寄与していたのである。

「ジャッキー。私のセラーを勝手に開けたのか？」

　リーの思いがけない行動に、リチャードは頭に血が上っていくのを感じた。動揺より怒りによって。

「面白いデイリーワインでもあったら、待ってる間にいただこうかと。書斎の小さな簡易セラーに、まさかこれが入ってるなんて、思ってもみませんでしたから」

「返してもらおう」

　と、舌打ちして早足で近づき、リーの手からボトルを奪い取った。ラトゥールをデスクの上に置くと、怒りを飲み込んで、キャビネットからグラスを二脚取り出した。そして彼に飲ませるつもりでセラーに入れてあった、ナパヴァレーのカベルネ・ソーヴィニヨンを簡易セラーから出す。

「このワインで充分だろう？」

　と、傍らにあったソムリエナイフで、キャップシールに切れ目を入れる。このアジア人の不遜な振舞いに、つい語気が荒くなってしまった。本当はもう少し冷静を装って接するつもりだったのに。

　リチャードの出してきたワインを見て、リーは訝しげに、

「それはパーティで出してるワインじゃないですか。花火でも見ながら二人で話したいことがあると言うから抜け出してきたのに、同じものをここで飲むなんて」

　と、口の端を嫌らしく歪めてみせる。

「八三年のナンバーワン・デイリーワインだぞ。少なくとも私はそう評価した」

　リチャードは、平静を装って言った。

「これでも飲んで、君の好きな花火を特等席のバルコニーで眺めながら、先のことを話し合おうじゃないか」

「ならば、そのマグナムを開けましょうよ」

「いや、このワインはやりすぎだろう。だいたい、マグナムボトルを二人で開けても飲みきれやしない」

「やりすぎですって？」

　リーは笑って答えた。

「それは僕が貴方に売ったものでしょう。二人の話

し合いにはふさわしいワインです。軽く何杯か飲んだら、残りは下の酔っぱらいどもにくれてやればいい」

「いや、これはダメだ。パーティ会場でふるまうと、キャシーに約束してしまった。だから、こっちのワインで……くそっ……」

怒りに手が震え、コルクをうまくあけられない。盗っ人猛々しいとはこのことだ。この程度の男を、天才テイスターなどと持ち上げてきた連中の罪深さ、なにより自分もその中の一人であることを思うと、自ら舌を引っこ抜いてしまいたくなる。

「いいからそのマグナムを開けてください。花火が上がる瞬間に乾杯しようじゃありませんか。そうとも、貴方と僕は一蓮托生だ。いわば共犯者なんですからね」

共犯者。

そう言ってリーは、握手を求めるように右手を伸ばしてきた。

「共犯者だと……？」

リチャードの手が、コルクを抜こうとしていたカリフォルニアワインから離れ、吸いよせられるようにラトゥールのマグナムボトルを握る。ほとんど無意識の動作だった。その刹那、開け放たれたままのテラスウインドウの向こうで、まばゆい光が弾けた。同時にいくつもの炸裂音。フランクリン・キャニオン・パークの湖上花火大会が始まったのだ。

「おお……」

リーは音に釣られて窓の外に目を移す。

「これは素晴らしい。まさにここは特等席ですね、リチャードさん……」

振り返ったリーの目に最期に映ったのは、高々と振り上げられ、逆さまになったシャトー・ラトゥールのボトルだった。

3

鈍い手応えとくぐもったうめき声で、リチャードは我に返った。動揺して手に持ったボトルを落とす。

厚手のカーペットのおかげで割れずに済んだのは幸運だった。

「なんてこった……」

思わずつぶやいて両手で顔を覆う。何カ月もかけて練り上げた計画を、一瞬の激情で台無しにしてしまった。重く分厚いマグナムボトルは無事だが、リーの頭蓋骨はひとたまりもなかったようだ。左上部の辺りがべっこりとへこんでいて、目玉が飛び出しかけている。鼻の穴から血も垂れていた。

明らかに即死だろう。

殺してしまったことに後悔はない。ただ、もう少しスマートに、事故死に見せかけるつもりだったのだ。そのために、三カ月半もかけて古い木のバルコニーの支えの梁や釘を、強い酸を少しずつ染み込ませて腐らせてきた。一見すると頑丈そうなバルコニーだが、人ひとりの体重が掛かると一気に崩れて落ちる。そのギリギリの状態を作るのは、なかなかの苦労だった。そして今夜のパーティが始まる前に、強い風などで落ちてしまわないように支えてあったワイヤーを外したのだ。花火を見るためにバルコニーに出たジャクソン・リーが、崩落に巻き込まれて死ぬように。

計画は完璧だった。

書斎にリーをおびき寄せて、セラーから出したワインをボトルごと渡し、飲んで花火を眺めながら数分だけ待つように伝え、自分はパーティ会場に追加のワインを届けたら戻ってくると言って出ていく。大好きな花火が上がりだせば、リーはワインを自分で開けてグラスに注ぎ、バルコニーに出ていくだろう。リチャードはパーティ会場のリビングで、シャトー・ラトゥールを振る舞いながら参加者に花火のことを伝える。皆が窓の外に注目するだろうタイミングで、上階のリーは崩落するバルコニーと共に転落して、十メートル下の丸太を模したコンクリートのデッキに叩きつけられて死ぬ。

運良く助かる可能性もゼロではないが、もし酒神バッカスが彼を断罪してくれるならば、必ずや死に至らしめてくれると、リチャードは信じていた。それほどに彼のしたことは、ワインという神聖な酒を愚弄し辱める行為だったのだ。新進気鋭のテイスターとして、先輩であるリチャードを敬愛しているとみせながら、本性では彼のことを、いやワインそのものを狡賢く利用し陰であざ笑ってきた男。この悪党がワインについて語ってきた愛と巧みな表現は、すべて薄汚い欲が生み出した欺瞞でしかなかった。

万死に値する裏切り者なのである。

ジャクソン・リーという男は。

「落ち着け、リチャード」

かぶりを振って、自分に言い聞かせる。

計画が、少し変更になっただけではないか。転落時にパーティに参加しているという、完璧だったはずのアリバイに、少々の傷が入るのは避けられないが。

リチャードは二つのグラスのうち一つをキャビネットに戻し、残りはクロスでくるみながら、指紋を丁寧にぬぐった。そして開けかけのカリフォルニアワインのコルクを抜いて、そのグラスに注いだ。怒りに我を忘れていた先程よりも、ずっと冷静にソムリエナイフを扱えた。ワインを注ぎ終えると、オープナーとボトルを拭いて自分の指紋をぬぐい去り、代わりにリーの指紋をつける。ワインを入れたグラスを自分の指紋がつかないようにハンカチを使って持ち、窓の外のバルコニーにそっと置くと、死体を担ぎ上げる。小柄なアジア人だったことは、こうなると好都合だ。

バルコニーの向こうでは、花火が次々と打ち上げられていた。盛大な音が鳴り響いていたが、パーティ会場になっているリビングの窓は、分厚いペアガラスだ。花火の音はほとんど聞こえていないだろう。明るい室内からでは、空に上がる花火は見えてもいないはず。長年この別荘を使っているリチャードも、この花火を見るためにはリビングの明かりをすべて消すか、外のデッキに出る必要があった。夜は花火を見る他には、外のデッキに出る理由がない。そしてリー以外の誰かが書斎のベランダに出たりしないよう、今夜が花火大会であることは他の客には伝えていなかった。

耳を澄まして階下の様子を伺った。庭には人の気配もなく、声もしない。

これならば、きっと大丈夫。

リチャードはそう自分に言い聞かせて、リーの死体を抱えあげてバルコニーに思い切り投げ出した。そして、木の砕ける崩落音を背中で聞きながら、振り返りもせずマグナムボトルを抱えて大急ぎで廊下に出ていった。

4

「お待たせ、キャシー」

リチャードは気を落ち着かせて懸命に笑顔を作り、おもむろにパーティ会場に足を踏み入れた。

「ずいぶん時間がかかったわね。待ちくたびれて、シャンパンを開けちゃったわ」

キャサリンが、シャンパングラスを手に近寄ってくる。時間がかかったと言われて、少し動揺した。実際にはそれほどではなかったはずだが、その間に起きたことを思えば平静でいるのは難しい。

「何を言ってる。ほんの五、六分だろう。ご希望のワインをどこに置いたか忘れて、少し手間取ったがね」

思わず言い訳がましい言葉が口をつく。

キャサリンは目を輝かせた。

「見つかったのね、それじゃ……」

「もちろん。あの寒いワインセラーの中を歩き回って、すっかり体が冷えてしまった。早くこれを飲んで暖まりたいものだ」

リチャードはシャトー・ラトゥールのマグナムボトルを、高々と掲げてみせた。

「皆様、シャトー・ラトゥール一九四九年マグナムの登場です」

と、キャサリンは主役を紹介するディナーショーの司会者のように、掌をボトルに向けながら告げた。

「ブラボー！」

誰かが声をあげる。拍手が起こった。

「早く開けて、リチャード。伝説的なヴィンテージのラトゥールを早く味わいたいわ」

キャサリンに渡されたソムリエナイフをキャップシールに当てて、切れ目を入れる。シールの下から現れたコルクは、三十六年も前のワインとしては新しく見えた。抜いたコルクを素早くポケットにしまうと、リチャードは四方八方から差し出されているグラスの中から、まずキャサリンのそれを選んでワインを注いだ。

「素晴らしい香りね。ジャッキーが戻ってきたら、印象を聞いてみたいわ」

と、キャサリンはリビングを見渡す。

「トイレにしては長いわね、彼……」

「そうだね。酔いつぶれるほど飲んではいなかったと思うが……あ、もしかしたら」

今思いついたように言って、リチャードはボトルをテーブルに置いた。

「花火かもしれない。すっかり忘れてたんだが、今夜はすぐ近くにある公園で花火イベントがあるんだ。香港生まれの彼は、花火に目がないらしいから、それを知っていてガーデンに出て観ているのかもしれないな」

「あら、それなら私も観たいわ。ねえみんな、ワインを持って外に行きましょうよ」

同意の声があがり、客たちは四九年のラトゥールのことはさておき、手近なワインを自分のグラスに注ぎ足して、ガーデンの出口となっているテラスウインドウに向った。

リチャードは内心ほくそ笑んだ。

実にいい流れだ。予想した通り、心持ち大きめの音量でかけてあったビッグバンド・ジャズのおかげもあってか、誰ひとり上階のバルコニーが崩れ落ちたことに気づいていない。もちろん、同時に落ちた人間がいたことにも。そしてこのタイミングでガーデンに出ていけば、誰かが異変に気づくだろう。それは出来れば、自分ではないほうがいい。

リチャードは、ラトゥールを求める友人たちに作り笑顔でそれをサーブしながら、ガーデンから聞こえるであろう悲鳴を待った。それは、ひときわ大きな花火が炸裂したと直後に轟いた。ハリウッド・ヒルズに響きわたるような、女の叫び声。

リチャードは誰にも見られないように、こっそりと酒神バッカスに向けてグラスを掲げ、ワイン冒涜者の惨めな死に乾杯したのだった。

5

ロサンゼルス市警は、優秀かどうかは別としてその行動は実に迅速だ。ステイツの中でもLAはニューヨークに次いで犯罪が多いことで知られているし、沢山の事件をこなしていくには精度より要領の良さが求められるのかもしれない。この夜も、市警本部の警官たちが通報を受けてかけつけるまでに要した時間は、ものの二十分ほどだった。

きびきびと動き回る制服警官たちからの事情聴取が一通り終るころ、リチャードの別荘の駐車場に古ぼけたフランス車が、場違いな空気を引き連れて現れた。降りてきたのは、これまた愛車に引けをとらないロートルの刑事だった。何カ月もクリーニングに出していないだろう、しわだらけのカーキ色のコートを、冬でもないのにまとっている。白髪まじりの縮れ毛をボリボリとかきながら、車から降りるなり、安手の細巻きドライシガーを出して火をつけた。

「警部」

と呼びかけて近寄ってきた制服警官に、小声で何か尋ねている。浅黒い顔と妙に人懐こい笑顔は、少なくともリチャードのようなWASPではなさそうだ。おそらく由来（ルーツ）はラテン系、スペインやイタリアからの移民だろう。リチャードは彼を見て少し安堵した。どうやら市警は、この出来事を犯罪とは見ていないようだ。簡単な事情聴取で終わらせてくれそうではないか、あの刑事なら。

そんなことを思っていると、刑事は他の誰にも目もくれず、まっすぐにリチャードのほうに向って歩いてきた。

「リチャード・トンプソンさんで？」

背の低いその刑事は、笑顔でリチャードを見上げた。

「ええ、そうです。でもなぜお分かりに？」

「あの警官に聞いたんですよ」

刑事は振り返って、さきほど話していた背服警官を顎で示した。

「ああ、なるほど」

と応えながらも、少し不思議に思った。リチャードの周りには大勢の友人たちが、今もたむろしている。なのになぜ、この刑事はまっすぐに自分の目を見据えて、歩み寄ってきたのだろう。しかしそんな疑問は、彼に差し出された分厚い手を受け取って握手をするうちに、どこかに紛れてしまった。

「どうも初めまして。ロサンゼルス市警のコロンボです」

「初めまして、コロンボさん。この別荘の主人のトンプソンです」

「トンプソンさん、このたびはほんとに、えらい災難ですなぁ。いや、それは亡くなった……ええと……」

「ジャクソン・リーです」

「ああ、そのリーさん。彼もお気の毒ですが、ご自分の別荘でこんな事件が起きてしまって、トンプソンさんもさぞかしショックでしょう……」

コロンボは、そう言って何度もうなずいた。

「事件？」

そのいい方にひっかかりを覚えて、リチャードは聞き返す。

「事故でしょう、これは。事件というわけでは……」

「いやあたしも電話を受けた時にそう思って、上司に言ったんですがね。担当外かもわからんが、ともかくお前が行って来いと。まあ夜も遅いし、他にいなかったんでしょうな、刑事が」

また少し引っかかって、問い返す。

「担当外というのはどういう意味でしょうか」

「あたしゃ、いわゆる殺人課でね。ベランダが崩れて落ちて亡くなったような事件は、ほんとなら担当外って奴でして」

殺人課。

思いも寄らなかったその一言に、冷や汗が滲んだ。その動揺が表情に出てしまったのか、コロンボ刑事は慌てたように両方の掌を向けて押しとどめるような仕種で、

「いやいや、別にこれが殺人事件だなんて思ってるわけじゃないと思いますよ、上司も」

と、苦笑いを浮かべる。

「当然です」

リチャードは少し安堵して言った。

「殺人課とやらの刑事さんが来るような話ではないはずだ。なにより、私もですが大切な友人を亡くした仲間たちの気持ちを考えていただきたい」

「おっしゃる通りです。一通り事情聴取をさせていただいて、疑問点がなければあたしゃとっとと引き上げますので、もう少しご辛抱ください」

と、コロンボは革の手帖を取り出した。

「まず最初に、被害者のリーさんとトンプソンさんのご関係は？」

「えっ」

いきなりの事情聴取にリチャードは当惑した。

「友人ですよ、ワインを通じての。私に尋問する前に、ジャッキーの遺体は見なくてよろしいいんですか？」

「ああ、それはいま、優秀な専門家が調べてますから。どうも苦手でね、血なまぐさいのは。あたしゃ、生きてる人間の相手が仕事でして」

「コロンボ警部」

サックスブルーの作業服を着た警官が、声をかけてきた。どうやら鑑識係らしい。

「ご苦労。なにかわかった？」

と、コロンボはリチャードに背を向けて、鑑識係を引き連れて距離をとる。声を潜めて二人で何事か話しているのを見ていると、リチャードは次第に不安になっていく。鑑識係が調べると、何か事故死にしては不自然なところがあるかもしれない。コロンボが話を終えてメモ帳に何事かを書き留めているのを見て、ますます心配になり思わず尋ねた。

「何かわかったんですか、コロンボさん」

「あれ、気になりますか。事故に決まってるとおっしゃるのに」

「気になりますよ、もちろん。事故であろうとなんだろうと、彼は大切な友人なんです」

「そりゃそうですな。ごもっともで」

「……死因はわかったのですか」

「ええ、いちおうは。解剖してみないとはっきりはしませんが、鑑識の判断では、脳挫傷だろうって。つまり、バルコニーが崩れて一緒に落ちた時に、地面に頭を強く打ったのが致命傷だろうって話です」

「そうですか。吹き抜けの上は私の書斎で、そこからガーデンのデッキまでは、十メートル近くありますす。デッキは丸太を模して追ったコンクリート製ですから、落ちたらひとたまりもないでしょう」

「はい、本当にお気の毒です」

「私も責任を感じています。古い雨ざらしのバルコニーが腐って危険なのはわかっていたのに、自分さえ気をつければいいと思って放置してしまった。まさか、彼が勝手に私の書斎に行って、花火を観るためにバルコニーに出るなんて、考えてもいませんでした」

「いやいや、トンプソンさんに責任はありません。それはお気になさらずに」

「ありがとう……そう言っていただけると……」

「しかし、ちょっと妙なことがありましてね」

「妙なこと？」

「はい。リーさんは、花火を観にこのリビングの上の書斎にいかれて、ワインを飲んでおられたようで」

「ええ、彼とは親しくしていて、よくこの別荘にも招いていましたので、私の書斎のワインセラーやグラスの場所も知っていましたし、勝手に飲んでいることもよくありました。私は子供がおりませんし、息子のようなものでしたからね、ジャッキーは……本当に残念です……」

と、リチャードは目頭を押さえてみせた。

「お気持ちはお察しします」

コロンボは言った。

「ただそう考えますと、ひとつ疑問がありまして。書斎にあったボトルにはリーさんの指紋が残ってたのに、落ちて割れてたグラスのほうには、誰の指紋もなかったんです」

　リチャードは、ひやりとした。割れたグラスからも指紋を採取されるとは。ジャクソンの手で一度握らせておくべきだった。しかし、ここで下手なことを言うと、なぜ自分が言い訳をしているのかと勘繰られるかもしれない。さりげなく、なるべく自然に、こんな考え方もある、というように……。

「ああ、それならもしかすると、わかるかもしれませんよ、コロンボさん」

「ほほう、それはぜひ伺いたいですな」

「ええもちろん。ではどうぞ、こちらへ」

　と、リチャードはリビングの中にコロンボを誘った。

6

　リビングにはまだ、何人かの客が残っていた。警察は明らかに無関係な客人たちには、いったん帰宅してもかまわない旨を伝えていたようだが、ことの成り行きが気になるらしき数人が、ガーデンから刑事を伴って戻ってきたリチャードを心配そうに迎えた。

「大丈夫なの、リチャード」

　キャサリンが、グラスに注いだ水を差し出す。

「ありがとうキャシー」

　グラスを受け取って微笑みを返した。

「こちらの刑事さんの疑問を解決するお手伝いをしてるだけだよ。そうだ、なんなら君も手伝ってくれ」

　そうとも。キャサリンは、リチャードが地下セラーにシャトー・ラトゥールを取りに行ったと思っているはず。リビングに戻った時もずっと一緒だったし、ごく自然に振る舞えた自分の一番の証人だ。

そんなリチャードの思惑など想像だにせず、キャサリンは笑顔で大きくうなずいた。

「もちろんよ。でも、ジャッキーのことは事故でしょう、どう見ても」

「私もそう思うのだが、こちらの刑事さんは……」

「コロンボです。ロサンゼルス市警の」

「どうもコロンボさん」

キャサリンは愛想笑いを返す。

「なにか疑問でもおありなの？」

「ええ、さっきトンプソンさんにもお話ししましたが……」

「刑事さんは、ジャッキーと一緒に落ちて割れていたグラスに、彼の指紋がないのがおかしいとおっしゃってるんだ。しかしね、ワインというのは……」

と、真新しいグラスを柄（ステム）の部分を挟むように持ち、まだ半分以上残ったままのシャトー・ラトゥール四九年を注いだ。

「こんな風にステム……つまりグラスの柄の部分を持って注いだり飲んだりするのが普通なんです。ボウルの中のワインに体温を伝えないためにそうするんですが、ジャッキーはワインの温度には特に気をつかっていましたから、常にこんな風に……」

と、精一杯、指紋をつけないように持って見せる。

「細長いステムに指を巻きつけるように持っていましたので、指紋が付かなくても不思議はない」

「ああ、なるほど。それで納得いきました。確かにおっしゃる通りだ。その持ち方だと指紋が付かないこともあり得ますな」

コロンボは大げさにうなずいてみせた。

「それに実際のところ、ボウルの部分は大きな欠片が残ってたんですが、柄のところは粉々になってましてね。仮にそこに指紋が残っていたとしても、採取は出来なかったと思います」

「納得いただけたようでなによりです」

リチャードは、ふと思い立って、ワインを注いだグラスをコロンボに向けて差し出す。

「よろしければ飲まれますか？　これは一九四九年のシャトー・ラトゥールです。ご存じないかもしれないが、伝説的なワインのひとつなんです」

　やっかいな相手は味方につけるに限る。そのためのコミュニケーションツールとして、ワインはうってつけだ。

「ほほう。伝説的なワインですか」

　グラスを受け取ったコロンボが、興味を示した。

「ええ。市価ではこのマグナムボトル一本で千ドルはするでしょう」

「千ドル！」

　コロンボは小さい目を見開いて驚く。この好奇心の高揚に乗れば、焦点を逸らすことができるかもしれない。

「つまりこのグラス一杯が、数十ドルにはなるだろう高級ワインということです。もう少しいかがでしょうか……」

　と、つぎ足そうとしてハッとなる。

　まずい、これは……。

　とっさにボトルを持ち替えて、ラベルを下向きにしてコロンボの手にあるグラスに注いだ。

「ありがとうございます。おっとと、そんなもんでけっこうです。いやいや、これで何十ドルですかね」

「ははは。まあワインの価値は値段ではありませんが……」

　などと言いながら、ワインを注ぎ終えたボトルをわざと乱暴に動かして、ネックからワインを滴らせる。こぼれた赤ワインがラベルを汚す。

「おっといけない。こぼしてしまったな」

　と、そばにあるクロスでボトルを丁寧に拭った。

　これでいい。危ないところだった。

　リチャードは密かに安堵して、キャサリンにもグラスを渡してワインを注いだ。

「それにしても、あの天才テイスターが、こんなことで命を落とすとは。残念でならないよ、キャシー」

「本当ね。気を落とさないで、リチャード」

「ああ。今はともかく、彼のために祈りたい気持ちだ」

　と、リチャードは自分のグラスにもワインを注ぐ。そしてボトルとクロスをテーブルに置いて、

「さあ、飲もう。献杯だ」

　と、キャサリンとコロンボを誘いながら、その場を離れる。

「コロンボさん。この素晴らしいワインを飲めずに逝ってしまった才能ある友人のために、一緒に献杯していただけますか」

「もちろんです。ご冥福をお祈りしましょう」

　コロンボはリチャードとキャサリンのもとに歩み寄ると、グラスを額の前に掲げて、

「献杯」

　と唱えてから、口もとに運んだ。

「ん？」

　コロンボが怪訝そうにグラスを覗きこむ。

「どうかしましたか」

　リチャードが訊くと、コロンボは掌を向けて制して、独特の人懐こい笑顔を向けた。

「澱がありますな、ずいぶんと」

「確かにそうね。さっきは酔ってたし、事件のどさくさで気づかなかったけど」

　と、キャサリンも照明にグラスをかざす。

「まあでも、36年も前の古酒だものね。文句は言えないわ」

「三十六年ですか。それは古い。あたしもまだ制服着てパトロールやっとりました」

　キャサリンを真似るように、ワイングラスを照明にかざして色を見ているコロンボに、また先程の鑑識係が近寄って来て、なにごとか耳打ちした。

「ほほう、あ、そう……」

　コロンボはまた少し離れて、難しそうな顔で何か話している。

「なら、もうひとつ調べてほしいんだけどね……」

　この先のやりとりは聞き取れない。ただ、コロンボは鑑識係にまた何か調べさせようとしている。なぜだろう。これは事故だと、彼も認めているのではないのか。

「本当に残念だわ、あのジャッキーが死んでしまうなんて……」

　キャサリンはグラスをゆっくりと回しながら、戻

ってきたコロンボに言った。

「この素晴らしいシャトー・ラトゥールも、彼がフランスのコレクターから買い取って、カリフォルニアに紹介したものなんですよ」

鑑識係を現場に送り返すと、コロンボはうなずきながらキャサリンに近寄って、

「ほほう、そういう仕事をなさってたんですね、リーさんは」

と、意外なほどスマートに手にしたグラスを回し、ワインの匂いをかいだ。

「ええ。彼はまだ三十代の若さで、ワイン評論家として頭角を現した人なの。テレビ番組のブランド・テイスティングで、出されたワインをことごとく当ててみせたり、カリフォルニアのワイン界では有名人でした」

「それは残念ですね。このワインは飲まれたんですか、リーさんも」

と、コロンボはグラスを掲げてみせる。まだ口をつけていないようで、しきりにグラスを回して匂いばかり嗅いでいる。

「いいえ。彼はリチャードがこのワインを地下セラーに取りに行く少し前から、姿が見えなかったの。トイレにでも行ってたのかと思ってたら、花火を観に二階に……本当に残念だわ……」

「運が悪かったんでしょうかねえ」

コロンボのワイングラスを扱う仕種を見ているうちに、リチャードはふと気づいた。

「お人が悪いですな、コロンボさん」

思わず苦笑する。

「と申しますと？」

「とぼけなくても結構ですよ。本当はあなたは、相当にワインをお好きなんじゃないですか。なるほどそうか。だから遠目にも私が誰だかわかって近づいてきたわけだ。あなた、私のやっていた雑誌――『ワイン・エンスージアスト』の読者だったのでしょう」

「いやあ、これは参りました。ばれてしまいましたか。ええ、そうなんです。あたしゃ、あなたのコラムのファンでして」

「最初からそう言っていただければよかったのに」

「いやいや、天下のリチャード・トンプソンさんの前で、いっぱしのワイン好きだなんて言えるわけがありません。お恥ずかしい」

「そんな大層な人間じゃありませんよ」

と、リチャードは照れてみせた。それは幸運だ。ワイン好きなら扱いは慣れている。

「他にもテイスティングしてみたいワインがあったら言ってください。カリフォルニアのものなら、けっこういいものがまだ残っていますから」

「いや、あたしゃ勤務中ですんで、この一杯で充分です。ただ、もしよろしければなんですが……」

「なんでもおっしゃってください」

コロンボは人懐こい笑顔で、シャトー・ラトゥールのボトルを指さした。

「あのラトゥールを、もらって帰れませんか。まだ底のほうに結構残ってるんで。うちのかみさんにも飲ませてやりたいんです」

「いや、それはちょっと……」

あのボトルを、刑事に渡すわけにはいかない。

「あれは亡くなったジャッキーから買ったコレクションの一つでね。いわば形見のようなボトルなんです。飲みきっても手元に残しておいてやりたい」

「ああ、それなら結構です、すみません図々しいことを。では、ボトルごと頂くのは諦めますので、中身だけでも少し別のビンに移してもらえませんかね」

と、コロンボはしつこく食い下がってくる。

リチャードは断ろうと理由を探したが、その前にキャサリンが言い出す。

「お分けしたらいいじゃない、リチャード。そこのミネラルウォーターのボトルに、水気をよく取って移しかえて差し上げましょう。大丈夫、私がやるわ」

内心では止めたかったが、彼女はリチャードを制して、いそいそと作業を始めてしまった。仕方ない。ワインを持ち帰るだけなら、問題はないだろう。

「少しお待ちください、コロンボさん。奥さんと明日のディナーで乾杯するくらいは、お持ち帰り頂けると思います」

リチャードはそう言って、キャサリンを手伝った。その様子を近くでじっと見ているコロンボの視線を感じ、手元が狂ってワインがこぼれそうになる。ようやくミネラルウォーターの小さなボトルにワインを詰め終えて渡すと、コロンボはまた例の人懐こい笑顔で、リチャードに握手を求めてきた。

「いやあ、本当にありがとうございます。うちのかみさんもワインに目がなくて。リチャード・トンプソンさんに頂いたなんて話をしたら、もったいないから飲めないなんて言い出すかもしれません」

「いやいや、一度こうして別のボトルに移しかえたワインなのですから、出来れば二、三日中に飲んでいただきたいですね」

「はい、ありがとうございます。二、三日以内に必ず」

と、コロンボはワインを移しかえたボトルを、両手で恭しく受け取った。

「じゃあ、そろそろあたしゃお暇させていただきます」

「お帰りですか。お疲れ様でした、コロンボさん」

ボトルを下げたまま踵を返したコロンボの背中を見ながら、リチャードは胸をなで下ろした。どうもこの刑事は、お人好しのぼんくらに見えてそうでもなさそうだ。あまり長居されて気持ちのいい相手ではない。帰ってくれてせいせいした。

「あーっと、いけない。一つだけ伺うのを忘れてました」

ほっとして、ワインを飲もうと自分のグラスを手にした瞬間、コロンボが振り返った。早足で数歩戻ってきて、

「あと一つだけ、よろしいですか」

と、人指し指を立てて見せる。

「ええ、どうぞ」

苛立ちを押し殺して、リチャードは笑顔を作った。

「たいしたことじゃないんですがね、気になると眠れなくなっちゃう性分でして」

「かまいませんよ。なんでしょうか」

「現場に落ちて割れてたグラスなんですが、リーさ

んの指紋がなかったのは、さきほどのご説明で納得しましたが、問題はリチャードさん、あなたの指紋なんです」

「えっ」

「書斎にあったグラスなのに、あなたの指紋も検出されなかった。拭いたりする時につくはずなのに」

「それは……」

言葉に詰まる。しかしすぐに笑って答えた。

「ステムを持って拭いたからでしょう。ボウルに指紋がつくと汚らしいですから」

「なるほど。でも、あたしもやっちまったことありますが、あの細くて長いステムをもって拭くと、ポキッと折れちまうことがありますよね。あたしのワインの師匠に話したら、ワイングラスはボウルをもって拭くもんだって言われましたよ。それにボトルの台座の部分、プレートっていいましたっけ？　そこを持って、最後に綺麗に拭けてるか確認するといいとも教えてくれました。でもプレートにも、誰の指紋もついてなかったんです。どうしてなんでしょう」

「おっしゃる通りですが、私はそういうところ、少しルーズでしてね。おかげでよくステムを折ってしまうんです」

「なるほどねえ。わかりました。もう結構、これで失礼します」

意味ありげな笑みを残して、コロンボは今度こそ立ち去った。リチャードは臍を噛んだ。グラスの指紋を拭ったのは、愚かな行為だった。自分の部屋のグラスに、自分の指紋がついていて何が悪いというのだ。ただあの時は、殺害現場だという意識のほうが先に立ってしまった。偽装工作で自分の指紋を残すことが、恐ろしく思えたのだ。

早足で立ち去るコロンボの後ろ姿は、まだ彼の捜査がこれで終わりではないことを現していた。リチャードは、心配そうに寄り添うキャサリンに不安を悟られないように、グラスのワインを一息に飲み干したのだった。

7

警察の現場検証は翌朝まで続いた。キャサリンを含む客たちは、三々五々に引き上げていき、残っていたメイドの女性にも、グラスの片づけは明日でいいと言って帰宅してもらった。警察からは、リチャードは寝てもかまわないと言われていたが、その間に捜査に望まぬ進展がありはしないかと気が気でなく、寝室に向う気持ちにはなれなかった。なにより、見つかれば言い逃れのできない『証拠の品』が、リビングに残っているのが気がかりだったのである。

早朝にすべての撤収が終わり一人別荘に残ったリチャードは、仮眠をとるよりも先に件の証拠を隠滅する作業を始めた。汚れたワインボトルを水で洗い流していると、なぜか自分の手がますます汚れていく思いがした。そのうち濡れたラベルが剥がれて落ちると、リチャードはそれをシンクから拾い上げて、トイレに持っていき水洗で流した。そこまでしても、心に染みついた不安は消えることはなかった。あの小男の刑事の小さな目が、自分の胸の奥を切り開いて覗き込むような気持ちに囚われて、その日の夜も深く眠ることは出来なかった。

コロンボ警部が再びリチャードの元に訪ねてきたのは、事件から二日後の夕刻だった。その日の朝に電話を受けた時、リチャードはダウンタウンの自宅にいたのだが、午後には別荘に行こうと思っていると伝えると、そちらを訪ねたいと言われた。

できるだけ平静を装ってコロンボの申し出を快諾し、リチャードは別荘で彼の来訪を待った。この日に開けるつもりだったワインを用意して。

晴れ渡った空が茜色に染まるころに、コロンボはやってきた。洗濯機のような音をたてて、古いプジョーが駐車場に乗り入れる。リビングの窓からそれを見ていたリチャードは、歓迎の笑顔でドアを開けて彼を招き入れた。

「コロンボさん、こんなところまでわざわざ。後日ダウンタウンの家にいらしてくれてもよかったのに」

リチャードの握手を受け取って、コロンボは言った。

「いえ。素晴らしい邸宅で。また伺えて光栄です」

「……で、今日はまたどんなお話でしょう」

「それはお宅の中でじっくりと。よろしいですか」

コロンボは、そう言ってリチャードをいざなう。リチャードは笑顔を作って、

「もちろん。もう日も沈みかけているので、よろしければ、ワインでも飲みながら」

と、古い木のドアを開けたままコロンボを招き入れた。


大きなボルドーグラスを二つ、コロンボと自分のために用意して、リチャードはセラーから出してきたワインボトルを、クロスでくるんだまま開けようとしていた。

コロンボは、深いソファに居心地悪そうに座ったまま、

「ブラインドテイスティングですか。あたしゃ、まったく才能ないんで、当たったためしがありません」

と、降参するように両手を挙げる。

「いや、ワインのブラインドテイスティングは、銘柄を当てるためにやるものではないんです。そのワインの本質をより深く読み解くために行うものなんですよ」

リチャードは、コロンボから死角になる位置で開けたワインを、クロスにくるんだまま二つのグラスに注いだ。そしてコロンボの前にグラスの一つを置き、自分も彼の正面に腰を下ろした。

「さて、軽く飲みながらお伺いしましょう。今日はいったいどんなお話をされにいらしたんですか、コロンボさん」

リチャードは自分のグラスの中のワインをひと口含んだ。芳醇な香りが鼻腔に脱けて、そのイメージが全身にじわりと伝わる。これこそが、ボルドーワインだ。不思議と落ち着いてくる。リチャードは身構えてコロンボを見据えた。さあ、なんでも言ってくるがいい。疑われているのはわかっている。すべ

て論破してみせよう。

　そんな視線を感じたのか、コロンボもやや挑戦的な上目づかいになり、目の前のグラスに手を伸ばそうともせずに話しはじめた。

「リチャードさん、まずひとつ伺いたいのは、シャトー・ラトゥールを注がれた時のことです。あのマグナムボトルをね」

「どうかしましたか」

「エチケット……つまりラベルですな。あなたはそれを下に向けて注がれた。グラスに注ぐ時はラベルが上。それはワインサーヴの基本なはずです。なのになぜ、下に向けた状態でワインを注いだのでしょうか」

「覚えていないが、たまたまでしょう。あの時は友人を亡くして動揺もしていましたし」

「いいえ、ありえません。あなたはリチャード・トンプソンです。世界的なワイン評論家だ。どんなに動揺していようとも、長年の習慣であるワインサーヴの基本を間違えるはずがない。あたしゃ見た瞬間に、引っかかったんです」

「……まあ、押し問答になってしまう話ですが、そもそもそれがどうしたと言うんです。エチケットが上向きとか下向きとか、何かこの事件と関係があるのかな」

「おおありです」

　と、コロンボはリチャードに向けて身をのりだしてきた。

「あなたは、エチケットに付いた血痕を隠すために、わざとワインをこぼしたんです。そのために、基本を無視してエチケットを下にしてワインを注いだんだ」

「血痕？」

「はい。リーさんは書斎のバルコニーから落ちて亡くなったんじゃなかった。あなたに、頭を殴られて殺されたんです。シャトー・ラトゥールのマグナムボトルで」

　コロンボは、押し殺すような低い声で言った。

「これはまた……」

リチャードは動揺を隠すために、わざと大げさに両手拡げてみせる。

「驚きだ。私は殺人容疑をかけられているんですか。いやいや、どうしてそんな誤解をされたのかな、コロンボさん。あなたはもう少し頭のいい方かと思っていました」

気を落ち着かせるために、グラスに注いだワインをひと口飲む。

コロンボは、リチャードを見据えたままで続けた。

「だからあのワインは、ひどく澱が舞っていたんでしょう。古いワインは澱がつきものですが、それがグラスに出てこないように、丁寧にボトルを扱うのが常識です。なのにあの時に頂いたシャトー・ラトゥールは、細かい澱がグラスを濁らせていた。少々乱暴に扱っただけでは、あそこまで澱が舞うことはありません。なぜかと考えた時に思いついたんです。あの重くて大きなマグナムボトルで頭を殴ったらどうなるか。十メートルの高さから落ちても死ぬ可能性が高いでしょうけれど、もっと確実に死ぬでしょうね、あれで頭を思い切り殴れば。そしてもちろん、澱は激しくボトルの中に混ざって、少々立てて置いたくらいでは落ち着かなくなる」

現場を見ていたかのように話すコロンボに気押されながらも、リチャードは平静を装って混ぜ返す。

「それはまた、想像力の豊かなことで」

「いいえ、想像なんかじゃありません。あなたはリーさんの頭をマグナムボトルで殴って殺した。その時の血痕が、エチケットに付いてしまったんです。あたしにワインを注ごうとしてそれに気づいたあなたは、エチケットを下に向けてサーヴし、わざとこぼして赤ワインで血痕を紛れさせて誤魔化そうとした。違いますか、リチャードさん」

リチャードは、ある程度予想していた追求に物怖じせずに、真っ直ぐにコロンボを見据えて言い返した。

「まったく違いますよ、コロンボさん。私はジャッキーを殺してなんかいない」

またひと口、ワインを飲む。ボルドー一級シャトトー筆頭の呼び声に相応しい、素晴らしい複雑さ。一段と勇気が湧いてくる。

「ワインの注ぎ方が不自然だったというだけで、私を犯人扱いするのですか。実に心外だ。もう少し議論が成立する根拠をあげていただきたいな」

「もちろんです」

コロンボは、そう言っておもむろに葉巻をくわえた。

8

「まず、亡くなられたリーさんを診た鑑識の所見についてお話しします」

コロンボは、安っぽいライターで葉巻に火を点けた。

「彼の体には、あちこちに転落によって出来た傷がありました。しかしその多くに、生活反応がなかったんです」

「生活反応？」

「はい。具体的には皮下出血が起きていなかった。つまり落下の衝撃を受けた時、すでに彼は心臓が停まっていて、血液が循環していなかったことになります。つまり、死んでいたということです」

リチャードは、ずんと重い鉛のようなものが、胸の中に生じるのを感じた。しかし、それが決定的な証拠になるとは思えない。少なくとも、リチャードが彼を殺した証拠にはならないだろう。

「よくわからないが、それが私が彼を殺した証拠になるのかね」

「いいえ。でも彼が落下した時点で死んでいたという証拠にはなります。そして彼の落下にも、疑問点がありました」

「どんな疑問ですかな」

「バルコニーを支える梁の腐食についてです。経年劣化の痕跡もありましたが、強い酸で腐らせた形跡も見つかりました。あらかじめ落ちるぎりぎりまで腐らせておいて、リーさんを事故に見せかけて殺すおつもりだったのではないですか」

「馬鹿馬鹿しい。何もかも憶測にすぎん」

「いいえ、さまざまな状況が、それを示しているんですよ、リチャードさん。あなたは花火が好きだったというリーさんを、なんらかの理由をつけて二階の書斎に呼び出した。あの部屋からは、フランクリン・キャニオン・パークの花火が、実によく見えるそうですね。キャサリンさんに伺いましたよ」

「キャシーに……」

彼女の名前を出されて、リチャードは胸の中の鉛がさらに重さを増すのを感じた。刑事にいろいろと聞かれて、彼女はどう思ったのだろう。自分に対して何を感じたのだろうか。

そんなリチャードの思いを意に介さずにコロンボは淡々と追求を続ける。

「おそらくあなたの計画では、リーさんは自分から花火を観るために外に出て、バルコニーの崩壊に巻き込まれて死ぬはずだった。それならアリバイも作れるし、単純な事故で処理されたでしょう。成功すればまさに完全犯罪だった。しかし、なぜかあなたはワインボトルで彼を殴り殺してしまった。その理由がわからなかった。そしてもうひとつ、ワインビジネスの良きパートナーだったはずの彼を殺す動機もです」

「そうとも。私には彼を殺す動機など何も……」

「ありましたよ、リチャードさん。そしてなぜ、彼を殴り殺してしまったのか、そのわけも」

コロンボは、よれよれのコートのポケットから、ミネラルウォーターの小さなボトルを取り出して見せた。

「このワインが、動機だったんです。このせいであなたは彼を殺す計画を立て、しかしその土壇場で怒りに任せて彼を殴り殺してしまった。折角の完全犯罪計画を台無しにしてしまうような、激しい衝動だったことでしょう」

「そのボトルは、先日の……」

「はい、分けていただいた、シャトー・ラトゥール一九四九年です。いえ、正確にはよく出来た偽物でした」

リチャードの胸中に、その事実を知った時の失望と後悔がわき上がる。なぜあんな紛い物を最高品質のワインだと言って、顧客に勧めてしまったのか。何度も試飲したのに、なぜ見抜けなかったのか。今ならその訳もわかる。衰えていたのだ、味覚も嗅覚も。だから騙された。あのペテン師に籠絡され、詐欺の片棒を担がされてしまったのだ。

「それが偽物だと、なぜわかる。君にそれほどのテイスティング能力があるというのか、コロンボさん」

「いいえ、あたしにゃ無理です。でも、ひと口飲んだだけで、シャトー・ラトゥールではないと見抜ける人がおりましてね。持ち帰ったその日のうちに、飲んでもらいました。その人いわく、少し古い安手のワインをいくつか混ぜて、香料と甘みや酸味を加えてラトゥールの古酒に似せて作っただけの、真っ赤な偽物だろうとのことです」

返す言葉がなかった。それを見抜けなかった自分への侮蔑に、反論の言葉を奪われた。

「おそらくリーさんは、かなり以前から偽物の高級ワインを大量に作って、売りさばいていたんでしょう。シャトー・ラトゥール四九年は、その中の一本だった。あなたとリーさんの関係は長いこと昵懇(じっこん)でした。親子のようだったと言う人もいます。ところが、彼は自分の扱うワインの品質を保証してくれるあなたを利用して大儲けしていた。まったく……大した悪党です」

コロンボは、呆れたように両の掌を上に向けて見せた。

「あなたは尊敬すべきワイン評論家です。ワインのために人生を捧げてこられた方だ。騙されたと気づいた時には、さぞかし憎かったでしょうね。そして悔しくもあったはずです。なぜ気づかなかったのかと。自分の味覚を信じられなくなり、絶望もされたに違いありません。きっと事件の時にも、リーさんとあなたの間には何らかのやりとりがあって、それがあなたの逆鱗に触れてしまった。だから思わず、衝動的にボトルで殴り殺してしまった。違いますか、リチャードさん」

「証拠は……証拠はあるのか。私が彼を殺した証拠……」

精一杯の抵抗を試みる。血痕のついたボトルのエチケットはトイレに流した。物的証拠はないはず……。

「これが証拠です」

コロンボはコートのポケットから、今度はビニール袋にいれた布切れを取り出して掲げた。

「あなたは警察が引き上げた後、血で汚れたボトルの始末をしたに違いない。でも、もうそれは必要なかったんです。あなたがボトルにこぼしたワインを拭いたこのクロスに、リーさんの型と一致する血液が付着していましたからね」

「いつのまにそれを……」

「すみません。あなたがワインを、ミネラルウォーターのボトルに移しかえているすきに、ちょいと拝借しちゃいました」

「なんてこった……」

ため息が漏れた。

万事休すを悟ったリチャードが何よりも先に考えたのは、この別荘の地下に眠る数千本のワインのことだった。詐欺師ジャクソン・リーから買ったフェイクワインは、すべて一カ所にまとめてある。それらはもう処分するとして、数多く眠っている珠玉の銘酒たちを、誰に託せばいいのだろう。

思い浮かんだのはキャサリンの顔だ。

しかし彼女は、殺人犯である自分のワインを、快く引き取ってくれるだろうか。

「罪を認めてくださいますね、リチャードさん」

コロンボは言った。その声には、さきほどまでの厳しさは感じられなかった。いちワイン愛好家としての共感なのか、打って変わった穏やかな優しい目で、じっとリチャードを見つめている。

「認めよう」

リチャードは、独り言のようにぼそりと告げた。

「ありがとうございます」

そう言って、コロンボは目の前のグラスを手にし、ワインをひと口飲んだ。

「う〜ん、美味しいですね、これは」

小さい目を精一杯開いて言った。

「なんだかわかるかね？」

「さあ……ただ、ボルドーワインじゃないかと。それ以外はさっぱり」

リチャードは小さく笑って、ボトルに巻いてある布を取り去った。出てきたのは、シャトー・ラトゥールだった。

「正真正銘のシャトー・ラトゥールだよ。一九六一年もの。四九年に負けない偉大な年のワインだ」

コロンボは小さく口笛を鳴らして、またワインを口にする。

「素晴らしい。初めて飲みました。しかし、四九年の偽物もなかなかに美味しかったです。あれだけ大勢いても、誰もわからなかったわけですし」

「わかるはずがない。パーティの参加者は、全員、リーの作ったフェイクワインを絶賛していたのだから。私と同じく誰一人、気づかずにね」

そう。彼らは皆、リチャード同様にリーの犯した冒涜の共犯者として、罪深い偽ワインを全て飲み干すべきだったのだ。そのために、捨てずにとっておいたのだが、もうそれも不要になった。

「……一つだけ教えてほしいんだが」

「なんでしょう、リチャードさん」

「君はさきほど、偽のラトゥールを誰かに飲んでもらって判定したと言ったが、いったいどこの誰なのかな。私にも見抜けなかったこのワインの正体を、誰に飲ませて看破したというのか」

「あたしのワインの師匠です」

「それはいったい……」

「ひと昔前は、ロサンゼルスでは知る人ぞ知るワイン界の有名人でした」

「ひと昔前？　今はどこでなにをなさっているのかな、その人は」

コロンボは、済まなそうにグラスをテーブルに置いて言った。

「……刑務所におられます。昔、あたしが逮捕しました」

大倉崇裕

ゴールデン・ルーキー

1978年
『策謀の結末』事件
直後に起こった
ロス市警の醜聞(スキャンダル)

RETURN OF
COLUMBO

大倉崇裕

（おおくら・たかひろ）

1968年生れ、京都府出身。学習院大学法学部卒業。警察雑誌の編集部に勤務する傍ら、海渡英祐が講師を務める小説講座に通う。97年、「三人目の幽霊」で第4回創元推理短編賞佳作を受賞。98年には円谷夏樹名義の「ツール&ストール」が第20回小説推理新人賞を受賞。2001年、短編集『三人目の幽霊』でデビュー。

代表作に、いずれもドラマ化された白戸修シリーズ、福家警部補シリーズ、警視庁いきもの係シリーズなど。

落語、特撮および怪獣、フィギュア等に造詣が深く、それらへの知識が反映された作品も多い。

近年は小説のみならず、アニメ等の脚本も数多く担当している。『名探偵コナン　紺青の拳』（2019）はシリーズ最高興収を記録した。

『刑事コロンボ』マニアとしても知られ、『殺しの序曲』『死の引受人』（『復讐を抱いて眠れ』）のノベライズを執筆したほか、オリジナル作品『硝子の塔』（大妻裕一名義／蘇部健一との合作）も手掛けている。

『コロンボ』偏愛のエピソードは『仮面の男』。

一

　ロサンゼルス、ダウンタウンの中心近くにありながら、スキッド・ロウ界隈は暗く、闇に沈んでいた。犯罪の多発地区であり、今も路上生活者、薬物中毒者たちが、そこここにたむろしている。街灯などの類いはほとんどが壊され、日暮れとともに店も固くシャッターを閉じてしまう。

　パトカーの助手席に座りながら、デイビッド・アッカーマンはちらちらと胡乱な視線を投げてくる男たちと目を合わせた。ストリートの端に立つ若い黒人たちだ。敵意を隠そうともせず、こちらを睨みつけている。

「よせよせ」

　ハンドルを握るネッド・ローガンが笑いながら言った。勤続二十年の大ベテランで、まもなく定年を迎える。セントラル署の生え抜きであり、スキッド・ロウの生き字引、路地裏に潜むドブネズミの数まで知っていると言われている。ハンドルにめりこみそうなほど突きだした腹をさすりながら、ネッドはアクセルを踏んだ。パトカーは加速し、黒人たちはあっという間に窓から消え去った。

「ヤツらを相手にしていても、きりがない」

　デイビッドは不服そうな顔をしてみせる。案の定、ネッドは諭す様な口調で語り始めた。

「ルーキーのおまえさんにはまだ判らないかもしれないが、オレたちにできることなんざ、限られているんだ。大それた望みなんか、持つんじゃないぞ。悪党を片っ端から捕まえて、街を良くしようとかな。そんなのは、政治家の仕事さ」

「ボクの父も、同じことを言ってましたよ」

ネッドの顔が輝いた。

「そりゃそうさ。こいつは、おまえの親父さんから聞いた言葉なんだからな」

デイビッドは笑みを浮かべつつも、顔を伏せた。ネッドが言う。

「親父さんが死んで、五年か。大した男だったよ」

「ええ」

「あん時のことを思うと、今でも泣けてくるのさ。おまえは十五歳だったな」

パトカーは大通りを右折、交差点に向かって進み始める。いつものコース、いつもの時刻だ。かつては飲食店が軒を連ねていたが、治安の悪さに辟易し、多くがよそへと移っていった。いま、深夜まで営業しているのは、ボブ・ガーソンが経営する酒屋くらいのものだった。

デイビッドは言った。

「ボブの酒屋、何か変じゃないですか？」

「何？」

ネッドがパトカーの速度を落としながら言う。

「この時間なのに、ドアのプレートがクローズになってます」

「早じまいしたんだろう。ボブももう年……」

デイビッドはネッドを遮り叫んだ。

「店の中に怪しい男が！　強盗かも」

ネッドは酒屋前にパトカーを素早く止める。

「ＢＯＢ」というネオンサインが薄く光る中、デイビッドは素早く車を下りる。店に向かおうとしたとき、すっとネッドが進路を塞いだ。

「おまえは後ろだ。気をつけろ」

ネッドは腰の銃に手をかけながら、ゆっくり慎重に中の様子をうかがう。周囲の歩道に人気はなく、車の往来もない。

「何てこった」

ネッドが腰に当てていた手を離し、店内に駆けこんだ。

店奥の棚は一面冷蔵棚となっており、ビールや飲料水が並んでいる。店内は三つの棚で仕切られ、それぞれ、ウイスキーやワインなどが置いてあった。右手奥には狭い倉庫と裏口があり、その扉が開けっ放しになっていることを、デイビッドは確認した。

店に入って左手にあるレジカウンターの向こうに、店主であるボブ・ガーソンが倒れていた。レジがこじ開けられ、中は空っぽだ。

ネッドがボブを抱え起こすと、後頭部に大きな切り傷が見えた。そこから血が流れ、床の上を染めている。それでも、ボブには意識があった。ネッドの呼びかけに反応し、目を開く。

「ボブ、大丈夫か？　誰にやられた？」

「……判らん……そいつのスイッチを入れてたら、後ろからガツンと」

レジの向こうには、ボブ専用のコーヒーメーカーがあった。

ネッドはすぐに無線機で通報、けが人がいる事も伝え、救急車を要請する。

デイビッドは、ネッドがレジに目を向けた瞬間を狙い言った。

「裏口に人影が！」

そのまま走って、店奥へと向かう。

「待て、デイビッド」

ネッドの声が聞こえたが、追って来る気配はない。怪我をしたボブの前を離れるわけにはいかないし、まもなく応援がやって来る。対応するためにも、その場を離れることはできないのだ。

デイビッドは裏口から出ると、左右を確認する。左側は倉庫街の塀、右側は空き家同然となった商店が続いていた。左は真っ暗闇だが、右には破壊行為から生き残った街灯があり、濡れた路面をぼんやりと照らしている。みたところ、人気はない。

裏通りを左手に取り、駆け足で進む。

角を曲がった先は行き止まりとなっていた。ゴミの臭いが充満し、思わず鼻を覆いたくなる。

そんな暗がりの中に、男が一人立っていた。デイビッドは装備品である懐中電灯をつけた。顔を照らされ、相手の男は、まぶしそうに手をかざす。

「遅かったじゃねえか」

ＪＪは、数日前に会ったときより顔色が悪かった。うっすらと無精ヒゲがはえ、頬もげっそりとこけている。

懐中電灯の光の中で、ＪＪは、手袋をしたままコークの缶を開けた。美味そうに半分ほどを一気に飲み干すと、炭酸が効いたのか、大きくむせた。

デイビッドは、懐中電灯を構えたまま、そっとホルスターの留め具を外す。

ＪＪが言った。

「で？　オレは言うとおりにしたぜ。店主を殴り、レジの金を頂戴した。大して入っていなかったけどな。今度はあんたの番だ。上モノの薬が手に入るって話はウソじゃねえだろうな」

「五年前のことを覚えているか？」

「そんな昔のこと、全部忘れたね」

「ジョン・バクスターのことだ」

デイビッドは、銃を取りだした。ＪＪははっとした様子でこちらを見ている。

「思いだしたみたいだな。俺はアッカーマン巡査の息子だ」

引き金をひいた。轟音と共に、ＪＪの体が後ろへと吹き飛んだ。コークの缶が地面に落ち、カランと乾いた音をたてる。

デイビッドはＪＪに駆け寄ると、左の尻ポケットに捻じこまれていた三十八口径を取りだし、ＪＪの右手に握らせた。

「デイビッド！」

ネッドの声が聞こえた。デイビッドは銃を撃った場所に戻り、彼を待つ。愛すべき相棒ネッド。悪いがしばらく利用させてもらう。

二

夜明け間近のスキッド・ロウ。ウィルソン刑事は、白々と明け始めた空を見上げ、ため息をついた。

今日は一ヶ月ぶりの非番だった。昨晩は無事に勤務を終え帰宅、ビールを飲みながら、テレビのフットボール中継を見た。その後、しばらく中断していたミステリー小説を最後まで読み、至福の中でベッドに入り、アラームを消し、心地よい眠りについた。そのわずか三時間後、署からの電話でたたき起こされ、非番を取り消され、現場へと駆りだされた。

ウィルソンが入ったとき、「ボブの店」の鑑識作業はほぼ終わっていた。誰もが疲れた様子で、ウィルソンを見ても挨拶すらしない。それは、ウィルソンも同じだった。レジカウンターの後ろに残る血だまりに目をやると、裏口から外に出る。足跡の位置を示す番号札が、路面に点々と置かれていた。現場は角の向こうなので、この位置からでは見えない。歩きだそうとしたとき、ふいに肩を叩かれた。

「災難だったな」

先輩刑事のクレイマーだった。有能だが生真面目で融通がきかない。自分と同じく非番を取り消されたにも関わらず、不満そうな素振りもなく、いつも同様、地味な色合いのスーツをぴしっと着こなしている。

ウィルソンは言った。

「ひどいですよ。久しぶりの非番だったのに。しかも、内務調査の代役ですよ」

「オコンネルショックのおかげで、うちはてんてこ舞いだ。ケチな酒屋強盗の事件に人手は割いていられないのさ」

「そりゃそうですよ。だって、あのオコンネル工業が、ＩＲＡに武器を……」

「事件については口外無用。情報が漏れたりしたら、これだぞ」

クレイマーは手で首を掻き切る仕草をしてみせる。

「口は災いのもとってことですか。さあて、あきらめて事件にかかるとしましょうか。酒屋強盗の犯人をルーキーが射殺。状況は聞きましたが、発砲に問題はなさそうですね」

「ああ。だが撃った警官というのが、聞いて驚くなデイビッド・アッカーマンだ」

「誰です？　それ」

「おまえ、ヤツの名前を知らないのか？　父親のことも？」

「ええ」

クレイマーは一瞬あきれ顔でこちらを見たが、すぐに笑って肩を竦めた。

「エリートさんはこれだからね。教えてやろう、デイビッドの親父さんは、たたき上げのパトロール警官だった。黒人の多いスキッド・ロウでも、彼に逆らう者はいなかった。肌の色で差別せず、弱い者を守り、悪党は絶対に許さない。伝説的な男だった」

「だった？」

「五年前、麻薬の手入れをしているとき、待ち伏せにあって殺された。ジョン・バクスター絡みの」

「バクスターといえば、麻薬組織の大物じゃないですか。二年前に起訴されて……」

「終身刑になった。因果応報ってヤツだ」

「で、その伝説の警官の息子もまた、警官になったと？」

「そして、パトロールに出て一週間とたたないうちに、手柄をたてたってわけさ」

「血筋は争えないものですね」

「だといいんだかな」

クレーマーの言い方に、ウィルソンは引っかかりを覚えた。

「何か、気になることでも？」

「とりあえず、現場だ」

クレーマーは先に立って、裏通りを歩き始めた。

「パトロール中のデイビッドが酒屋の異変に気づきネッド・ローガン巡査と共に店に入った。その時点で犯人は裏口横の倉庫にいて、中を物色していたらしい。犯人は隙を見て、裏口から逃走。それに気づいたデイビッドが追跡、袋小路に追い詰めたところ、犯人が銃をだした」

「そこでやむなく発砲……か。クレーマー刑事は、銃、撃ったことあります？」

「何だ、藪から棒に。ないよ」

「コロンボ警部も一度もないって言ってました。殺人課に何年もいて、一度も銃を抜かない人もいるのに、警官になったばかりで犯人を射殺する。警官にもいろいろありますね」

「余計なことはいい」

　クレーマーは苦々しげな顔つきで、袋小路の一点に立つ。奥の壁際には、まだ死体がそのまま残されていた。手足を伸ばし仰向けに倒れている。

「デイビッドはここに立ち、犯人を撃った。弾は胸に一発。なかなかの腕前さ」

「犯人の持っていた銃は？」

「鑑識が回収して調べたところ、前科（マエ）があった。一年前、イングルウッドで起きた強盗事件。それで警備員を撃ったものと同じだ。ちなみに、店主を殴ったのもその拳銃だ。銃床に血がついていた」

「犯人（ホシ）の身元は割れているんですか？」

「ＪＪと呼ばれている札付きだ。強盗で何度か食らっている。最近は薬にも手をだしていて、麻薬取締局にも目をつけられていた」

「薬を買う金欲しさに押しこみを働き……か」

　ウィルソンは死体から少し離れたところに転がっている赤い缶に目を留めた。

「あれは何です？」

「コークの缶だ」

「見れば判りますよ。どうしてこんな所に？」

「酒屋の倉庫から失敬したものらしい。行きがけの駄賃にかっぱらい、飲んでいたところにアッカーマン巡査がやってきた。慌てて缶を捨て、尻ポケットの銃をだし構える」

「だが時既に遅く、アッカーマンは銃の標準をＪＪに合わせていたか」

　芝居がかった調子で言ったウィルソンは、死体に近づき、両手、服などを検分した。

「アッカーマン巡査の発砲に、別段、問題はないと思いますね」

三

　ウェストハリウッドにある「バーニーの店」は、今日も朝から繁盛しているようだった。クレーマーは何とか車を駐める場所を見つけ、店のドアを開いた。入ってすぐのカウンターに、見慣れた背中がある。ヨレヨレのレインコートにクシャクシャの髪の毛。右手の指に葉巻をはさみ、背をやや丸めながら、せっせとチリを食べていた。

「警部」

クレーマーはコロンボの隣に腰を下ろす。彼はやぶにらみの目でこちらを見ると、砕いたクラッカーをチリにふりかけた。

「探しましたよ」

「おまえさんにはかなわないねぇ。どこにいても、お見通しだ」

「何年一緒にやってると思ってんですか。ちょっと、これ見て」

クレーマーは捜査書類をカウンターに置いた。

「例の酒屋の件？」

クレーマーは周囲の客を気にして声を落とした。

「坊やと一緒に現場検証してきたんですがね」

「坊やってウィルソン？」

「ええ。どうしても気になることがあって」

「ほう？」

葉巻を灰皿に置き、チリをほおばるコロンボの目が光った。クレーマーは続ける。

「ＪＪを撃った新人の相棒は、ネッド・ローガン。私もよく知ってるベテランです。いいヤツでね。ただ……」

クレーマーは資料の該当ページを開いて、コロンボに見せた。

「ローガンに聴取したくだりです」

「ええっと――」

コロンボは指で文字を追いながら、読み進めていく。

「店の異変に気づいたのはアッカーマン巡査」

「そう、そこなんですよ。ローガンはまったく気づかなかったって証言してるんです」

「おまえさんは引っかかるんだね」

「ローガンほどのベテランが気づかなかったのに、新人が気づいたってのが、どうも……」

コロンボはチリを食べる手を止め、資料に集中し始めていた。

「殴られた店主に話は聞いたのかい？」

「ええ。ただ、犯人(ホシ)の顔は見ていません」

「店主の後頭部の傷だけどね、真ん中より少し左側についてるね。これはどういうこと？」

「検視官の先生に尋ねてみたんですが、今のところ、何とも言えないって」

「そう……」

コロンボは資料を読み終えると、悪戯っ子のような笑みを浮かべながらクレーマーを見た。

「おまえさんたちよくやってるじゃないか。この調子で二人して進めたらどうだい？」

「かんべんして下さいよ。相手はゴールデンルーキーですよ。私らだけじゃとても」

コロンボは葉巻を取り、うまそうに吸う。

「ゴールデンルーキーねぇ」

四

デイビッド・アッカーマンは、何とも落ち着かない気分で壁にもたれかかっていた。

数メートル先の路面には、チョークで書かれた人型模様がある。ＪＪの死体をかたどったものだ。

計画は破綻なく進んでいた。聴取や報告書作成のため一睡もしていなかったが、疲労は感じていない。

聴取に当たった刑事たちも、何ら疑わしい目を向けてこなかったし、銃の発射位置、その他にも矛盾はないようだった。

「よう、ルーキー」

セントラル署の交通課勤務のボビーが声をかけてきた。助っ人として駆りだされたのだろう。

「お手柄じゃないか」

「ありがとうございます」

「この調子で本部長賞でも狙ってくれよ」

本気とも冗談ともつかぬ顔で、ボビーは慌ただしく走り去っていった。

再び一人となり、デイビッドは父の事を思った。敵は討った。ジョン・バクスターに直接、手を下せないのは悔しいが、法律が厳正な裁きを下したのだ。満足するしかないだろう。今日からはまた新しい挑戦が始まる。警察内での競争に勝ち残り、のし上がるのだ。父は眉を顰めるかもしれないが、パトロール警官のままでは、街は変えられない。

角の向こう側から、酷く乱れた足音が聞こえてきた。目を向けたデイビッドの前に飛びだしてきたのは、古びたレインコートを着た小男だった。手にコークの缶を持ち、短い足でドタバタとこちらに向かって駆けてくる。

デイビッドは身構えた。この辺りには路上生活者が多い。その中の一人が事件現場だと気づかず入りこんできたに違いない。害のなさそうな男だが、油断はできない。

「ちょっと、あんた」

デイビッドが呼びかけると同時に、男は足を止めた。ふうと肩で大きく息をつくと、自分が走ってきた方向を振り返っている。

デイビッドは男に近づき、言った。

「ここは立入禁止だ。すぐに出てくれ」

そう言われてもなお、男は慌てた様子もない。コークの缶を大事そうに持ったまま、ニコリと笑った。

「アッカーマン巡査？」

浮浪者がなぜ、自分の名を知っているのか。こちらのとまどいをよそに、男はおもむろにコークの缶を開けた。とたんに黒い液体が吹き上がり、男の顔、コートにふりかかる。

「うわ！」

慌てて缶を押さえるが、炭酸の勢いは止まらない。手で蓋をしたせいで液体が四方に飛び散り、デイビッドの制服にもふりかかった。

「おい、何を！」

「ありゃ、悪いことしちゃったなぁ」

男はベトベトになった手をコートのポケットにつっこむと、薄汚れたハンカチを取りだし、デイビッドの制服を拭おうとした。慌てて身を引き、男を睨む。

「いい加減にするんだ。さっさと出て行かないと、署まで来てもらうことになるぞ」

「そいつは勘弁して欲しいな。いま、署に行くと、マスコミやらFBIやらに追いかけられるもんでね」

　男はハンカチをポケットに戻すと、同じところから警察バッジをだした。

「あたし、殺人課のコロンボ」

　そう言えば、市警の殺人課にいつもコートを着た妙な刑事がいると聞いたことがあった。外見こそ冴えないが、検挙率はずば抜けていて、最近も著名な詩人ジョー・デブリンを逮捕、そのことが発端となって、全米、全英を揺るがすオコンネルスキャンダルが……。

　いま、目の前にいるのが、その刑事なのか⁉

　デイビッドは背筋を伸ばした。

「し、失礼しました。お顔を存じ上げなかったので」

「いや、気にしなくていいよ。楽にして」

　デイビッドは直立不動のまま言った。

「しかし、私の聴取は内務調査の者が行うと聞いておりましたが」

「内務調査も何も、ロス市警中がてんやわんやでね。あたしが代打で来たってわけさ」

「詳しい状況については、既に報告済みです」

「ああ、君が会ったのも、あたしの部下だ。その報告書を読ませてもらってね……」

　コロンボは目を細めて、デイビッドを見上げた。

「ちょっと気になったとこがあったもので、待ってもらったんだよ」

　デイビッドは緊張と高揚を覚えていた。まさか殺人課の、それもあのコロンボが相手になるなんて。こいつは油断できなくなったぞ。

「それで、気になったことというのは？」

「君は、車でパトロール中、店に異常を感じた。具体的に、何を見たんだい？」

「閉店時間前にクローズのプレートが下がっていたので、変だと思ったのです。その直後、店内に怪しい人影が一瞬、見えました」

「なるほど。しかし、ベテランのローガン巡査が何も気づかなかったっていうのがどうもねぇ」

先に聴取に当たった刑事の一人も、そこが気になるような素振りを見せていた。答えはもう用意済みだ。

「巡査は運転しておられましたし、少々申し上げにくいのですが、最近、視力が落ちたとのことで……」

「なるほど。あたしも最近、目にきていてねぇ。かみさんがメガネをかけろってうるさいんだ。ただ、どうにも踏ん切りがつかなくて」

デイビッドはどう返答して良いか判らず、黙って立っていた。コロンボは続ける。

「犯人はＪＪ。地元では札付きのワルで通っている。もう一つ判らないのはね――」

コロンボは死体があった場所を指さした。

「どうしてこっちに逃げこんだんだろう？」

「と言うと？」

「ＪＪは地元の人間だろう？　だったら土地勘もあったはずだ。どうして袋小路だと知っていて、こっちに逃げたのか……。裏口を出て右に行けば、通りに出られる。どっちにでも逃げられたはずなのに」

「……これは私の想像ですが、右手には街灯がありました。壊されていないので珍しいなと思った記憶があります。パニックになっていたＪＪは、反射的に暗がりを選んだのではないでしょうか」

「なるほど、その線はあるねぇ」

コロンボは手にしたコークの缶を足元に置くと、コートのポケットから表紙のすり切れた手帳とちびた鉛筆をだし、何やら書きこみ始めた。デイビッドはきいた。

「警部、これはどういうことでしょうか。私の発砲に、何か疑問でも？」

「いや、そういうわけじゃない。ただ、こういうことはきっちりやっておかないと、君の経歴に傷でもついたら、大変だから」

コロンボは手帳と鉛筆をポケットに放りこんだ。

これで解放されるのかとホッとしたのもつかの間、入れ替わりに数枚の写真をだしてきた。

「こいつを見てくれないか」

差しだされた写真には、ＪＪの死体が写っていた。現場で鑑識が撮ったものだ。手のひらのアップもある。

「これ……が？」

「君が駆けつけたとき、ＪＪはコークを飲んでいた、そうだね？」

「ええ。缶を投げ捨て、銃を抜いたので、止むなく発砲しました」

「そこで一つ、判らないことがあるんだ。いや、これはあたしじゃなくて、部下の刑事が気づいたことなんだ。ウィルソンって言う、若いのが来たろう？」

「ええ」

「彼が言うには、手や服にコークが飛び散っていないのはおかしいって」

「は？」

「ほら」

コロンボはコークの缶を取り、自身の服を示しながら言った。

「こいつはあの店から持ってきたもんだ。裏口から缶を持って、ここまで走ってきたんだよ。そして、フタを開けたらこの通り」

「おっしゃっている意味が判りませんが」

「炭酸の缶ってのは、振って開けると吹きだすだろう？　ＪＪは店から飛びだしここまで必死に逃げてきたはずだ。さっきのあたしみたいにね。だとすると、フタを開けた瞬間、中のコークが吹きだしたはず。ところが、その写真にはそうした痕跡がない」

「それは……」

「ウィルソンも、そこが判らないってことは、ＪＪがそれほど慌てていなかったことを示している。缶を持ったまま、ゆっくりここまで歩いてきて、フタを開き、飲んだ。強盗を働き、警官に追われている者の行動としては、変だろう？」

「缶を振ったからって、必ず吹くとは限りませんし、ヤツは缶をポケットに入れていたのかもしれません」

しかめた。

「……そう、たしかに、その可能性もあるね」

コロンボはコークを一口飲むと、「うへっ」と顔をしかめた。

「どうもこいつにはなじめなくてね」

ポケットから葉巻をだしてくわえる。火をつけると、何とも形容しがたい臭いのする煙が漂ってきた。

「もういいよ」

「え？」

「署にお帰り。またききたいことが出てきたら、連絡するから」

「いや……あの」

とまどうデイビッドをよそに、コロンボはひょいと右手を上げると、こちらに背を向け歩いて行った。

デイビッドは両拳を強く握り閉める。コロンボは自分を疑っている——。それならばそれで、こちらも対処を考えねばならない。

勝負はまだ始まったばかりだ。

五

リトルトーキョーの端にある公園のベンチに、ネッド・ローガンは一人腰を下ろしていた。通りの向こう側はもうスキッド・ロウだ。最近、日本からの観光客も増えてきて、この界隈はなかなかの賑わいを見せている。それに伴って、スキッド・ロウに迷いこみ、身ぐるみを剥がれる日本人の事件が増えていた。通りの向こうへは行くなと、どれだけ口を酸っぱくして言っても、それを無視して入りこむ。日本人はどうして、こうも安全に対する意識が低いのか。

「ネッド・ローガン巡査？」

物思いにふけっていて、近づいてきた男に気がつかなかった。

古びたレインコートをはおり、葉巻を口にくわえた小男が立っていた。噂に聞いた通りの風体だ。

「わざわざすまないね、こんなところまで」

コロンボはネッドの横に腰を下ろした。

「ＪＪの件ですか？」

コロンボは意味ありげに微笑みながら、表紙のすり切れた手帳をだした。

「報告書をださなくちゃならないんでね、いくつか確認したいことがあるんだ」

「何でもきいて下さい」

「ボブの店に入ったときのことだけれど、店内に犯人（ホシ）の気配はなかったんだね」

「ええ。ボブに気を取られていて、気づきませんでした」

「アッカーマン巡査は、そのとき何をしていた？」

「私の後から店に入り、店内を確認していたと思います。だから、逃げだした犯人に気づいたんですよ」

「アッカーマン巡査は、すぐその後を追ったと。時刻は確認したかい？」

「店に入ったのは、午後十時丁度でした。応援の要請をしたのが十時二分。応援と救急車が来たのは十分前後」

「さすがだね」

コロンボは手帳にちびた鉛筆で何事かを書きつけている。

「その他、何か気づいたことはないかい？　どんな些細なことでもいい」

「些細なと言われても……ああ、救急車を待っているとき、コーヒーメーカーの電源が切れたんですよ」

「コーヒーメーカーの？」

「その音が撃鉄を起こす音とそっくりでね。心臓が縮みあがったのを思いだしましたよ」

「ほう……」

コロンボはポケットをさぐり、何枚かの写真をだしてきた。どれも鑑識が現場を写したものだ。

「こいつかね」

コロンボが差しだしたのは、カウンターの向こうを写したものだった。戸棚の真ん中にコーヒーメーカー、その回りには書類やノートが散乱している。戸棚の一番上には、ボブ愛用の手提げ金庫。左側の壁には店や倉庫の鍵がかかっている。

「そうそう、これですよ」

コロンボは小さくうなずいたものの、まだ写真をおさめない。

「実はあたしも気になることがあってね。ここにある手提げ金庫」

コロンボは写真を示す。

「鑑識が調べたら、この中にも少しだが現金が入っていた」

「レジにある程度現金が貯まると、そっちに移していたんですよ。丸見えで不用心だから、場所を変えろと何度も言ってたんですが」

「JJはどうして、この金庫を見逃したんだろう。レジの中に大した金は残っていなかった。当然、この金庫に目がいくだろう？　倉庫を物色するほどの余裕はあったわけだし」

「後で持ちだそうと思って、先に倉庫を物色していたんじゃないでしょうか。そこに我々が来たから、金庫はあきらめ、逃げだした」

「それなら、辻褄は合う」

コロンボは意味ありげに何度かうなずくと、パタンと手帳を閉じた。

「邪魔したね」

ゆっくりと立ち上がると、ひょこひょこ肩を揺らしながら歩いて行く。そんな後ろ姿を、ネッドは眉を顰めつつ、見送った。

デイビッドの発砲に問題はなかったはずだ。報告書のためとはいえ、ここまで根掘り葉掘り、調べたりするものだろうか。

上院議員候補や著名な写真家を逮捕したあのコロンボ警部が、いったい何なのだろう。

六

デイビッドが署に戻った時、皆が笑顔で迎えてくれた。中には握手を求め、肩を叩いてくれる者もいた。いつもは寡黙なボスまでもが、それとなくデイビッドの元にやって来て、小声で言った。

「休暇を貰ったと思って、少しゆっくりしろ」

そう言いながらデスクに置いたのは、カウンセラーの名刺だった。

「規則だ。例外は認めんからな」

カウンセラーは少々、厄介な存在となりそうだった。まだまだ気を緩めることはできそうにない。

「アッカーマン」

一度は自分のデスクに戻ったボスが、呼んだ。部屋の空気が変わっている。その原因は、廊下からさっそうと部屋に入ってきた、大柄な男にあった。本部長だ。数人の背広組を引き連れ、満面の笑みを浮かべこちらに向かって来る。ボスが慌てて出迎えようとしたが、既に遅かった。

大きく力強い手が差しだされた。

「アッカーマン巡査、お手柄だったな」

その手を負けじと力を込めて握り返す。

「ありがとうございます」

「君の父上は良き警察官だった。彼を失ったことは、我々にとって計り知れない痛手だった。だが、彼は素晴らしい土産を残してくれた。君だ」

カメラのフラッシュがたかれる。いつの間にか、回りには人垣ができていた。警察の広報や新聞記者もいる。本部長は彼らに満遍なく笑顔を振りまきながら、デイビッドと肩を組み、もう一度握手をした。

父が最も嫌っていた政治の世界だった。現場を愛し、スキッド・ロウのために働き、スキッド・ロウに殺された。

自分は父とは違う。政治も必要悪だ。使いようによっては、大きな力となる。

デイビッドは本部長にならい、皆に愛想を振りまいた。

去り際、本部長は言った。

「期待しているよ」

その一言で、デイビッドは半ば勝利を確信した。ボスの座る窓際の日当たりの良い席を横目で見る。まず手始めに、あの場所を手に入れてみせる。

七

ニール・ブリックスは、トラベルタウン交通博物館の駐車場に車を止めた。平日の昼間だというのに、人手はけっこうある。グリフィスパークの中にあるこの施設は、本物の蒸気機関車などが展示してあり、子供たちには大人気と聞く。中に入り、ずらりと並んだ機関車、客車に沿ってゆっくり歩いて行く。途中何度も、興奮した子供たちと行き当たりそうになった。麻薬取締局の捜査官として修羅場をくぐり抜けてきたニールだが、今はラフなシャツにジーンズ姿だった。こんな場所でスーツはかえって目立つ。

五十メートルほど行ったところに、売店があった。子供の喜びそうなお菓子からコーヒー、サンドイッチなども買える。店の前にはテーブルとベンチが並び、家族連れが何組か、遅い昼食をとっていた。その中に、一際目立つ人物がいた。晴れているにもかかわらず、コートを着ている。それも、すり切れて裾がよれた年代物だ。右手にはホットドッグ。横にいた女の子と楽しげにお喋りをしている。

ニールはコーヒーを買い、男の横に座った。

「こんな場所をご指定とはな」

コロンボは母親に連れられ機関車の方に向かう女の子に手を振ると、ニールに向き直った。

「秘密の会合には賑やかな所がいいってね。ある男におそわったのさ」

「それで？　用件は？」

「ジョン・バクスターの件なんだ。五年前、薬物取引の手入れで、警官が一人殉職しているんだが……」

「覚えてるよ。名前は……ええっと、アッカーマン、アッカーマン巡査」

「そう。そのときの状況について詳しく知りたいんだ。まともにきいたって、誰も教えちゃくれないからね」

「こっちの情報を、市警の殺人課にペラペラ喋れるか……って言いたいところだが、今回のオコンネル工業の件ではうちも随分と助かった。ヤツら、薬の密売で得た金を武器購入の一部に当ててた節があるんだ」

コロンボは我関せずと言った体で、ホットドッグをかじっている。ニールは続けた。

「報告書を読んだ限り、手入れ失敗の原因は情報漏洩だ。待ち伏せを食らったんだよ」

「取引の情報を持ってきたのは誰なんだい？」

「アッカーマン自身さ。ガセネタを掴まされたんだろう」

「裏にバクスターがいたってこと？」

「間違いない。アッカーマンはスキッド・ロウの売人を片っ端から捕まえていた。バクスターが黙っていたとは思えん」

「アッカーマンにガセネタを掴ませたのは、誰なんだろう？」

「結局、判らず仕舞いさ。だが、目をつけていたヤツはいる」

「JJ？」

「さすが。ヤツは金のためなら何でもやる悪党だ。アッカーマンは更正の見こみがあると言って信用していたようだが、それが命取りになった」

「JJは当時、薬に手をだしていたのかい？」

「当時はやってなかった。だが、最近はどっぷりだった。モルヒネで一度マークしていたことがあったが、逃げられた」

コロンボは残りのホットドッグを口に放りこむと、ケチャップだらけの手をハンカチで拭き、立ち上がった。

「助かったよ」

「この件、他言無用だぜ」

コロンボは右手を上げると、まぶしそうに目を細めながら、駐車場の方へ歩いて行った。

八

ロサンゼルス市警本部の巨大な建物の前で、デイビッドは地元の記者たちに囲まれていた。制服姿のまま署からひっぱりだされ、質問攻めにされた。事件のことはもちろん、警察官としての矜持や抱負、そして父のこと、父を亡くした日のこと、その後苦労してポリスアカデミーを出たこと。人生を丸裸にされたようだった。

それでも、本庁舎をバックに写真を撮るころには、気持ちも落ち着いていた。

この会見を水面下でセッティングしたのは、本部長だろう。警察のイメージアップは喫緊の課題であったから、デイビッドに飛びついたというわけだ。そしてそれは、デイビッドとしても願ったり叶ったりだった。

記者たちがようやく帰り支度を始めたとき、本庁舎の中から、男が一人現れた。ペラペラのコートが、ビルの谷間を渡る風にはためいている。

「コロンボ警部」

デイビッドはこちらから声をかけた。どうせ、彼の目当ては自分なのだ。

「やあ」

コロンボは撤収準備中の記者たちを横目で見ながら言った。

「すごいもんだね」

「警部ほどではありませんよ」

「あたしゃ、あの手の連中が苦手でね」

コロンボは葉巻に火をつけた。

「それで警部、私に何か？」

「君の相棒、ネッド・ローガンに話を聞いたんだがね」

「彼は私なんかと違ってベテランです。彼の証言を聞いていただければ、私の行動が正当なものだったと判るはずです」

「そう、そこなんだけどね」

コロンボはポケットから現場写真を取りだした。カウンターの後ろに置いてあったコーヒーメーカーを写したものだ。

「これが何か？」

「ボブ愛用の品らしくてね」

「私も現場で見ました」

「このコーヒーメーカーなんだけど、面白い機能がついてる。スイッチをいれてきっかり十分で自動的に電源が切れるんだ。日本製らしいんだけど……」

質問の意図がまるで見えない。いったいこの男は何が言いたいのだろう。

「それが今回の件と何か関係が？」

「刑事部屋にどうかと思ったんだけど、一つ問題がある。電源の切れるときの音が、撃鉄を起こす音とそっくりなんだ。これじゃあちょっとねぇ」

さすがに苛立ちが募った。

「警部！」

コロンボは慌てて写真から顔を上げると、言った。

「ネッド・ローガン巡査があの夜、この音を聞いてるんだ。おまえさんが犯人を追って飛びだした直後のことさ」

「何の不思議があるんです？　ボブが殴られたのは、コーヒーメーカーのスイッチを入れたときだ。機械は動いていた」

「そこが問題なんだ。この機械はきっかり十分後に切れる。君たちが店に来たのは十時丁度。そのときボブはもう殴られていた。ボブを見つけ、応援を呼び、おまえさんが裏口に人影を見つけてかけだす。その間、約二分としようか。十時二分過ぎに機械の電源は切れた。そこから逆算すると、スイッチを入れたのは九時五十二分過ぎ。ボブが殴られたのはそのときだ。犯人はおまえさんたちが来るまでの十分、何をしてたんだろう？　倉庫を物色していたのは確かだろうが、十分はいくらなんでも長過ぎる」

デイビッドは言葉に詰まった。

「何かほかの目的があったとか」

「それとも、君らが乗りこんできたときには、もうとっくに逃げ去った後だったか」

「いやしかし、私は逃げる人影を……」

デイビッドはコロンボとにらみ合った。

「私が、嘘を言っていると？」

「いや、そんなつもりはないんだ。ただ……」

「警部、私はウソなんかついていません。誓います。あいつは裏口から逃げた。だから私は追いかけた。追いついたら銃を向けてきたので、やむなく撃ったんです」

コロンボは無言でこちらを見つめる。デイビッドは続けた。

「私を疑っているのは、警部、あなただけだ。相棒のネッドも、あの記者たちも、ボスも、本部長だって、私を信じてくれている」

コロンボはまた、眩しそうに目を染めると、葉巻を咥え、デイビッドから離れていった。

コークの缶だの、コーヒーメーカーだの、それが何だと言うのだ。ボクが丸腰のＪＪを撃ったという証拠はどこにもない。あの現場を見た者もいない。コロンボがいくら優秀でも、ボクを止めることなど、できはしないのだ。

九

ネッドが署に戻ったとき、デイビッドは自分のデスクで暇を持てあましていた。不満げな表情で椅子にもたれかかり、指先でペンをクルクル回している。シフトを外され、銃も取り上げられ、与えられるのは書類仕事の手伝いばかり。半日で腐りたくなるのも判る。

ネッドはデイビッドの肩に手を置いた。

「助けてくれって顔をしているぞ」

こちらを見上げたデイビッドは、弱々しく微笑んだ。

「早く現場に戻りたいです。当分は内勤で、そのうえ、カウンセリングを受けろって」

「命令には従え。焦ることはない」

「しかし……」

「頭を冷やす時間は必要なんだ。現場は逃げやしない。それはそうと、内務調査の方は終わったのか？」

「……コロンボって警部がやってきて、あれこれほじくり返していくんです。正直、もう嫌になりました」

「彼は俺のところにも来た。ありのままを正直に答えておいたよ。まあ、あまり深刻に受け取るな。調査ってのは、そんなものさ」

「判ってはいるんですが、JJが逃げた方向がおかしいだの、コークが飛び散っていないからどうのって、細かいことばかり」

「頭を冷やせって言ったのは、そういうことだ。ちょっとしたミス一つで、キャリアを棒に振るってこともある」

ネッドはデイビッドの目を見て言った。

「間違ったことはしていないんだろう？」

彼は目を逸らすことなく、力強くうなずいた。

「ならいい。もうしばらく、ここで鉛筆を回してろ。いずれ、今日が恋しくなるくらい、しごいてやるから」

「……ありがとうございます」

ネッドはデイビッドの背中を一つ叩くと、デスクには戻らず、廊下に出た。そのまま洗面所に入り、水で顔を洗う。

勤続二十年。来る日も来る日も犯罪者と向き合い、殺人者たちとも渡り合ってきた。昇進などとは無縁、このままパトロール警官として人生を終えるだろう。だが、犯罪者を見る目だけは、誰にも負けないつもりだ。

デイビッド・アッカーマン。あいつは初めて人に銃を向け、急所を一発で撃ち抜いた。新人にそこまでの度胸があるものだろうか。

あいつは平然と署に現れてデスクに座り、退屈そうに鉛筆を回していた。初めて人を撃った後だというのに——。

ネッドの言葉に力強くうなずいたデイビッド。そこには何の迷いもなかった。人を射殺した後、そんなにもすぐ吹っ切れるものだろうか。

心に浮かんだ疑念はいつまでも消えることはない。相棒として、俺にできることは何なのだろうか。どれだけ考えても、答えはでなかった。

十

ボブの酒屋に入ったデイビッドは、人気のない店内を見て眉をひそめた。店主のボブはまだ入院中である。それにしても、立ち番の警官すらいないというのは……。

裏口の開く音がした。姿を見せたのは、手帳を手にしたコロンボだった。

「遅れてごめんよ。出ようとしたら新聞記者につかまっちまって」

「いいえ。私はボスから十時にここへ来るよう命じられただけで……」

「おまえさんに一点、確認しときたいことがあったんだ」

デイビッドはうんざりとした調子で言った。

「警部、いったい何なんです？　状況についてはすべて、包み隠さず話しました」

「だから、確認だけだよ。ええっと……」

コロンボは手帳のページをめくり始める。そのゆっくりとした動作が、デイビットの苛立ちを加速させた。

「警部！」

「あった！　おまえさんがＪＪを撃ったときのことだ。『彼は自分に気づくと、とっさに銃を抜きました。銃はズボンの尻ポケットに入っていたと思われます。右手で銃を持ち、自分に銃口を向けました』。これで間違いないね」

「ええ。だから、危険を感じ、やむなく発砲したんです」

コロンボは手帳を閉じると、カウンターの向こうへとを回りこんだ。

「こいつを見てくれないか」

コロンボが示したのは、戸棚の一番上にある手提げ金庫だ。

「それが何か？」

「こいつは事件後の現場検証のときも、ここにあった。中には三十五ドル入っていた。ＪＪは、どうしてこれを見逃したんだろう？」

「はした金だからでしょう」

「金庫には動かしたあとも、中を見たあともないんだよ。外から見ただけじゃ、中にいくら入っているか判らない。レジに入っていた金も五十ドルほどだ。

もしあたしがＪＪの立場だったら、まずこの金庫を棚から下ろして、中身を確認しようとするだろう。百戦錬磨のＪＪが、金庫を見落とすなんてことはないだろうからね」

　言われてみれば、そうだ。店に押し入りボブを殴るよう指示したのはデイビッドだが、盗みについてはＪＪに任せていた。ヤツはなぜ、金庫に手をつけなかったのか。

「さあ、私には判りません。ただ、店主のボブはカウンターの向こうに倒れていました。金庫を取るには、彼を跨いでいかねばならない。それが心理的な抵抗になったのではないでしょうか」

「なるほど。そいつはあるかもしれない」

　そう答えながら、コロンボは店奥の冷蔵棚へと移動する。

　今度は何なんだ？

　コロンボは冷蔵棚のドアを開く。そこは酒ではなくジュースやミネラルウォーターなどが並んでいた。

「ＪＪが持って行ったコーク。あれは倉庫の中から持ちだされたものだった。ロット番号で確認済みだ。君が見たとき、ＪＪはコークを飲んでいたんだね？」

「ええ。美味そうに飲んでいましたよ」

「どうして、こっちの冷えたヤツを取らなかったんだろう？」

　コロンボが指さした最上段の棚には、よく冷えたコークが並んでいる。

「飲みたいのなら、倉庫のぬるいヤツなんかじゃなく、こっちを取るだろう？」

　デイビッドは苦笑するよりない。

「そんなこと、私には判りません。倉庫を物色中、急に飲みたくなった。ただそれだけかもしれません。我々の気配に驚いて、とっさに一缶取って逃げたんでしょう。深い意味なんてないと思いますが」

「しかしあたしの推理じゃね、ＪＪが逃げたのは、おまえさんたちが到着するよりずっと前なんだ」

「警部、まだそんなことを？　コークのシミがないとか、コーヒーメーカーの電源が切れた時間がどうとか、どちらもあやふやな推理でしかない」

コロンボはやぶにらみの目でこちらを見上げながら、言った。

「JJは何年か前に、交通事故に遭っていてね、右肩を酷く痛めていたらしい。痛みを取るため鎮痛剤を使い、そこから薬にはまっちまったんだ」

「だから何だと言うんです？　ヤツに同情しろとでも？」

コロンボは後頭部の左側を自身の指でトントンと叩きながら続ける。

「頭を殴られた店主のボブなんだが、ここのところ、後頭部といっても、少し左側を殴られているんだ」

「JJが銃床で殴ったんですよね」

「医者の話だと、傷の位置から考えて、JJは左手に銃を持って殴ったらしい」

その件は初耳だった。コロンボは言う。

「JJが右利きであったことは間違いないんだ。ならどうして、わざわざ左手に持ち替えて殴ったりしたんだろう」

「必ずしもそうとは言い切れないでしょう。殴ろうとしたとき、ボブが気配に気づき、振り返ろうとしたのかもしれない。ほんの少し体重を移動しただけでも、傷の位置は変わります」

コロンボはコートのポケットからクシャクシャになった書類を一枚取りだした。

「JJの遺体をもう一度、鑑定してもらったんだ。特に右腕のね。状態はかなり悪く、彼は右腕がほとんど上がらなかったようなんだ」

「え⁉」

デイビッドは、ここまでコロンボが言い立ててきたことの真実に思い至った。

コロンボは続ける。

「棚の上にある手提げ金庫を、JJは取りたくても取れなかったんだ。冷蔵庫のコークも同じ。ボブを左手で殴ったのも」

デイビッドは軽いめまいを覚え、カウンターに手をついた。

「デイビッド、おまえさんは、JJが右手で銃を持ち、銃口を自分に向けたと言ったね。彼にそんなことはできっこないんだよ」

デイビッドは必死で逃げ道を探した。こんなことで、こんなことで……。

そのとき、店のドアを開け、ネッドが入ってきた。デイビッドは、彼にすがりつきたい思いだった。

「ローガン巡査！　あなたは、私に銃を向けているＪＪを見ましたよね。ヤツが右手で銃を向けた、だから私は撃ったんだ。あなたも見たでしょう？」

相棒の目を見ながら、デイビッドは必死に訴えた。

だが、彼の目は冷たく光るだけだった。ネッド・ローガンはゆっくりと首を横に振った。

「いや、私は何も見ていない」

コロンボはデイビッドの前に立ち、言った。

「ゴールデンルーキーと呼ばれていてもね、ルーキーはルーキー。あたしにとっちゃ、まだまだひよっこだよ」

協力・町田暁雄

奪われた結末

降田天

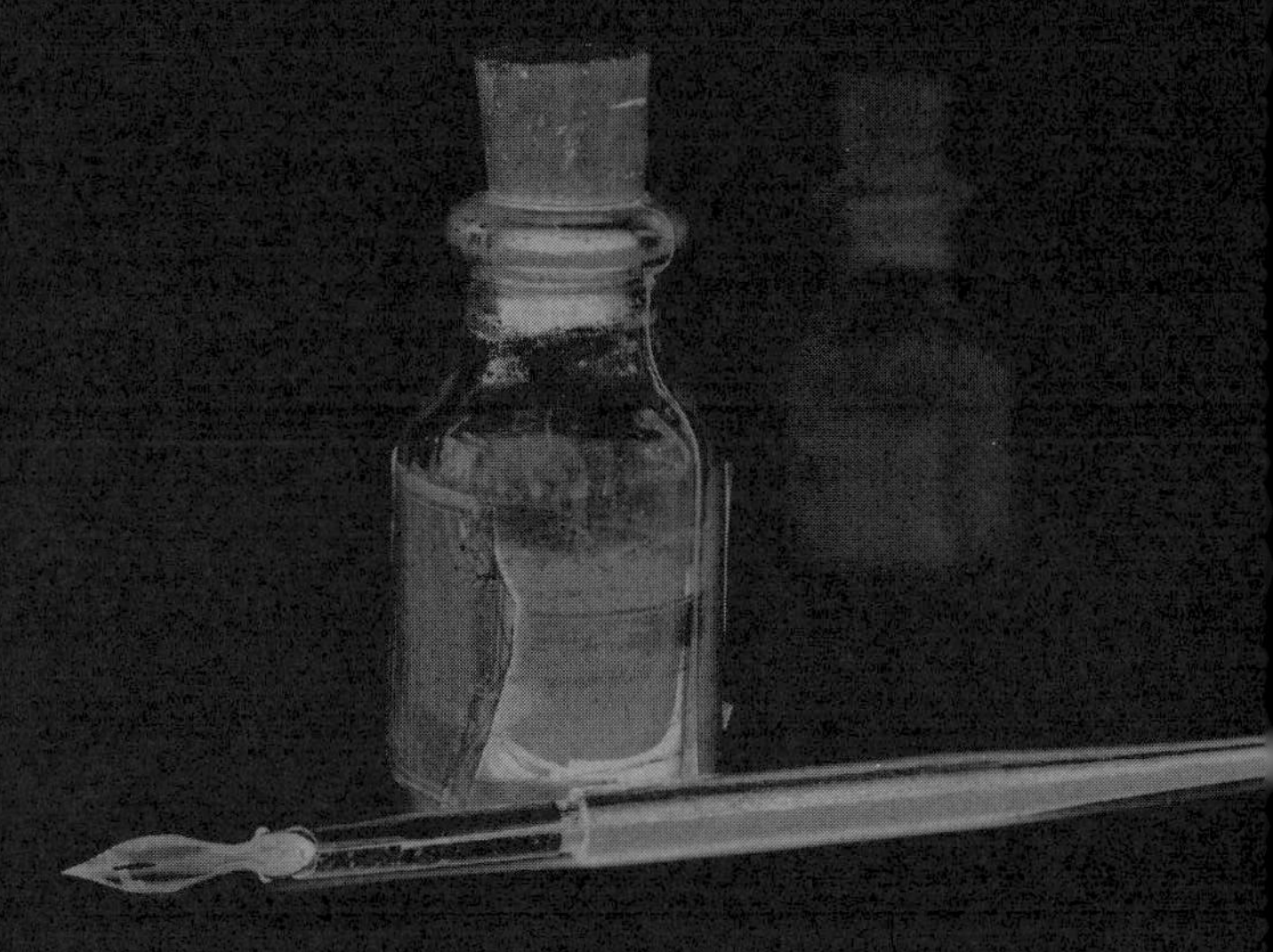

1 9 7×年

——ある「コロンボらしからぬ」犯人との対決

RETURN OF COLUMBO

降田天（ふるた・てん）

大学の同級生だった萩野瑛と鮎川颯による共同ペンネーム。他の名義に鮎川はぎの、高瀬ゆのかがある。

萩野は1981年生れ、茨城県出身。鮎川は1982年生れ、香川県出身。ともに早稲田大学第一文学部卒業。2007年、「横柄巫女と宰相陛下」が第2回小学館ライトノベル大賞〈ルルル文庫部門〉期待賞を受賞し、鮎川はぎの名義でデビュー。2010年からは、高瀬ゆのか名義で少女漫画・映画のノベライズも手掛ける。2014年、降田名義の『女王はかえらない』で第13回『このミステリーがすごい！』大賞受賞。

田舎の小学校を舞台に、スクールカーストとエスカレートするパワーゲームの末に起こった事件を描いた強烈な後味を残す作品として注目を集めた。

巧みな心情描写と騙りの詐術に定評があり、表題作が日本推理作家協会賞（短編部門）を受賞した『偽りの春』は、犯罪に至る人々の心理と、その盲点を精緻に描いた連作。

執筆スタイルは、萩野がプロットを作成し、鮎川がそれを小説化する形だという。

『コロンボ』偏愛のエピソードは『忘れられたスター』。

レベッカ・ベイリーの自宅の電話が鳴ったのは、彼女が髪を乾かし終え、疲労の抜けきらない体を軋むソファに沈む込ませたばかりの午後十時十五分のことだった。夜更けの電話はいつもレベッカに不吉な予感を抱かせる。したがって「はい、ベイリーですが」と応じた声は、いささか陰気かつ不審感をはらんだものになった。

「ああ、よかった、出てくれて。ぼくだよ、エヴァンだよ」

電話の相手はエヴァン・クラークだった。レベッカは二年ほど前から彼の家で通いのメイドとして働いている。

親子ほど年の離れた若い雇い主は、これで希望がつながったとばかりに興奮してまくし立てた。

「万年筆のインクが切れてしまったんだ。だが、ぼくには締め切りがあって、明日の昼までにはこの原稿を完成させなくちゃならない。申し訳ないけど、きみ、今から調達してうちに持ってきてくれないか？　ファーバーカステルのロイヤルブルー。勤務時間外なのはもちろん承知しているが、ピンチなんだ。もうこの際、別のインクでもかまわないから」

レベッカはため息をつき、骨が目立つようになった手で受話器を握り直した。

「エヴァン。ご要望にお答えしたいのは山々ですが、もう文房具店は閉まっていますよ。タイプライターでお書きになったらどうです。出版社の方も、あなたの個性的な字を読み解くより活字のほうが効率的だと、常々おっしゃってるじゃありませんか」

話しながら、レベッカは独り暮らしの居間に視線を滑らせた。洗濯のくり返しで柄の薄くなったカーテン。二人用の小さなテーブル。その上に飾られた一枚の写真。ほかには花のひとつも飾られていないせいで殺風景に見える。隅に置かれた本棚のところで目が止まった。この家で最もカラフルな場所だ。真ん中の段にずらりと並べられた本の背表紙には、形も大きさもさまざまなフォントでエヴァン・クラークの名が記されている。三十代で確固たる名声を築いた人気作家。

「ああレベッカ。ぼくも常々言ってるはずだよ。一字一字をみずからの手で記すことによって、作家の魂は作品に込められる。少なくともぼくはそう信じてる。だから……」

「わかりました。今思い出しましたが、瓶でなくインクカートリッジでもよければ、私の家にもストックがあったかもしれません。確認して、あったならばお持ちします」

「そうかい！　では待ってるよ！」

レベッカの話を正確に理解したとは到底思えない性急さで、エヴァンは電話を切った。本当に急いでいるようだ。

レベッカはソファから立ち上がって、ベテランのメイドらしくきびきびと動きはじめた。戸棚を確認したところ、記憶のとおりペリカンのロゴとロイヤルブルーの文字が記された小箱が見つかった。親指と人差し指でつまんで軽く振ってみると、プラスチックが厚紙とぶつかってカラカラ鳴った。

それからの動きはいっそう早かった。若い娘の四分の一の時間できっちり身支度を調え、インクカートリッジの入った小箱をジャケットのポケットにしまう。そして、レベッカより二十年ほど人生経験の足りない愛車（だが車の世界では、そこそこ高齢の部類に入るだろう）に乗り込んだ。

安普請の家々がひしめき合うホーソーンを抜け、海沿いの道に沿って、エヴァンの暮らす高級住宅地、マンハッタンビーチへ向かう。通い慣れた道なので、迷うことなく最短の距離と時間で到着する。

レベッカは車から降りると、長い付き合いの腕時計を確認した。十一時。行儀のよい近所の住人たちは、すでに夢のなかか、ソファでグラスを片手に寛いでいるのだろう。見まわしても通りに人影はなく、猫の鳴き声ひとつしなかった。

玄関に立ってチャイムを鳴らすと、ほとんど時間を置かずにドアが勢いよく開かれた。現れた作家は、すべてがくちゃくちゃだった。昼間に理髪師に整えさせたばかりの黒い髪は乱れ、シャツの襟もとは崩れ、袖は雑にまくり上げられている。やたらに髪をいじるのが彼の悪癖だったが、服装が乱れていることは珍しい。レベッカは一瞬眉をひそめたものの、すぐに平静な表情の下に不審を引っ込めた。

「お望みのものをお持ちしました。先ほど申し上げたとおり、瓶ではなくカートリッジですが」

ポケットから取り出された小箱を見て、エヴァンは端正な顔を子どものように輝かせた。

「さすがきみだ。やはり今まで出会ったなかで最高のメイドだよ」

深夜のお使いに嫌な顔ひとつせずに対応するところを評価されているのだと思うと、心にかすかに波が立つのを感じたが、レベッカはこれも先ほどと同じようにやり過ごした。メイドに求められるのは、いついかなるときでも平静であること、もしくは平静であるふりをすることだ。

「それでは失礼いたします」

「いや、待ってくれ。ついでに掃除を頼まれてくれ」

小箱を渡して去ろうとしたレベッカを、エヴァンはあわてて引き留めた。彼女の背に手を回して室内に押し込み、玄関の扉を閉める。

「場所は書斎だ。ぼくは風呂に入ってくるから、そのあいだに頼むよ。インクはデスクのわかりやすい場所に置いといてくれ」

返事を待たずに、エヴァンはバスルームのある二階へ小走りに上がっていった。レベッカは数秒、彼の背中を見守っていたが、すぐに頭を切り換え、インクカートリッジの小箱をジャケットに戻して書斎へ向かった。

広くて快適な部屋には、作家の書斎といって想像するほどには本のたぐいは多くない。庭に面した壁がガラス張りになっており、日中の明るさと心地よさは申し分ない一方で、直射日光は本にとってよくないというのがその理由だった。白い壁面にはエヴァンの愛好するモダンアートの作品が飾られており、窓辺に置かれたコロニアル様式のデスクセットとの組み合わせは、いつ見てもミスマッチだった。少なくともレベッカには理解できないセンスだ。

そして今は、さらにレベッカのセンスに合わないものが加わっていた。デスクの下のカーペットに広がった、直径十インチはあろうかという青黒い染み。デスクの周りに散乱したチョコレートの包装紙（エヴァンは糖分補給と称して、よくスイス製の丸いチョコレートを食べていた）。インテリアの嗜好よりもはるかに大きな問題だ。

レベッカは散らかったデスクをあきれた思いで見た。いつもチョコレートを入れているガラスの器。乱雑に重ねられた原稿の束。その上に放り出された万年筆。そして、二つ並べて置かれたインクの瓶。一つはふだんエヴァンが使っているファーバーカステル社の染料インク、もう一つは見慣れないブランドの顔料インクだ。カラーは両方ともロイヤルブルー。どちらも蓋が開けっぱなしで、顔料インクのほうは、瓶の口から側面にかけてインクが流れた跡がある。手が汚れないよう気をつけて二つのインク瓶をつまみあげる。どちらも空だった。

察するに、いつも使っている染料インクが切れたので、エヴァンはあわててストックを探したのだろう。すべて中途半端に開いている引き出しが、そのことを物語っている。そして彼は何段目かの引き出しの奥から、おそらくなにかの記念品かプレゼントでもらったきり放置してあった、顔料インクの瓶を見つけ出した。顔料インクは染料より扱いが難しいため、エヴァンは使わないはずだった。だが背に腹は代えられないと判断し、大急ぎで開封したところ床に落としてしまった。その結果がカーペットのこの有様だ。

詳細は違うかもしれないが、レベッカにとって重要なのは、カーペットに落ちたのが染料ではなく顔料インクだろうということだった。レベッカは頭のなかで、インク汚れに効果がありそうな洗剤をリストアップした。書斎を出て厨房奥の備品庫に向かい、目的の洗剤を選び出す。階段の前を通り過ぎようとしたとき、階上から水音とエヴァンの鼻歌が聞こえた。

書斎に戻ったレベッカは、チョコレートの包装紙を残らずくず入れに放り込んでから、カーペットに取りかかった。染みになった部分に洗剤をつけ、タオルでたたいて落としていく。根気のいる作業ではあったが、淡々と続けるうちに徐々に薄くなってきて、額に汗が浮かぶころにはほとんど見えなくなった。顔料インクでよかった。染料インクであればもっと手強かったはずだ。万年筆に使われる染料インクは、水には溶けやすいものの、肌や布に付着すると非常に落ちにくい。

だいたいのインクをタオルに移してしまえば、あとは漂白剤を溶かした湯にしばらくつけ置きし、乾燥機にかければ終了だ。つけ置きに一時間は必要だと思うとうんざりするが、哀れなカーペットはそれで完全に元通りだろう。幸いインクは床には達しておらず、こちらは軽く水で拭いてやるだけでよかった。

ランドリールームでカーペットをつけ置きしているあいだに、今度はデスクの整理に取りかかった。エヴァンの指示を受けてからかなりの時間がたっていたが、いまだ彼が書斎へ来る気配はなかった。締め切りがあるのではないかと気になったが、尻をたたくのはレベッカではなく編集者の仕事だ。鍵のかかっている棚以外はレベッカが触っていい約束になっていた。引き出しを開き、エヴァンがインクを求めて引っかきまわしたものを整頓し、アンティークの木材が傷まないよう心がけて閉め直す。

ふと、娘のサラが幼かったころのことを思い出した。サラはいつも引き出しをきちんと閉められず、レベッカが気づいては直してやっていた。あれから二十年近くたって、三十を越えた他人に対して同じことをしている。ほんの一瞬、レベッカは自分の人生というものについて考えた。サラのこと。エヴァンのこと。自分のこれからのこと。

気が遠くなるのを感じて、指先に意識を戻した。この仕事に必要なのは、頭ではなく手を動かし続けることだ。チョコレートを減った分だけ補充する。空のインク瓶は二つ仲よくくず入れへ。代わりに持参したカートリッジの箱を置く。

最後に原稿の束に手を伸ばしかけて、思いとどまった。それは鍵のかかった棚以外で唯一、触れることを許されていないものだった。しかし角がきちんとそろっていないのはどうにも気持ちが悪い。ベテランメイドの習性というよりも、生まれついての性格だった。こんな夜更けに重労働をする羽目になったのも、もとはといえばこの原稿のためだと思えば、ほんの少しの逸脱は許されるのではないか。

手に取った原稿には、それなりの厚さと重さがあった。一番上の紙には、『一生』とタイトルらしき言葉が癖のある字で書かれていた。あの世間知らずで気の利かないエヴァンが描く一生——誰かの人生とはどんなものなのだろう。レベッカは彼の著作にはほとんど目を通していたが、それまでの作品はどれも通俗的だった。

仕事に特化しているはずの自分の指が、業務とは無関係な動きを始めるのを、レベッカは看過した。体の司令塔である脳が原稿の内容に強い興味を示していた。しかし、すべてを読んでいる時間はない。エヴァンはときによっては長風呂ではある（彼にはバスタブのなかで飲酒をするという悪癖があった！）が、長編を読み切るあいだ風呂に浸かっていられる者がいるとしたら、それは死人くらいだろう。

レベッカはぱらぱらと原稿を繰った。主人公は女。名はアビー。いい名前だ。若く才能があり、夢にあふれている。ビデオテープを早送りするように、彼女の人生を読み進める。若者が誰でもぶつかる挫折。彼女を支えるには足りない、幼すぎる恋人との別れ。新しい環境での再スタート。そして、今までアビーの世界には存在しなかった大人の男性との出会い。

　レベッカは紙をめくりながら思った。アビーは常に明るい未来の予感に胸を躍らせているが、それはなにもかも彼女の主観にすぎないのだ。レベッカの目には、彼女の人生の記録は不吉な翳りを帯びて見えた。それはどんどん濃くなっていくだろうことも知っていた。エヴァンがこんなに残酷で皮肉な小説を書けることに、レベッカは驚いていた。

　原稿の残り枚数はわずかであるにもかかわらず、アビーはまだ二十代の若い娘のままだった。タイトルにふさわしくない緩やかな時間の進み方に、レベッカは少し前に読んだ『エドウィン・マルハウス』という小説を思い出した。エドウィン少年が十一歳で亡くなるまでの物語だ。アビーの人生は最終章に入っていた。恋人に裏切られた彼女を、さらなる不幸が襲った。突然の心臓発作。ポケットから転げ落ちたスイス製のアーミーナイフが、蛍光灯に照らされて寒々しく光る。物語は——彼女の人生はあっさり終わった。エヴァンの字で記されたエンドマークは、インク不足のために見えないくらいにかすれていた。

　レベッカは原稿を置いた。これは今までのエヴァン・クラークの著作とは違う、彼の新しいチャレンジだ。だが、駄作だった。許しがたいほどに、信じられないほどに、価値のない、くだらない、つまらない作品だった。特にいけないのはアビーの最期だ。メイドが雇い主の仕事に口を出すのは明らかに職分を超えた誤りだが、作家がこんな作品を世に出すのは、それ以上の誤りではないだろうか。

　一つの決意が胸に生まれた。レベッカ・ベイリーは母でありメイドであったが、たった今から、そこに犯罪者の肩書きを加えることに決めた。

　レベッカはジャケットの内ポケットから作業用の手袋をひっぱり出し、両手にはめた。なにかのときのために携帯しているものだが、これからやろうとしていることこそがまさにそれだった。できる限り足音を立てぬよう細心の注意を払って、二階へ続く階段を上った。バスルームから鼻歌は聞こえない。扉に耳を当て、なかの様子をうかがった。ぽちゃり、ぽちゃりと、かなりの間隔を空けて水滴が垂れる音がする。そろそろと細く扉を開けてみると、バスルームの中央に据え置かれたバスタブのなかで、エヴァンは目をつぶっていた。口はだらしなく半開きになっていた。壁に備え付けられた棚にキャップの開いたブランデーの瓶があるのを見て、レベッカは予想が当たっていたことを確信した。エヴァンはいつもの癖で湯に浸かって飲酒をし、そのまま眠り込んでしまったのだ。危険だと再三、注意してきたが、今はありがたい。

レベッカは注意深くバスタブに近づき、真上からのぞき込んだ。エヴァンはバスタブの縁に頭をもたせかけ、軽くいびきをかいていた。濃い色の胸毛に覆われた胸が、穏やかに上下している。いい夢を見ているのだと思った。ならばこのまま目覚めないのも一つの幸せだろう。

レベッカはエヴァンの頭を両手でつかみ、力いっぱい湯のなかに押し込んだ。エヴァンは手足を激しくばたつかせ、レベッカの手を払いのけようとした。おそらくなにが起きているのか理解しないままの、本能的な行動だった。若い男の力は想像以上に強く、失敗の文字がレベッカの脳裏をよぎった。だが同時に、さっき読んだばかりの小説の一文が思い浮かびもした。『やり遂げることこそ、なによりも重要なこと』――渾身の力を込めて、レベッカは男の頭を湯のなかに押しとどめた。一秒、十秒、二十秒、三十秒……時間の経過がわからなくなったころ、エヴァンの抵抗が消えた。それでもレベッカは力を緩めなかった。そしてもう充分だと信じられるだけの時間がたってから、ようやく手を離して濡れた床にへたり込んだ。もう二度と立てないと思うほど疲れ果て、これから先の命の前借りでもしたかのようだった。

少しの休憩のあと、それでもレベッカは立ち上がった。バスタブのなかではエヴァンが永遠の眠りについている。レベッカも今すぐベッドに飛び込んで休みたかったが、まだやるべきことが残っていた。まずは水滴を垂らし続ける蛇口を締めた。必要な行為ではなかったが、それによって自分を取り戻せた気がした。母でありメイドであるレベッカ・ベイリー。

　バスルームを入念に点検し、自分がここに入った痕跡が残っていないことを確認すると、レベッカは急いで一階の書斎に戻った。レベッカの考える筋書きにおいて、エヴァンは入浴中に飲酒をして眠ってしまい、そのまま溺死したことになっていた。彼が亡くなった時刻にレベッカがこの家にいたという痕跡は、日々のハウスクリーニング以上に完璧に消去しなくてはならない。エヴァンは整理整頓が苦手だった。特に締め切りが迫っているときは。明日の朝、遺体が発見されたときに書斎が整った状態では、不審を招くことになりかねない。レベッカ自身が第一発見者になる予定ではあるものの、万が一ということもある。やり終えた仕事をもとに戻していくのは腹立たしい作業だったが、しかたがなかった。

　二つの空のインク瓶をデスクの上に戻そうとして、ちょっとした問題に気づいた。カーペットにこぼれた顔料インクはすべて除去してしまい、もとに戻すことはできない。万年筆のインクは、同じ名前の色でもメーカーによって微妙に発色が異なる。エヴァンの原稿は、ファーバーカステル社のロイヤルブルーを使って綴られた。ここにそれとは違うメーカーのインクの空瓶があれば、警察の捜査が入ったときに、用途をいぶかしむ勘のいい刑事が現れないとも限らない。レベッカは、顔料インクの瓶と、持参したインクカートリッジの小箱を持ち去ることに決めた。エヴァンがインクをこぼしたことは、誰も知りようがない。

　そしてもう一つ、なにより重要なものを忘れてはいけなかった。エヴァンの書いた原稿の、最後の章。これを持ち去るためにこそ、レベッカはエヴァンを殺害したのだ。

　乾燥機の仕事が終わるのを待って、レベッカはカーペットを取り出した。すっかり元通りだった。我ながら惚れ惚れするような手腕だ。年齢というハードルがあるとはいえ、これだけの技術を持つメイドなら、きっとすぐに新しい雇い主が見つかるだろう。カーペットを書斎に敷き直し、くず入れからチョコレートの包装紙を取り出してデスクの周りにばらまいた。これでなにもかもやり遂げた。

合鍵で玄関を閉めてエヴァンの家を出たのは、午前二時少し前のことだった。出勤は午前九時。これから帰宅してシャワーを浴びるとして、どれくらい眠れるだろうか。一分一秒でも早くベッドに入りたかった。殺人が家事以上に疲れる仕事だということを、レベッカはこの日はじめて知ったのだった。

＊

ロサンゼルス市警殺人課のコロンボ警部に、事件と事故の両面の可能性がある死体が発見されたという報せがもたらされたのは、遺体の発見から一時間がたった午前八時のことだった。コロンボが現場であるマンハッタンビーチの邸宅に到着したのは、それからさらに一時間たった午前九時。すでにそこにいたパトロール課の制服警官たちに、コロンボは軽く挨拶をした。

「いやあ、車の具合が悪くてね。あれは年寄りなもんだから」

「警部の車と違って、今回の遺体はまだ若者ですよ」

遺体は三十四歳の男性のもので、名前はエヴァン・クラーク。職業は作家。湯を張ったバスタブのなかで亡くなっているところを、担当編集者のポール・アダムスとメイドのレベッカ・ベイリーが発見し、警察に通報したということだった。

コロンボは案内されて二階のバスルームへ向かった。すでに遺体はバスタブから引き上げられ、床に寝かされていた。遺体を調べていた検視官のアンダーソンは、手際よく自分の仕事を続けながら、死因は溺死であり、死亡推定時刻は午後十一時から午前一時のあいだだろうということと、死者が風呂に浸かって飲酒をしていたのだろうということを語った。解剖せずにわかるのはそれくらいらしかった。壁に備え付けられた棚には、ブランデーの瓶がキャップの開いた状態で置かれており、壁と同様に湿気による水滴でびっしょり濡れていた。

コロンボはいくぶんやぶにらみの目を瓶のラベルに近づけ、ひゅうと口笛を吹いた。

「ヘネシーのナポレオンか。あたしが思うに、こいつは風呂なんかで飲むような酒じゃないね」

「私もそう思いますが、結果として人生最後の酒としては正解だったんでしょう」

検視官はつまらなそうな顔で同意した。

「発見者は二人だって？」

「ええ。今日が原稿の締め切りだったらしく、編集者のアダムスが早朝の六時半に回収に来たところ、呼び鈴を押してもまったく反応がなかったので、メイドのベイリーに電話をして合鍵を持ってきてもらったそうです。二人から話を聞くなら書斎にいますよ」

「うん……」

コロンボはバスルームを見まわした。ヨーロッパ製のシャンプーや石鹸。いかにも着心地がよさそうなガウン。かごに脱ぎ捨てられたシャツ。

「そうしたほうがよさそうだ。ところで、殺しの可能性があるってことであたしは呼ばれたわけなんだが、どうなんだろう」

「風呂で一人で溺死ですからね。事故も殺人もありうる。だが発見者たちの話を聞く限りじゃ、事故の可能性が高そうです」

「ふうん、そうかい。そんなら無駄に急いで来たことになる。殺しじゃないに越したことはないがね」

遺体発見者の二人は、書斎のデスクのそばに、途方にくれた様子でたたずんでいた。ほかに丸顔の警官がひとりいて、手帳になにやら書き込んでいる。一通りの事情聴取は終わったようだった。

「遅くなって悪いね」

「ああ、警部。殺人課の方に来ていただいてしまって、なんだか申し訳ありませんね」

警官がコロンボに答えた瞬間、発見者たちは同時にコロンボを見た。

「殺人ですって？」

エヴァンの担当編集者――たしかポール・アダムスが、とんでもないとばかりに唇を震わせた。まだ学生の雰囲気を残した気の弱そうな男で、スポーツジムの前に立って入会しようかどうかためらっているような立ち姿だ。ポールは弱々しく首を振った。

「ああ、でも、彼を殺したのはぼくかもしれない」

「と、おっしゃいますと?　ああ、すいませんね、自己紹介もなく。あたしは殺人課のコロンボと言います。話を続けて?」

動揺している若い編集者の背に、初老のメイドがそっと手を置いた。白髪交じりの髪を後頭部でひっつめた、いかにもしゃんとした女で、年齢も落ち着きぶりもポールとは好対照だった。

「中途半端な言い方をすると、警察の方にとんでもない誤解を与えてしまうわ。ちゃんと説明しないと」

「……はい。ぼくは今日の朝までにどうしても原稿を上げてほしいと、ここ数日のあいだ先生にプレッシャーをかけつづけていたんです」

「その結果、作家先生が亡くなられたと?　ちょっとよくわかりませんな」

ポールは大きく息を吐き、重厚な木製のデスクに置かれた紙の束を指さした。

「そこにあるのは、ぼくが依頼していた原稿です。さっきそちらの刑事さんと一緒に中身を確認しましたが、書き終わっていませんでした。最後のパートが丸々ないんです。エヴァンは締め切りが強いストレスになって、逃避のために風呂で飲酒したんですよ」

コロンボはバスルームにあった、けっして安くないブランデーを思い出した。

「なるほどねえ。だが、締め切りが迫っていたのに酒を飲んで風呂に入るなんて、えらいちぐはぐな行動に思えるんですが。芸術家ってのはそんなもんなんですかな」

「エヴァンは過去にも同じようなことをやらかしてるんです。居眠りして溺れて、意識不明になって病院に担ぎ込まれたこともあります。彼の酒癖については先輩から聞いてたのに……」

「なるほど。病院のカルテを当たれば確認がとれそうだ。メイドさん、あんたもご存じ?」

「ベイリーです。私がこちらでお世話になってからは病院沙汰になることはありませんでしたが、悪癖は知っていましたので、気がついたときには注意をしておりました」

「つまり、あんたがいるときに風呂に入って飲んだのではないと？　昨日は何時までこちらに？」

「勤務時間は朝の九時から夜の九時までです」

「きりがよくて憶えやすいですな。警察の仕事なんか、勤務時間なんてあってないようなもんですよ。ベッドに入ったところで呼び出されることもしょっちゅうです」

コロンボの軽口に、レベッカは少しも笑わなかった。

「先生はふだんこの部屋でお仕事を？　家自体もそうですが、この机なんかもたいそう立派なもんですな。年代ものでしょう。あ、こちらの原稿は拝見してもかまいませんかね」

原稿の束に指をかけて尋ねると、ポールは苦しげな表情でどうぞと答えた。丸顔の警官が、いちおう指紋は採取済みですと言い添えた。

『人生』と一ページ目に記されたそれを、コロンボはパラパラとめくっていった。字の癖が強く、はじめて見るコロンボには解読は難しかった。

「こいつはどういう話なんで？　おっかないのは苦手でね。だけど悲しい話も悲しくなっちまうし」

「ある女性が若くして亡くなるまでの人生を追いかけた、ディケンズばりの大河小説になるはずでした。あくまでも、事前にもらっていたプロットどおりだったなら、ですが」

「そういうのはご遠慮願いたいね。この人は、ふだんからそういう作品を書いてたんですか？」

「いろいろですけど、これは新境地になる予定でした」

コロンボの指が最後のページにたどり着いたところで、ポールはため息を吐いた。

「ねえ、ヒロインが体調にちょっとした異変を感じて、そこまでで終わってしまっているんです。締め切りに間に合わなかったんですよ」

「なるほどねえ。たしかに終わってない。う一ん……」

「なにかおかしな点でも？」

レベッカに不審げに訊かれ、コロンボはくしゃくしゃの髪をかきまわした。

「いえね。アダムスさんがさっき、クラークさんは書くのに詰まって酒を飲んだって言ってましたがね、あたしなんかは頭のなかのことをまとめるのに困ったとき、途中で詰まるんですよ、途中。だから小説ってのも、場面の途中で詰まるんじゃないかと思ったんです。だけどこいつは、えらい切りがいいところで止まってる。きれいに最後の場面だけがない。クラークさんは詰まったんじゃなくて、切りがよくなったから風呂に行ったように思えてしまってねえ」

「それは……そうかもしれません」

ポールは首を縦に動かしたが、うなずいたのかうなだれたのかわからなかった。

「でもどちらにしろ同じことですよ。きりがよくなって風呂に行ったなら、自分に発破をかけるために飲酒をしたってことでしょう？　やっぱりぼくのせいです」

彼はなにがなんでも自分のせいにしたがっているようだった。

「ベイリーさん、あんたの意見は？」

「私は小説のことはわかりません。私の仕事は、この家のハウスキーピングですので」

「そりゃそうだ。じゃあ、そちらの方面についてお聞きしたいんですが、デスクの上に空のインク瓶があるでしょ。こういうものを片付けるのは、やっぱりあんたのお仕事なんですか？」

「そうです」

「でも、片付けてない？」

「……実は昨晩、帰宅後にエヴァンから電話があったんです。インクが切れたので買ってきてほしいと。ですが十時も過ぎていたので、店はすべて閉まっているはずだと言って断りました」

「つまり、あんたの勤務時間外に瓶が空になったので、片付けられなかったと」

「ええ。もしも今日、エヴァンがこんなことになっていなければ、そこらに散らばっているチョコレートの包装紙と一緒に片付けていました」

「なるほど。クラークさんがあんたの家に電話した時間は、通話記録で確かめさせましょう。そうすれば、少なくともその時間までは彼の身に何事もなかったことが証明できる」

丸顔の警官に指示すると、彼はいくらもしないうちに報告を持ち帰ってきた。

「たしかに、昨日の午後十時十五分に、この家からベイリーさんの家に電話がかけられていました」

「ほかにめぼしい通信の形跡は？」

「同じく午後十時四十五分にも、ベイリーさん宅に電話がかけられています」

コロンボはぽんと手を打ってレベッカに向き直った。

「電話は二回かかってたんですね。なんでそう言ってくださらなかったんです」

「……その時間にはもう寝ておりましたので、気づきませんでした」

レベッカの歯切れが悪くなったことに、コロンボはおやと思ったが、態度には出さなかった。

「無理だと言われたのにまた電話をするなんて、クラークさんはインクが切れてよほど困ってたんでしょうなあ。……いや、待てよ。これはやはり妙ですな」

「いったいなにが妙なのです」

「亡くなられたクラークさんは、この万年筆でふだん原稿をお書きになっていたので？」

レベッカはいぶかしげに眉をひそめて、ええと答えた。コロンボは自分の給料の二ヶ月分はしそうな万年筆を手に取り、キャップを外した。

「あたしはね、よくペンをなくしたり忘れたりするんですが、こんなみごとなものなら、さすがになくさないだろうなあ。ちょっとなにか書いていい紙はありませんか。ああ、どうもありがとう。うん、紙も署の備品とは触った感じからして違いますな」

言いながら、コロンボはレベッカから渡された便せんにペンを走らせた。しかしインクは出なかった。

「ね、妙でしょう？」

　ポールとレベッカの顔を交互に見て、コロンボは首を傾げた。ポールのほうが当惑顔で口を開く。

「よくわからないんですが、なにがおかしいんでしょうか。インクが切れたから、先生はベイリーさんに買ってきてくれと頼んだんですよね」

「ああ、言葉が足りなくて申し訳ない。あたしが妙だと言ったのは、万年筆のインクはすっからかんなのに、原稿の最後のページの文字が全然かすれてないってことなんですよ。インクが少なくなってきたら、文字はだんだんとかすれていくもんでしょう」

　ポールは目を見開き、あわてて原稿の一番下のページを引っぱり出した。コロンボが指摘したとおり、インクの濃淡はあれど、文字の線はどれも滑らかにつながっている。

　コロンボは思いついた可能性を述べようとしたが、レベッカの不機嫌そうな声に阻まれた。

「突然インクが出なくなることもあるでしょう」

　彼女はさっきから床が気になってしかたない様子で、そんなことよりも早く片付けをさせてくれと言わんばかりだった。職務に忠実なタイプらしく、今はチョコレートの包装紙が散らばっているものの、カーペットは新品のようにぴかぴかだ。

　自分もそう思います、と警官が言った。警部はなぜそんなことを気にしているんだと顔に書いてある。彼はもう充分に仕事を果たしたと考えているようだった。

　コロンボは肩をすくめ、ひとまず退散することにした。


　それから三日後の晴れた午後、コロンボは葉巻を片手にレベッカ・ベイリーの自宅を訪ねた。アポイントメントのない訪問だったので、よれよれのコートを着た刑事と玄関で鉢合わせするなり、レベッカは露骨に顔をしかめた。

「なんのご用でしょうか。こちらは今、立て込んでいるのですが」

「いやあ、やっぱりなんだかしっくりこなくて、あんたから生前のクラークさんのお話なんかをうかがえればと思ったんですが」

コロンボは図々しさを発揮して、レベッカの居間にするりと足を踏み入れた。五十代の女の独り暮らしの家は、きちんと片づいていて清潔だった。部屋の隅に大きな本棚が置かれているのが、ちょっと目を引くところだった。

「やっぱりエヴァン・クラークの本が多いんですなあ。個人的にもファンだったんですか？」

「ファンだったわけではありませんが、もともと読書は嫌いではなかったので、彼の家でメイドをするようになってから、自然とこうなったのです」

レベッカの口調は硬く、丁重に接してやっているのだから早く帰ってくれと言外に主張していた。

コロンボは気づかぬふりをして、本棚に近づき、目についた一冊を手に取った。瞬間、レベッカの体から怒りとも焦りともつかない感情の気配が立ち上るのがわかった。その本は色鮮やかな黄色のブックカバーで包まれていたが、やはりエヴァンの著作だった。なるほどなるほど、とコロンボは一人でうなずいた。それから、小さな二人用のテーブルに飾られた写真を、葉巻を持った手で指し示した。シンプルなウッドフレームのなかで、若い女が笑っている。生気にあふれるはつらつとした顔で、明るい笑い声が聞こえてくるようだ。

「あれはお嬢さん？　目もとがよく似てる」

「エヴァンに関することならお答えしますが、私のプライベートについては説明する義務も責任もないでしょう。私は今、次の勤め先を探すので忙しいのです。特にご用がないのであれば、もうお引き取りいただけますか」

葉巻から灰が床に落ち、コロンボは謝った。しかしレベッカはそんなことを気にしている場合ではないといった様子で、ただ彼をにらみつけている。

招かれざる客は退散すべきだった。条件がそろえば話は別だが、今はまだそのときではない。コロンボは黄色のブックカバーの本を元の場所に戻し、速やかに立ち去りかけたが、歩き出したところでふと足を止めて振り返った。

「そうそう、さっき検視官に会ってきたんですがね、解剖の結果が出ましたよ。クラークさんの死亡推定時刻がほんの三十分だけ狭まりました。午後十一時半から午前一時くらいだそうです。それからアルコールも検出されました。やはり飲んでたんですなあ」

「そうですか。みずからのおこないの結果とはいえ、悲しいことです」

「ちょっと不思議なのはね、髪を洗ってなかったそうなんですよ。体は洗ってたのに」

「あの日の昼間、彼は床屋に行ったんです。そこで髪を洗ったので、もういいと思ったのでしょう」

「ああ、あたしもそうします。うちのカミさんなんかは、髪を切ったあとのほうが細かい毛が残るって言うけど、神経質がすぎるってもんです」

コロンボは今度こそレベッカの家を出ると、愛車のプジョー・コンバーチブルをのろのろ操って繁華街の書店へ向かった。そこはエヴァン・クラークが懇意にしていた店であり、読者との交流イベントなどもおこなっていたことが、捜査の過程で判明していた。コロンボはそこでエヴァンの本を購入し、あわよくば話を聞いてみるつもりだった。

路肩にプジョーを止めたところで、朝から一杯のコーヒーも飲んでいなかったことに気づき、どうしてもカフェインを取りたくてたまらない気持ちになった。ちょうどよく書店の向かいに軽食スタンドを見つけたので、紙コップに入ったブラックコーヒーをすすりながら書店に足を踏み入れた。棚の整理をしていた中年の店員は、コーヒーを持った客を見るなりあからさまに嫌な顔をして眼鏡を押し上げた。

「ちょっと訊きたいんだが、エヴァン・クラークの本ってのはどのあたりに置いてあるんだい」

「ああ、クラークさんのファンの方ね。中二階にコーナーが常設してありますよ。まさか追悼フェアをやることになるなんて思いもしなかったけどね」

店員に案内されて向かった中二階には、エヴァンの著作がずらりと平積みされ、壁には生前の彼の写真とサイン、そして手書きの原稿が飾られていた。ジャンルはヤングアダルト、ラブストーリー、ミステリーなど多岐にわたっており、エヴァンの作家としての道程を振り返ることができた。彼は少しずつ経験と実績を積み上げてきて、あの『人生』に至ったのか。結末のない物語。

　コーナーはなかなか立派だったが、写真の下に貼られた「エヴァン・クラークを忘れない」というメッセージが悲しみを添えていた。写真のなかのエヴァンはほほえみ、黒い髪を人差し指にぐるぐると巻きつけていた。彼の写真の隣には、この店内で撮られたと思われる集合写真が飾られていた。中心にはエヴァンがおり、読者とのイベントの際のものであるらしかった。そのなかに見覚えのある人物を見つけ、コロンボは去りかけた店員を呼び止めた。

「あんた、ファンが作家を殺すことはあると思うかい」

「あると思いますよ」

　唐突な質問だったにもかかわらず、店員はさして当惑する様子もなく答えた。書店には奇妙な客も多いのかもしれないとコロンボは邪推した。

「穏やかじゃないな。読書ってのは平和な趣味だと思ってたんだが」

「とんでもない。たとえば長く続いて思い入れもあるシリーズもので、納得できない結末を書かれたりなんかしたら、作家殺し、大いにありうると思いますよ」

　コロンボがついぞお目にかかったことのない動機だったが、どんな事件にも一つとしてまったく同じものはないわけだから、貴重な意見と言えた。

「ところで、そこに飾ってある原稿を壁から外して見せてもらうことはできるかい。実はあたし、こういう者でね」

　コートのポケットから出した身分証の効果はてきめんであり、店員は速やかに作業用の台の上に置いた。コロンボが額を外して生の原稿を取り出しても、やや不愉快そうではあったものの、止めようとはしなかった。権力の恩恵をありがたく受けることにして、コロンボは原稿を間近で観察した。癖の強い字は『人生』と同じだが、ロイヤルブルーのインクは褪色が進んでいた。

「字が独特すぎてなにが書いてあるかよくわからんのだが、あんたは読める？」

「鏡文字ってわけじゃなし、慣れればどうってことないですよ。自分のほうが悪筆だし」

そんなもんかとコーヒーをすったとき、紙コップの縁に垂れていた一滴が原稿の上にぽたりと落ちた。茶色の染みのなかに青いインクがみるみる溶け出していくのを見て、店員は悲鳴を上げた。

「大切な生原稿になんてことを！　いくら警察の方だって許されませんよ！　ああ、たいへんだ……」

「こいつはすまないことを！　わざとじゃないんだ」

店員はもはやコロンボの謝罪など聞いておらず、いかにしてこれ以上の被害を食い止めるかということで頭がいっぱいになっていた。

ばつが悪くなったコロンボは、エヴァンのコーナーから適当な本を一冊取って、そそくさと一階のレジへ向かった。最新作と書かれた帯が巻かれており、レベッカの本棚にはなかった作品だった。会計をしながら、本よりもバスケットボールを持つほうが似合う若い店員に一つ質問をする。

「この本を作った出版社には、どうしたら連絡が取れるかな」

「本の奥付に、出版社もしくは編集部の電話番号が記載されてると思いますよ」

中二階での出来事を知らない彼は愛想よく教えてくれた。

コロンボは礼を言って書店を出ると、いちばん近くの角に立つ公衆電話から、出版社に電話をかけた。そして、エヴァン・クラークの本を作った編集者につないでもらった。

「あたしはコロンボといいます。エヴァン・クラークさんについて知りたいんですが、ちょっとお話をうかがっても？」

「ああ、ファンの方ね。エヴァン……あんなことになってしまうなんて。私も担当編集者であると同時にファンでもあったの。ええ、差し障りのない範囲であればお答えしますよ」

『人生』を担当したポール・アダムスは若い男性だったが、こちらの担当者は声からして中年の女性のようだった。幸運なことに、どうやら話し好きだ。

「クラークさんは最近の若い作家には珍しく、万年筆で原稿を書いてたと思うんですが、インクは決まったものがあったので？」

「ええ、ファーバーカステル社のロイヤルブルーがお気に入りでしたよ」

「ちなみにそのインクってのは、水に溶けるやつですか？」

「水に溶けるって、染料インクって意味かしら。顔料インクは万年筆のなかで固まってしまうと厄介なので、ずぼらなところがあるエヴァンは染料のほうを使っていたはずですよ」

「そうですか。ありがとう！」

聞くべきことを聞いたので、コロンボはさっさと受話器を置こうとした。しかしこの編集者は、いきなり電話をかけてきたエヴァンのファンに対して実に親切だった。おかげで財布から小銭のほとんどが電話機に吸い込まれる羽目になったが、ようやく電話を切るころには、コロンボは伝記が書けそうなくらいのエヴァン・クラーク通になっていた。

「最後に飲んでいたヘネシー・ナポレオンは、エヴァンにとって特別なブランデーだったわ。今度ばかりはジンクスに裏切られたのね」

「……ジンクス？」

翌日、コロンボは再びレベッカの家を訪ねた。前回と違い条件はそろっている。コロンボの態度になにか感じるものがあったのか、レベッカは無理に追い返そうとはしなかった。しかしけっして歓迎してはいない証拠に、二人用の小さなテーブルに差し向かいで座っても、コーヒーは出てこなかった。

「前置きはけっこうです。用件をおっしゃってください」

先制パンチを食らい、コロンボは目をしょぼしょぼさせて口を開いた。

「昨日ここに来たときに、クラークさんは髪を洗ってなかったと言いましたよね。解剖の前によく遺体を調べ直したら、髪にインクが付着してたことがわかったんですよ。黒髪だったから、ちょっと見ただけじゃわかりませんでしたがね。さらに、彼の右手の人差し指の爪の奥にも、微量のインクが残っていました」

「それで？」

「クラークさんの遺体は長時間、水に浸かってたのに、インクは水に溶けずに残ってたんです。専門家に調べてもらったところ、顔料インクというやつでした。だが、クラークさんの本を担当した編集者の話じゃ、彼はふだん水溶性の染料インクを使っていたという。それなら『人生』だけが顔料インクで書かれたのか？　だからアダムスさんに頼んで、あの原稿のインクを確認させてもらったんです。原稿に水滴を垂らしたら、字はにじみました。つまり、あれもやはり染料インクで書かれたってことになる。なら、髪と爪についた顔料インクはどこから来たのか。不思議でしょ？　クラークさんのデスクには、染料インクの空瓶しかなかったのに」

レベッカの唇は固く引き結ばれていた。テーブルの下に隠れた手も、同じように握り締められているのだろうと思いながら、コロンボは続けた。

「あたしが思うに、もともと顔料インクはクラークさんの家にあったんでしょう。クラークさんはあの晩、染料インクを切らしてしまったので、しかたなく顔料インクで代用しようとしたが、うっかりこぼしてしまった。そのときインクが手についた。書店で写真を見て、編集者にも聞いたんですが、彼には髪をいじる癖があったんですよね。汚れた手で髪を触り、手についたインクは石鹸であらかた落ちたが、髪は洗わなかったために溶け残った。ああ、インクがあの晩よりも前からついていたという可能性はありません。だってクラークさん、あの日の昼間に床屋へ行って洗髪してもらってるんだから」

「……想像力がたくましいですね。あなたが作家になればいいのに。でも、顔料インクがもともとあの家にあったなら、どこへ消えたんです」

「もちろん犯人が持ち去ったんです」

「犯人？」

「クラークさんを殺害した犯人です」

「エヴァンは事故で亡くなったんでしょう」

「犯人はそう見せかけようとしたんですな」

　静脈の透けたこめかみが波打った。しかしレベッカは毅然と背筋を伸ばし、目を逸らしもしなかった。

「エヴァンの体に顔料インクがついていたからといって、インクをこぼしたなんて、どうして言えるんです。そんな痕跡はどこにもありませんでした」

「バスルームに脱ぎ捨てられた彼のシャツ、袖がまくられてたんです。袖まくりをするのは、なにか作業をするときだ。執筆の際にそうするのかと思って、アダムスさんやほかの編集者にも訊いてみたんですけどね、そんな姿は見たことがないと」

「その方々が知らなかっただけでは？」

「かもしれません。でもあたしは、クラークさんは掃除をするつもりだったんじゃないかと思ったんです。とはいえ、デスクをあんなふうに散らかす人に、インクの染みを完全に消すような掃除ができるとは思えない。だからあなたに頼んで、自分は風呂に入ったんじゃないですか」

「私がエヴァンの遺体を発見したとき、彼の書斎は散らかり放題でした。あなたもご覧になったはずです」

「ええ、それなのにカーペットはぴかぴかでした。洗い立てみたいに」

　あのときレベッカが床を気にしていたのは、早く片付けたかったからではなかった。

「ベテランのメイドであるあんたならできたでしょう。あんたがインクを除去したんです。そして空の顔料インクの瓶を持ち去った。あの晩、クラークさんは二回電話をかけていましたが、あんたは一回目の電話にしか気づかなかったという。二回目のときには、もう家を出ていたんじゃないですか」

　レベッカはゆっくりと息を吐き出した。失われた空気の分だけ体が小さくなったように見えた。

「ベイリーさん。靴を調べさせてもらってもいいですかね。顔料インクが付着している可能性がある」

そこにいるのは、ひどくくたびれたような初老の女だった。女はテーブルの写真に目を向けた。彼女の娘が笑っていた。

コロンボは本棚に目をやった。

「二年前からの新刊がない。あなたは二年前にお嬢さんを亡くされたそうですね」

「……この子の名前はサラ・ウォーカー。私は離婚しているので、娘とは姓が違います。夫と別れて私が家を出たあとも、娘は私に優しくしてくれました。よくここで一緒に料理をして、このテーブルで一緒に食べました。あの子は将来の夢を話してくれた。なのに、たったの二十三歳で死んでしまった。心臓発作を起こし、アパートで独り暮らしだったことが災いして発見が遅れたんです」

「あの黄色のブックカバー。あれはあなたじゃなく、お嬢さんのものですね」

「ブックカバーだけじゃない。エヴァンの著作は、みなサラの遺品です。娘はエヴァンの大ファンでした。書店主催のイベントを通じて彼と知り合い、ひそかに交際していたの」

「書店でクラークさんがファンと一緒に撮った写真を見ましたが、そのなかにサラさんの姿もありました。クラークさんはあなたとサラさんの関係を知ってたんですか？」

「いいえ。娘の死後に自分の素性を隠して勤めに入ったんです。あの当時、エヴァンが実は結婚していて離婚協議をしている最中だったと知ったので、そのことが娘の死となにかしら関係しているんじゃないかと思い、調べてみずにはいられなくて」

「そしてあの晩、真実を見つけた？」

写真を見つめたままの横顔が震えだした。筋張った首ややせた頬に血の色が透けていた。

「エヴァンにインクを頼まれて、カートリッジでいいならと持っていきました。すると書斎の掃除もと頼まれ、そこであの『人生』を読んだんです。主人公のアビーは明らかにサラでした。……その死に方まで」

レベッカは写真に手を伸ばし、骨の目立つ指でサラの顔をなでた。

「アビーは独り暮らしのアパートで心臓発作を起こして死ぬんです。遺体の傍らには、ポケットから転げ落ちたスイス製のアーミーナイフがありました。それは私が変わり果てたサラの傍らで見つけたものです。元夫があの子の十八の誕生日に贈ったんです」

「つまりサラが心臓発作を起こしたとき、クラークさんはその場にいたんですね」

「でも彼は救急車を呼んではくれなかった。ほかの女性と関係があったことが明るみに出れば、離婚協議で不利になるから。エヴァンはサラを見殺しにしたんです。私はエヴァンを殺そうと決めました。彼は酔って眠っていたので、老いた女の力でもお湯のなかに押さえつけておくことができました」

「やはりあの原稿には結末部分があったんですね。それもあなたが持ち去った。今も手もとにありますか」

「あの晩のうちに焼いて捨てたわ」

「残っていれば、今後の裁判で情状酌量のための証拠として利用できたのに」

レベッカは心底ばかげた話を聞いたとばかりに笑いだした。

「警部さん、私は娘の復讐のためにエヴァンを殺したんじゃないんです。彼を殺したって娘は戻りませんしね。目的は原稿を破棄することで、そのためには殺すしかなかっただけ」

「それはどういう……？」

「サラの死を娯楽になんてさせないわ。あの子のことをまったく知らない人たちが、それを読んでちょっと涙を流して、二時間後には忘れてしまう。忘れなくても、役に立つ作り話として、自分の人生をよくするための教材にする。それだけでも耐えがたいのに、サラを見捨てたエヴァンが作り手として称賛されるなんて許せない。裁判で証拠になんかするものですか」

彼女は笑いを収めると、ねえ、とコロンボに悲しげにほほえみかけた。娘とよく似た目もとには涙が光っていた。

「現実そのままのフィクションなんて、駄作でしょう?」

「あたしには小説のことはわかりません。でも、刑事として思ったことがあるんです。なんでクラークさんは、あなたにインクを持って来させたんでしょう。原稿は最後まで書き終えていたのに」

「それは……」

「クラークさんが風呂で飲んでたブランデー、ずいぶんいいものでした。彼と付き合いの長い編集者に聞いたんですが、あれは彼がとびきりのアイディアを思いつきたいときに飲む銘柄なんだそうです。昔、そうやって閃いたネタで賞を獲って以来のジンクスなんだとか。クラークさんは『人生』を書き直すつもりだったんじゃないですか。彼がかつて見捨ててしまった恋人に、物語のなかでどんな人生を捧げようとしたのか……あなたが自分のすべきことを決めるのは、それを見届けたあとでもよかったように思いますがね」

レベッカの目が大きく見開かれ、目のふちに留まっていた涙が頬を滑り落ちた。

「……署までご同行願えますか」

彼女がうなずくまでにはしばらく時間が必要そうだった。コロンボは葉巻を取り出して「吸っても?」と尋ね、どこかのポケットにあるはずのマッチを探しはじめた。

コロンボの初仕事

七尾与史

1 9 6 ×年

——語られざる
「コロンボの初手柄」。

RETURN OF
COLUMBO

七尾与史（ななお・よし）

1969年生れ、静岡県出身。

第8回『このミステリーがすごい！』大賞に応募した『死亡フラグが立ちました！』が最終選考に残り、「隠し玉」として2010年デビュー。

派手な趣向とユーモラスなキャラクターが織りなすドラマに定評があり、代表作である「ドS刑事」シリーズはドラマ化もされた。

また、近年は「ミステリ作家YouTuber」としてYouTubeにチャンネルを開設し、映画レビューやゲーム実況等の動画を公開するなど、枠にとらわれない活動に目が離せない。YouTuberとしての経験に材を得た小説も執筆している。

現在も歯科医として医院を経営する傍ら、執筆活動を続けている。

『コロンボ』偏愛のエピソードは『意識の下の映像』。

ドイツ製の歯科用ユニットに身を埋めたボサボサ頭の患者がオドオドした子供のような目つきでピーター・レビンソンを見つめている。歯を削るドリルやら神経を除去するリーマー（針）や鋭匙（えいひ）など見るからに痛覚を刺激しそうな治療器具が並んでいるのだから無理もないだろう。そんな表情がなんとも可笑しく、思わず笑い声を漏らしてしまったが、口元のマスクが防いでくれた。患者は不安そうに頬に手を当てている。

「先生、なんか奥歯が軽くズキズキするんですよ。うちのかみさんが癌じゃないかって言うんです。彼女の知り合いの知り合いが去年、歯の癌で亡くなったって話なんですが……いや、そもそも歯が癌になんてなることがあるんですか」

愛妻家なのか恐妻家なのか。先ほどからこの患者は何度か奥さんの話をしてくる。

「歯を由来とする腫瘍だとエナメル上皮腫がポピュラーです。ほとんどが良性ですが稀に悪性化することもありますよ」

歯でも悪性腫瘍ができると聞くと驚く患者は少なからずいる。この患者は驚くというより怖がっているようだ。

「もしその悪性のエナメル上皮腫だったらどういう治療になるんですか」

「他の臓器に転移してしまう前に、腫瘍はもちろん周囲の顎骨を切除する手術になります。場合によっては顔の骨を広範囲に削ってしまうことになりますよ」

「ひええ……そんなことをしたら顔が変わっちゃうんじゃないですか」

患者は身を震わせながら首を左右にフルフルと振った。顔貌のことが気になるなら、まずはそのボサボサ頭を散髪してくるべきだ。ついでにヨレヨレのトレンチコートや、皺の入ったシャツやくたびれた革靴も新調すればいいのにと思う。

「その場合は骨移植によって顔面の再建手術が施されるわけですが、それでも顔貌の変形や機能障害が残りますね。単純に腫瘍を摘出するだけでは再発の危険性が高いですから、一気に骨を削るのではなく数ヶ月ごとにくり返して除去することもあります」

「何度も顔を切られるってことですか」

「そうですよ。私も手術に立ち会ったことがあるんですが、やはり首より上の手術はビジュアルが壮絶ですね。唇を切り裂いたり骨を削り取ったり、眼球を摘出したりするんですから。ちょっとした恐怖映画ですよ」

患者は男性としては小柄な体をさらに小刻みに震わせた。少しおどかしてやると、思ったとおりの反応を見せてくれるので面白い。

「先生、怖いこと言わないでください。うちの家系は歯医者が苦手で、又従兄弟のアルバニーは歯医者が行くのが嫌すぎて、虫歯を放置しておいたらとんでもないことになったんです。まだ老人でもないのに総入れ歯ですよ」

患者は先ほども別の従姉妹の話をしていた。身内の話をするのが癖になっているらしい。

ピーターは事前に記入してもらった問診票に視線を移した。氏名欄には拙い字体でコロンボとだけ記入されている。あとは年齢、住所、職業、既往歴、そして現在の症状だ。

「えぇっと……コロンボさんはロス市警の刑事さんなんですね」

職業欄にそう書き込まれている。刑事といえば『警部マクロード』や『署長マクミラン』のような刑事ドラマに出てくる精悍で野性的な男をイメージしてしまう。コロンボの頼りなくさえない風貌はそんなイメージからほど遠い。

「ええ、実は二日前にニューヨークから引越してきたばかりなんです」

「ほぉ、ニューヨーカーだったんですか」

刑事も見えないが、ニューヨーカーにも見えない。

「前の職場ではギルフォーリーっていう巡査部長が私の教育係だったんですが、こいつとはなかなかウマが合わなくてせいせいしてますよ」

今度は元上司である。見たところイタリア系のようだ。イタリア人は身内を大切にすると聞いたことがあるが、この男のする身内の話はどちらかといえば不満や愚痴が多い。ただ奥さんだけには頭が上がらないような印象を受けた。どんな女性なのだろう。ピーターはミセス・コロンボに少なからずの興味を覚えた。

「ようこそロスへ。気候も温暖だし飯はうまいし、いいところですよ」

あんたの身丈に合わない高級店も多いがね。

ピーターは比較的立地の良いこのビルに歯科クリニックをオープンして十年。そこそこの成功者だと自負しているが、暮らし向きはよろしくない。実は一年前、先物投資に失敗して多額の借金を作ってしまっていた。気になるのは患者の予後よりも返済のことばかりだ。

「ニューヨークで疼かなかった歯がここに来ていきなりですよ。かみさんから癌かもしれないからすぐに行ってこいと脅されたんです。私としてはもう少し様子見しようかと思っていたんですがね」

「犯罪捜査は初動が重要だっていうじゃないですか。早い段階で証拠を挙げなければ犯人に逃げられてしまうでしょ。歯の治療も同じです。事件が迷宮入りしてしまうとは、患者にとって入れ歯になってしまうことに当たります」

「なるほどねぇ、上手いこと言うなあ。プライベートはもちろん仕事でも歯医者さんにはお世話になっています」

コロンボは髪の毛をクシャクシャと掻きむしりながら言った。この仕草を先ほどから何度も見ている。

比較的富裕層の多いピーターの患者の中でも洗練や上品とは最もかけ離れている人物だ。これでは高額治療も期待できそうにない。

「ああ、遺体の身元確認でしょう」

「そうです、そうです。先月……前の職場なんですが、放火殺人のガイシャです。近隣の歯医者にカルテが残ってましてね。それで身元を特定することができたというわけです」

「そうですか。それはよかった」

「身元を証明する所持品も見つからなかったし、顔も指紋も焼け焦げてさっぱり判別できなかったですからねえ。助かりましたよ。身元特定の決め手はやっぱり歯なんですね」

コロンボはぼんやりとした瞳に感心の色を浮かべている。顔立ちはまるで可愛らしくはないが、目はどことなく小犬を思わせる。こんな鈍そうな男に刑事が務まるのだろうか。ロスの治安が心配になってしまう。口元をマスクで覆った状態だからこちらの内心は表情から読み取れないだろう。歯医者にとってマスクとは感染防止の他に、患者に対する本音を隠すためにある。実に便利なアイテムなのだ。

「まったく同じ歯型なんてないですからね。どんなに見た目がそっくりで見分けがつかない双子でも歯だけは全然違うんですよ。歯の本数や大きさや形状、そして色調。さらには歯並び、治療痕、歯肉の状態。歯はその人の唯一無二の個人情報です。どんなに顔や声を変えても、我々プロが歯を診れば一発で本人だと分かります。筋肉や内臓は年月が経てば跡形も残らないのに、歯だけは最後まで残る。歯は主にエナメル質と象牙質とセメント質で成り立っています。象牙質が消失してもエナメル質は三千年は残るんですよ。その人が生きた証しが三千年も残るなんてロマンだと思いませんか」

歯科に興味を持った人にこの話をするといつだって感心のため息をつく。コロンボも例外ではなかった。

「まったくです。三千年もなんて初めて知ったなあ。今どき歯医者にかからない人は稀ですからね。指紋や声紋と違ってどこかに記録が残っている。犯罪捜査において歯医者さんは必要不可欠な助っ人ですよ」

「実は私、以前は法歯学ラボの研究員だったんですよ。現場に残された歯型の鑑定分析を警察から依頼されたことが何度もあります」

「へえ……法歯学って面白いものなんですか」

「やっていることは地味ですよ。でも私はどうも歯のマニアのようです。歯式チャートを見るとワクワクするんですよ。我ながら変人だと思います」

「歯式チャート……歯の記録ですね。私も仕事でよく見ます。あれならどの歯に詰め物やかぶせ物が施されているのか一目瞭然ですよね。歯の欠損状況も分かる。とはいえあんなのが面白いんですか」

「面白いですとも！　私は人の顔を覚えるのが本当に苦手で顔と名前がなかなか一致しないんですが、歯式チャートみれば誰なのかすぐに分かります」

「それはすごい！　一種の才能ですよ」

「ふふふ、患者の名前を見ると顔より先に歯型が浮かんできますから、我ながら異常ですよ」


これは誇張ではなく本当の話だ。職業病だろうか。

「いえいえ、異常だなんて思いませんよ。私なんか人相で相手の性格なんかを判断しちまうんですが、先生の場合はやっぱり口の中ですか」

「ええ。歯にはその人の性格はもちろん生活習慣や経済状況も反映されますからね。コロンボさんは前の職場で相当なストレスを抱えていたようだ」

「教育係のギルフォーリーのせいですよ……ってどうして分かるんですか」

コロンボは整ってない眉根を上げた。ギルフォーリーのことは心底嫌っているらしい。

「奥歯のすり減り具合です。歯ぎしりの原因の多くはストレスです。あと詰め物やかぶせ物に使われている材料でその人の経済状況が分かりますね。歯肉の色や状態で生活習慣も分かります。さらに言えば歯肉の腫れ具合で服用している薬だって推察できるんですよ。たとえばてんかんの薬で歯茎が独特の腫れ方をするんです」

「はあ、口の中を見るだけでそんなことまで分かるんですか。まるで超能力だ。先生も立派な刑事ですよ。いやはや商売敵だ。今度、容疑者の歯式チャート持ってきますから、シロかクロか鑑定してください」

コロンボはとぼけたような表情で、いや、これが彼の真顔なのだろう。彼と話しているとテンポがずれる。むしろ彼のテンポに乗せられている気すらする。

「さすがにそこまでは見通せません。ただ歯は皆さんが思っている以上にその人のことを語っているのです。さらにデータを収集して詳細に分析していけばいろんなことが分かると思います」

「人の歯を診てワクワクするわけだ」

「それが離婚原因になったほどです。ワイフの顔や体じゃなくて口の中ばかり気にする夫なんて気味悪すぎてついていけないってね。そんな私の趣味は有名人の歯式チャートを集めることなんですよ」

妻との離婚の本当の原因は先物投資の失敗によって背負った借金だ。それを思うと胃が重くなる。しかし打開策はある。その準備は整っている。あとは相手の出方次第だ。

「ほぉ、例えば？」

コロンボがすかさず尋ねてくる。先ほどから雑談ばかりで治療に入れない。鬱陶しい患者だが、どういうわけか憎めない。小犬のような目をしているからだろうか。

「最近入手できたのがマリリン・モンローとオードリー・ヘプバーンです」

少し自信気に答えた。

「すごいじゃないですか！　私もかみさんも二人の大ファンです。ヘプバーンの『尼僧物語』とモンローの『お熱いのがお好き』も劇場鑑賞したばかりですよ。でも彼女たちの歯型なんてイメージできないですね」

「ヘプバーンの『ローマの休日』は観ましたか。序盤と終盤で彼女の歯並びが変わっています」

「それは気づかなかったなあ。さすがは歯医者さんですね。女優の歯並びなんて普通は注目しませんよ」

この男は天性の聞き上手なのか。気がつけば会話が止まらない。

「それよりもっと興味深い歯式チャートが入手できたんですよ。あのナチス第三帝国の総統、アドルフ・ヒトラーです。彼は一九四五年四月三十日に相当地下壕の一室で夫人のエーファ・ブラウンとともに服毒と拳銃で自殺を遂げたとされています。夫妻の死体は生前の意向に従って、ナチスの連中によってガソリンをかけて焼却されたんですが、その残骸はソビエト赤軍に回収されました。その際にヒトラーの歯式が記録されていたんですよ。同時に私はヒトラーの生前、青年期の歯式も入手しています。その二つを比べるとまるで一致しないんですな」

「それってつまり……」

コロンボは身を乗り出した。

「地下壕で自殺したヒトラーは替え玉だった。本物はどこかで生きている。存命なら現在七十歳です。ドイツ第三帝国の復興を虎視眈々と目論んでいるかもしれない」

「なんだかすごい話になってきましたな」

「おっと失礼。番組の時間だ」

ピーターは窓際に設置されたテレビをつけた。もうすでに番組が始まっていた。前回見逃した回の再放送を夕方に放映してくれている。患者には申し訳ないが、番組が終わるまで治療は一時中断だ。

「私もこの番組、大好きなんです。いつもかみさんと正解を競い合ってますよ。それにしても今回のチャンピオンはすごいですよね。四十九連勝中です。今回、勝てば前人未踏の五十連勝ですよ。頭の中がどうなっているんですかね。なんでも知っているからどんな問題でも答えてしまう。アメリカ史上最強のクイズ王といわれてますね」

画面には回答席にすまし顔で着いているクイズ王ウィリアム・フォークが映し出されている。年齢はピーターと同じ四十二歳。端整で整った顔立ちをしているだけあって画面映えする。自分やコロンボとは大きな違いだ。

「実は彼ですね……うちの患者なんですよ」

「そうなんですか！」

コロンボの目が丸くなった。

＊

スタジオの空気は触れれば切れるのではないかと思うほどにピンと張り詰めている。ウィリアム・フォークはゆっくりと慎重に息を吐いて呼吸を整えた。

「それでは最後の問題です」

司会者の言葉に押しボタンにかける指の神経を研ぎ澄ませる。

「グプタ朝の全盛期にカーリダー……」

気がつけばボタンを押していた。問題の読み上げを中断した司会者は唖然とした様子でウィリアムを見ている。向かい側の回答席の若い青年の挑戦者も口をポカンと開けたまま間の抜けた表情を向けている。

「問題の途中ですが大丈夫でしょうか……それでは正解をどうぞ！」

「シャクンタラー」

「正解！」

百人以上で埋まっている客席からはどよめきが起こった。彼らの多くは事態を呑み込めていないようだ。ウィリアムはガッツポーズを取った。

「それでは問題を確認していきましょう。『グプタ朝の全盛期にカーリダーサが書いた、インド古典文学の最高傑作と評価されている戯曲のタイトルは？』でした。シャクンタラー、正解です」

観客席から拍手の嵐が巻き起こった。それぞれが信じられないといった表情で興奮している。問題の途中で答えてしまったのだから無理もないだろう。問題の序盤から回答を導き出すのはクイズマニアなら必須のスキルだ。「グプタ朝」と『カーリダー……』のキーワードがあれば最後まで聞かずとも脳内に格納したワードをはじき出すことができる。チャンピオンや挑戦者クラスになると答えを知らないのはあり得ない。要はいかに早く答えをはじき出せるかということだ。これも日頃からの訓練の賜である。

ちなみにカーリダーサがどんな人物かも知らないし、ましてやシャクンタラーなる戯曲も読んだことがない。そんなことはクイズマニアにとって不要な知識だ。個人差はあれど人間の記憶力には限界がある。不要な知識を入れてしまえば記憶できる容量はそれだけ逼迫してしまう。つまりクイズマニアに求められるのは浅くとも広くて膨大な知識だ。ウィリアムは毎日のように本や新聞や雑誌、テレビ番組からの知識を最低限の形式で取り込んでいた。

ウィリアムが立ち上がると周囲にゲストの有名人たちが集まってきた。いや、むしろ今は彼らよりウィリアム自身の方が有名人かもしれない。全米で高視聴率を誇る早押しクイズ番組『アメリカンクイズマスター』で前人未踏の五十連勝を遂げたのだ。これまでの通算賞金もすごい額になっている。四十二歳という年齢ながら端整なルックスも相まって、さまざまな人気番組のゲスト出演や、自叙伝や写真集刊行のオファーも毎日のように舞い込んできている。

ウィリアムはアメリカンドリームを実感していた。我が世の春を謳歌していた。

自宅に戻ると十歳年下のケイトがお祝いの準備をして迎えてくれた。年齢のわりに若く見える美しい女性だ。二人は一年前に結婚したばかりだった。その前から薬剤師だったケイトとは四年にわたり交際していたが、ウィリアムがクイズ王として頭角を現わしたことで、収入も安定してきたこともあって結婚に踏み切ることができた。

「あなたおめでとう」

二人はワインで乾杯をした。しかしここ最近の彼女は以前のような笑顔を見せなくなった。偏頭痛の症状に悩んでいるようでいつもイライラしていて口調も攻撃的だ。今も普段よりましだが笑みが乏しい。

「体の調子はどうなんだい」

「婦人科や内科に行って来たけど異常はなかった」

「でも症状は出ているんだろう」

「軽いなら気にすることはないって言われたわ。でも今日、テレビを見ていて原因が分かったの。多分それだと思う」

ケイトは少々神経症気味なところがあって思い込みが激しい。ここで原因を聞こうものなら、いろいろとまくし立てて面倒なことになりそうだ。

「素人が勝手な判断をしたらいけないよ」

「いいえ、絶対に間違いないわ」

「そんなこと言っても君は専門家じゃないだろ」

「ふん、私のことになんか関心ないのね。あなたにとって一番大事なのはクイズに勝つことでしょ。いろんな人たちにチヤホヤされて、さぞや気分がいいでしょうね」

「なんてこと言うんだ」

「もぉ、いいわよ」

眉間に深い皺を寄せたケイトはテーブルにワイングラスを叩きつけるように置くと踵を返して寝室に入ってしまった。

ウィリアムは深いため息をついた。いったい彼女に何が起こってしまったのか。ここ半年ほど毎日のように刺々しい彼女の態度にストレスを感じる。それでもケイトのことは愛している。彼女はどうなのだろうか。

何気なく壁に貼ったカレンダーを見ると明日は歯医者の予約が入っている。先月、噛みしめた奥歯が割れてしまった。その治療の続きである。歯科治療は気持ちのいいものではないが、食事に支障が出るので放置しておくわけにはいかない。

ウィリアムは大きく息を吐いた。

＊

ウィリアムは口の中で動き回る指の感触と、ゴム手袋や薬品の味を感じていた。多少歯を削られたが麻酔が効いているので痛みがない。むしろその違和感や顎に伝わってくる振動が不気味だった。

「はい、フォークさん。うがいしてください。今回はここまでになります」

歯科医師のピーターはウィリアムにユニットの傍らに設置されている、給水器に置かれた金属製のコップを示した。ウィリアムは言われた通り、口に含ませた水をスピットンボウルに吐き出した。薬品の苦い味が少し和らいだ。診療補助を務めていた女性は使用済みの治療器具や綿類を金属トレーの上に集めるとこれから滅菌消毒を施すのだろう、個室の外に出て行った。

「先生、ありがとうございました」

　麻酔が効いているので発音がままならない。

「ところで奥様はいかがなされてますか。そろそろチェックとメンテナンスに来られた方がよろしいかと」

　ピーターはウィリアムとケイトのかかりつけの歯科医師だ。

「そのように伝えておきますが、最近、どうも体調が思わしくないようで」

「それはよろしくないですね。お大事にとお伝えください。ところでフォークさん、番組見ましたよ。五十連勝、おめでとうございます。もはやすっかりセレブリティですな。そんな方のかかりつけをさせてもらって光栄ですよ」

　ウィリアムはユニットから立ち上がると笑みを返した。

「ありがとうございます」

「ところで少し時間を取れますかな」

「いや、ちょっと妻の買い物につき合わないとならなくて」

　ウィリアムは腕時計を確認した。三十分後に自宅で落ち合うことになっている。しかしピーターの目つきがいきなり尖りだした。

「私の話を聞くべきですよ、トーマスさん」

　トーマスという名前に体全体が凍りついたような気がした。

「だ、誰ですか？　いきなり……」

「ウィリアム・フォークは偽名ですよね。トーマス・ヴォルフさん」

「な、なにを言ってるんですか……」

　頭の中がカアッと熱くなる。明らかに呼吸が乱れている。それを悟られまいと小刻みに呼吸をくり返した。しかしあまりの不意の出来事に頭の中がグチヤグチャに混乱している。

「まあ、フォークさん。落ち着いて。そこにお座りなさい」

白衣姿のピーターがカウンセリング用のテーブル席を促した。二人はテーブルを挟んで向き合うこととなった。ピーターはウィリアムと同じ四十二歳だと言っていた。そのわりには老けて見える。肌つやが優れないのと頭髪が薄くなっているからだろう。仕事なのかプライベートなのか分からないが、彼も大きなストレスを抱えているのではないかと思った。

ピーターはマスクを外して覗かせた片方の口角を上げる。そしてテーブルの上にファイルを置いた。胸の鼓動がウィリアムの胸板を激しく叩いている。頭の混乱が続いているようで言葉が出てこない。

「先日もあるロス市警の刑事さんに話したんですが、私は歯型のマニアでしてね。ハリウッドスターや歴史的有名人の歯型のデータを集めるのが趣味なんですよ」

ピーターがファイルの表紙をめくるとカルテが入っていた。患者名欄にはウィリアムの名前が記入されている。さらに別紙には上下の歯の簡略図がプリントされていて、そこにボールペンによる詳細な書き込みが入っていた。

「これが先日、記録したフォークさんの歯の記録です」

「そ、それがどうしたっていうんですか？」

吐きそうなほどに気分が悪い。しかしここで相手を刺激するわけにはいかない。

「自覚があるのか分かりませんが、フォークさんの左右上顎第一大臼歯は珍しい形状をしているんですよ。図に『Palamolar tubercle（臼傍結節）が二つ』と記入してあるでしょ。これは上顎の第一大臼歯の頬側にできる歯質の異常隆起のことです。臼傍結節というのは主に第二か第三大臼歯に発現しますが、第一大臼歯は極めて稀です。さらにそれが二つもあり、そのうえ上顎左右に認められている」

Palamolar tubercle（臼傍結節）なんて名称は初めて聞いた。ここまでマニアックだと誰も答えられないからクイズでは出題されない。そんな言葉に価値はない……なんて、こんなときでもクイズのことを考えてしまう。

「だからそれがなんだというんですか」

「珍しいにもほどがあるということですよ。おそらく何百万、何千万に一人といったところでしょう」

「まずい病気なのか」

「いいえ、ただの歯の奇形に過ぎません。正常よりは形状が複雑化しているため汚れが溜りやすいから日頃のケアは大事ですが、治療も必要はないし困ることはありません。私が言いたいのはそれじゃない。とにかく珍しすぎるケースだということです」

ピーターはさらに別のファイルを開いた。そこには古いカルテが挟み込まれていた。記入されている単語は英語ではない。ドイツ語だ。

ウィリアムは唾をごくりと呑み込んだ。とてつもなく嫌な予感がする。

「こちらはトーマス・ヴォルフの歯科治療のカルテです。今から二十年ほど前の記録ですね。ドイツの歯科医院に保管されていたカルテだそうです。最近、ひょんなことからこれを手に入れました。本当にたまたまです。私、歯型マニアで歯式チャートやカルテをコレクションしているんですよ。もう私がなにを言いたいのか分かってきたでしょう」

ピーターが底意地の悪そうな笑みを向けた。さすがは歯医者だけあって口元から覗く前歯が真っ白だ。再び頭の中の圧力が上がったような気して目まいを覚えた。

「あなたとトーマスの歯式を比べると、治療痕に二十年分の変化はあれど、要所要所は完全に一致しているんです。例えば下顎第二大臼歯と上顎第一大臼歯に充填されたアマルガム。このドイツのドクターも私と同じで詳細な記録を取る主義らしいですな。アマルガムの形状までしっかり記録されている。私の記録とまったく同じだ。精度の高い治療ですよ。二十年たった今も虫歯にならずに残されている。他にも下顎左右の側切歯の欠損、さらには下顎左右に親知らずが存在しているが、上顎には認められない。

そしてなにより上顎左右第一大臼歯の臼傍結節だ。それぞれ二つずつ。レア中のレアケース。これだけ一致点があれば、この二人は同一人物と確定されるんですよ」

ウィリアムの中の恐怖が別の感情に置き換わってきた。それが殺意であることに気づいている。

「ポーランドのズィッヘル村をご存じですよね。そりゃあ忘れられるわけがない。ドイツの第二次世界大戦における闇の歴史だ。一九四四年一月三日、女子供を含めた村人二百三十人の命が奪われたズィッヘル村大虐殺。子供を脅して強制的に自分の両親や兄弟姉妹を撃ち殺させたそうじゃないですか。当時若き将校だったトーマス・ヴォルフが指揮したおぞましい殺戮ですよ」

ピーターは一枚の写真を差し出した。妙に懐かしい青年の顔が写っている。

「その男が僕だと言うつもりか。似ても似つかないじゃないか」

「どんなに顔や声を変えても我々歯科医師は歯を診れば一発で見抜けます。違うと主張するなら然るべき場所で鑑定しますか」

「そ、それは……」

ウィリアムは声を上ずらせた。ピーターの瞳はギラギラした光を放っている。もう終わりだ。逃げようがない。

「世界中の人たちが驚くでしょうな。大人気のクイズ王の正体がナチハンターに追われている戦犯だとはね。かのアドルフ・アイヒマンも今ごろはハリウッドスターになりすましているかもしれませんな」

ピーターは愉快そうに笑った。アイヒマンとはかつて一度だけ会話をしたことがある。ウィリアムには手の届かない存在だった。彼と会話をできただけでも誇りに思っていた。彼はまだ捕まってない。

「聞いてくれ。あれは任務なんだよ。上からの命令に従っただけなんだ。私は本来、先生と同様に善良な市民だよ。本当はあんなことしたくなかったんだ。あの光景は今でも夢に出てくる。心から後悔しているんだ」

ウィリアムは一気にまくし立てたが、本当のことだった。上からの命令に従わなければ軍法会議にかけられて処刑される。だから従う以外の選択肢はなかったし、そもそも刃向かうなどと考えもしなかった。当時の自分は軍の歯車に過ぎなかったのだ。もっともウィリアムは処刑行為に手を下してなかった。汚れ役はすべて部下たちに押しつけた。彼らのおぞましい蛮行を眺めていただけだ。あの日の後悔に今でも苦しめられている。

しかし敗戦当時はそんなことに打ちひしがれていられる余裕はなかった。伝手を頼ってドイツを出た。それから各地に点在する同胞たちの援助を受けつつ顔と名前を変えて、追っ手の気配を振り払いながら国々を転々とした。そして最終的にこの地に落ち着いた。後に両親と弟はすでに亡くなっていることを知った。そんなウィリアムのことをケイトはアメリカ生まれのアメリカ人だと思っている。自分の夫が戦犯だとは考えたこともないだろう。

気がつけば視界が濡れていた。ピーターの悪意に満ちた笑顔が滲んで見える。

「患者の健康を守ることが我々歯科医師の使命です。通報なんてしようものならあなたは健康ではいられなくなる。それも歯科医師としてどうかと思いましてね」

ピーターの白々しい言い回しから彼の要求を察した。

「いくらだ？　いくら欲しいんだ」

ウィリアムは目元を拭いながら尋ねた。

「私も投資に失敗して苦しいんですよ。まずは一万ドルほどあれば助かるんですが」

「分かった。とはいえ大金だからすぐには用意できない」

「三日後の午後八時にここで待っています。そうだ、今回の治療費もその中に含めてあげましょう。サービスです」

ピーターのクリニックの診療終了は午後六時である。思い通りに進んだ交渉に安堵したのか、彼の瞳からギラついた光が消え、底意地悪そうな笑みが柔らかくなった。

「恩に着るよ」

「奥様にもよろしくお伝えください」

「何を伝えると言うんだ」

ケイトにもばらすぞという脅しなのだろうか。しかしピーターはそれは違うと言わんばかりに胸の前で手のひらを左右に振った。

「歯もメンテナンスが大事だと言ったでしょう」

「分かった。予約を入れるよう伝えておく」

ウィリアムは踵を返すと治療室を出た。

＊

ケイトは今日もご機嫌斜めだ。そんな妻の顔を見るとうんざりした気分になる。

「薬剤師の君に頼みたいことがあるんだ。できるだけ強い催眠薬が欲しい」

「どうして？」

そんな口調にも棘を感じる。

「ここ最近、まったく眠れないんだよ。さすがに限界だ」

「そう？　そんな風には思えないけど」

ケイトとは同じベッドで寝ている。しかし夫婦間の交渉はもう一ヶ月以上もない。

「あれは寝ようと寝ようと念じながらタヌキ寝入りを決め込んでいるのさ。実際はほとんど一睡もできてない」

「それは知らなかったわ。でもいきなり強い睡眠薬を使うのは良くないわ」

「なんとか頼むよ。今すぐにでもぐっすり眠りたいんだ！」

ウィリアムはテーブルの上を叩いて睡眠不足による苛立ちをアピールした。しばらく驚いたような表情で夫を見つめていたケイトだったが「分かったわ。すぐに用意する」と答えた。

「助かるよ。本当にありがとう」

ウィリアムはケイトの頬にキスをした。

そして次の日、ケイトから少し膨らんだ薬袋を手渡された。

「とりあえず二週間分入ってる。かなり強めだから分量には気をつけてね。コップ一杯の水に一袋分の薬を溶かして飲んでちょうだい。それ以上だと内臓に負担がかかるから」

「分かった。恩に着る」

「あなた、昨日いびきかいていたわよ」

彼女の瞳には猜疑の色が濃く浮かんでいる。

「い、いや、あれは演技だよ。眠れるようにいびきをかくことで自分自身に暗示をかけていたのさ。それでも一睡もできなかった」

昨夜は不安でほとんど眠れなかったが、一睡もというわけでもない。

「そうだったの。それだったら重症ね。その薬、かなり効くはずよ。大半の人が一分もあれば睡魔に引き込まれる」

「完璧だ」

思いつきの言い繕いだったが納得してくれたようだ。

「それはそうと歯医者のクリニックから電話があったわよ。明日の予約時間を守ってくださいって。今までそんな電話してこなかったのに変ね」

「あ、ああ……きっと歯医者も競争が激しくなったんだろう。最近、あちらこちらにクリニックの開院が増えているじゃないか」

思わずピーターのクリニックの話が出てきてうろたえてしまった。

「なるほど。医術も算術なのね」

「そういうことだ」

これ以上話しているとボロが出そうな気がして、ウィリアムはそそくさとケイトから離れた。

この時点でウィリアムの決意は固まっていた。ピーターは殺すしかない。彼は「まずは一万ドルほど」と言っていた。つまり今後も強請るつもりなのだ。ドラマや映画に出てくる脅迫者を見ても、一度では終わらない。骨の髄までしゃぶり尽くそうとする。それにピーターが生きている限り、心理的な平穏は訪れない。この先ずっと彼の存在に怯えながら生きてくことになる。そんなのはまっぴらゴメンだ。

過去に人を拳銃で殺したことがある。しかし今は戦時中ではない。どんな事情であれ殺人は許されない。ましてやウィリアムは戦犯なのだ。絶対に捕まるわけにはいかない。しかし逃亡しようにも有名人の彼は面が割れているので困難だ。

ピーターは事故か自殺に見せかけるやり方が現実的だろう。そのために強力な睡眠薬を用意した。これで眠らせて窓から落とすのはどうか。あのクリニックはビルの七階にある。昨日、あのビルのことを調べておいた。守衛は老人一人であまり仕事熱心ではない。多くの時間を守衛室で過ごしているようだ。そして七時過ぎになるとビルに入居している会社の人間たちの多くが帰宅して、ビルの中にはほとんど人がいなくなる。裏口から入ってエレベーターでなく階段を使えば、誰にも会うことなくクリニックに到達できる。

万が一のことを考えてロープも用意した。刃物も考えたが、大量の出血を伴う殺害に自信が持てないので止めた。

準備は整った。あとはやるしかない。

＊

ピーターとのやりとりは和やかに進んだ。彼は銀行から下ろしてきた現金を見ると満足げに相好を崩した。クリニックには彼とウィリアムしかいない。他のスタッフは技工作業をしていたようで、白衣姿でウィリアムは七時前には帰宅したという。ピーターはウィリアムを院長室に迎え入れた。窓の外にはロスの夜景が広がっている。院長の大きめのデスクの前にソファセットが置かれていた。二人はそこに腰掛けてテーブルを挟んで向き合っている。指紋を残さないために布の手袋をしたままだった。ピーターには手荒れがひどいからと言い訳をしておいた。

「先生、同意の印に乾杯でもしないか」

ウィリアムは紙袋からウィスキーのボトルを取り出した。

「いいですね。私も一杯やりたい気分でした」

ピーターは棚からグラスを二つ取り出すとテーブルの上に置いた。ウィリアムはグラスにウィスキーを注ぐ。

「ところで先生、乾杯の前に相談がある。僕のカルテと初診日に採った、僕の歯型の石膏模型を買い取りたい。金額はそちらの言い値でいい」

「ほぉ」

ピーターが瞳をキラリと光らせながら前のめりになった。

「その前に今一度、例のカルテを確認させてほしいんだ」

「あれは私の切り札です。それはできません」

「だったらせめて石膏模型だけでも」

「いいでしょう。技工室の棚に置いてあるので少し待っててください」

ピーターはソファから立ち上がると院長室を出て行った。

ウィリアムはポケットから睡眠薬の入った包み紙を二つ取り出すと、中身をピーターのグラスの中に入れた。事前に用意しておいたマドラーでかき混ぜると粉末は完全に溶けて見た目には分からないようになった。

それから間もなくピーターが石膏模型を持って戻ってきた。ウィリアムはそれをしばらく手にして眺めるとテーブルに置いた。石膏模型を見たいと言ったのは、あくまで薬を盛るタイミングを得るためだ。

「五万ドルでどうですか。分割でいいですよ」

ピーターはグラスを持ち上げながら言った。

「いいでしょう。それでは乾杯……」

ウィリアムがグラスを近づけようとすると、突然ピーターが立ち上がって酒を床にぶちまけた。あっという間にカーペットに染みこんだ。

「な、なにをするんだ！」

「私が気づかないとでも思ったのかね。そこに鏡があるでしょ。あなたが私のグラスに薬を盛っている姿が写ってましたよ。警戒して扉を開いたままにしておいてよかった。外からバッチリ確認できましたからね。そもそも手袋を外さない時点で何かするつもりだろうと疑ってましたよ」

ウィリアムの頭の中が一気に沸騰して目の前が赤くなった。その状態でピーターに飛びかかる。

その先のことはよく覚えてない。

気がつけば床にピーターが仰向けで倒れていた。首にはウィリアムが用意したロープが巻きついている。ウィリアムはロープを外すと床に置いた。首や手首の動脈に触れるも脈動を感じない。明らかに呼吸も止まっている。

殺してしまった。自殺にも事故にも見せかけられない。

すぐにここを離れなければ！

まずはグラスを洗うと水分をよく拭き取ってからウィスキーの瓶と一緒に棚に戻した。そして強盗の犯行だと思わせるために、院長室のデスクの上に置いてあるまだ開いたままの手提げ金庫から現金を取り出すとポケットに突っ込んだ。

とにかくカルテと石膏模型を回収しよう。院長のデスクの引き出しを開けると呆気なく二十年前のカルテが見つかった。念のため最近のカルテも処分しよう。受付カウンターの裏に入るとカルテの保管棚が見つかった。患者名でアルファベット順にカルテや記録チャートの入ったファイルが収められている。ウィリアムのファイルはすぐに見つかった。カルテ全体を持ち出す必要はない。歯式チャートだけを取り出すとポケットに突っ込んだ。ポケットには二十年前のカルテと石膏模型も入っている。

クリニックを出ると外通路に人気がないことを確認して階段に向かった。階段を降りて裏口から出る。幸い、誰とも出くわすことがなかった。

家には帰りたくなくてしばらく夜の街を歩き回った。そして目についた酒場に入るといつもより多めの酒を呷った。途中、凶器となったロープを置き忘れたことに気づいた。

「指紋を残してないから大丈夫だ。下手に戻れば誰かに姿を見られるかもしれない」

そう思い直して、マスターにウィスキーのお代りを注文した。

今夜は眠れそうもない。そうだ、ケイトにもらった薬を飲もう。

＊

次の日、どうにも気になってクリニックを訪れた。昨夜は興奮状態が冷めやらずケイトから調達した睡眠薬を飲んだが一睡もすることができなかった。

クリニックの前は物々しい様子だった。入口には警官が立ちマスコミの連中が中に入ってこないよう押え込んでいた。朝に出勤したスタッフが院長の死体を見つけたのだろう。早くも警察の捜査が始まっていた。

「ウィリアム・フォークさんですよね？」

突然、ヨレヨレのレインコート姿の小柄な男に声をかけられた。安そうな葉巻を口に咥えている。髪がボサボサでなんともさえない風貌だ。マスコミだろうか。

「失礼しました。私、ロス市警のコロンボです。いやあ、うちのかみさんがあなたの大ファンでしてね。よかったらサインいただけますか」

彼は葉巻を口にしたままメモ帳を取り出すと、今度はコートやズボンのポケットを探り出した。

「ああ、ペンなら持ってますよ」

ウィリアムはペンを取り出すとコロンボのメモ帳にサインした。

「かみさんもきっと喜びます。私も『アメリカンクイズマスター』は欠かさず観ていますよ。特にあなたが登場してからはね。五十連勝は興奮しました」

「それはどうも」

「クイズ王は右利きなんですね」

「え、ええ。それがなにか？」

「いえいえ、別に。今日はどうしてこちらへ？」

「仕事が入ってしまったので予約の変更に来たんですが、なにかあったんですか」

「実は院長先生が大変なことになりましてね」

コロンボは手先を首に滑らせた。

「殺された？」

ウィリアムは痛くなるほどに目を見開いてみせた。ここで腰を抜かすほどに驚かなければ疑われそうだ。そんなウィリアムに対してコロンボは小さくうなずいた。

「はぁ……。それは困った。僕も妻もあの先生がかかりつけなんですよ。予約の変更どころか中止ですね」

「なにを隠そう、私もここの患者でした」

「そうだったんですか」

そう言えば、ピーターはロス市警刑事の患者の話をしていた。コロンボのことだろうか。

「先生にも言ったんですけど、ロスには引越してきたばかりでして。実は今回が初仕事となります。よりによって自分の歯医者の先生が被害者だなんて……複雑な気持ちです」

なんとも間の抜けた口調だが、哀悼の気持ちは伝わってくる。しかしこんな間抜けそうな男にロス市警のそれも殺人課刑事が務まるのかと思う。それで逆に安心した。この刑事が相手ならいくらでも出し抜けそうだ。

「それでは捜査があるので私はこれで」

「奥様によろしく」

どうやら大丈夫のようだ。安堵して帰ろうとしたそのときだった。「ウィリアムさん！」とコロンボに声をかけられたので振り返る。

「どうしました？」

「少し気になったんですが、どうして予約変更のためにわざわざ来られたんですか？　電話一本で済むでしょう」

コロンボの小犬を思わせる小さな目がウィリアムの瞳の中を覗き込むようにして見つめている。

「そ、それはたまたま通りかかったからです。ビルを見て予約変更のことを思い出してね。電話でもよかったんだが、それだと忘れるかもしれないでしょ」

「分かります。こういうことは思いついたときにやらないとね。私もそれでよく失敗しますよ。ところでたまたま通りかかったということですけど、どこに行かれる途中だったんですか」

どうしてそんなことが気になるのだ。しかし答えなければならない。

「書店ですよ。ワンブロック先に大きな書店があります」

「なるほど、本からあれだけ膨大な知識を得ているわけですね」

ウィリアムはうなずいた。刑事はウィリアムの咄嗟の思いつきの返答に納得したようで、今度こそ離れていった。

ウィリアムの頭の中で警報が赤い光を回転させていた。

＊

コロンボが自宅にやってきたのはそれから三日後だった。ウィリアムは不安を顔に出さないようにして、彼を迎え入れた。その代わり、取り出した葉巻を吸わないよう告げた。

「妻のケイトです」

ウィリアムはちょうど帰宅して玄関に現れたケイトを紹介した。

「刑事さん、飲み物はどうされます？」

「奥さん、おかまいなく。コーヒーで結構です」

ケイトは愛想笑いを見せるとキッチンに入った。

ウィリアムはリビングのソファにコロンボを案内する。彼はしばらくの間、大した家具やオブジェがあるわけでもないのに、興味深そうに部屋の中を見回していた。まるで落ち着きのない中学生のようだ。

間もなくしてケイトがコーヒーを淹れてきてくれた。刑事が「奥さんにもお話を聞きたい」と言うのでケイトはソファに腰掛けた。事件のことは伝えてあるし、ニュースにもなっているのでケイトも概要は把握している。

「ピーター先生のことですか」

ウィリアムは刑事の独特すぎるテンポに耐えられなくなって用件を促した。

「そうなんです。ちょっと気になることがありましてね」

「気になること？」

「ええ。どういうわけかウィリアムさんの歯型を記録したチャート用紙と、石膏模型がなくなっていたんですよ。奥さんのは揃っていたんですけどね」

「さあ……そんなの僕に言われてもね。クリニックの管理の問題じゃないですか。他の患者のもそうじゃないんですか」

「たしかに少なからずあるにはあるんですよ。それは主に治療内容を記したカルテですね。スタッフにも聞いてみたんですが、院長先生は筋金入りの歯型マニアで歯式チャートと石膏模型だけは慎重に扱っていたみたいなんです。それが二つとも見当たらないのはウィリアムさんだけなんですよ」

「盗まれたんじゃないの？」

突然ケイトが口を挟んだ。

「盗まれた？」

「ええ、夫は有名人よ。私が言うのもなんですけど、なかなかの美男子でしょ。女性のファンが多いんです。私は浮気を疑っていますわ」

「おいおい、止めてくれよ」

ウィリアムは妻の思わぬフォローに心の中で快哉を叫んでいた。ニュースでも強盗殺人とされているのにどうしてこの刑事はそんなことが気になるのだろうか。

「つまりこういうことですか。歯式チャートや模型を盗んだのがクリニックのスタッフだと」

「たしかに僕の熱狂的な女性ファンは少なくないです。そうだ、あの受付の女の子かもな。いつもうっとりとした目で僕を見ていたからね」

それは事実だ。あの娘はウィリアムに気がある。

「なるほど。それは参考になりました」

コロンボはメモ帳にペンを走らせた。先日、サインしてやったメモ帳だ。

「あれから書店には行かなかったのですか？」

「書店？　なんのことですか」

唐突な質問にウィリアムは目を白黒させた。

「ほら、クリニックでお目にかかったとき、これから書店に行くと言っていたじゃないですか」

「あ、ああ……すっかり失念していた。ピーター先生のショックが大きくてね」

この刑事は書店のことまで調べたというのか。心の中がざわついてきた。

「でしょうなあ。ところで事件当日の午後八時半から十一時のころ、二人はどこでなにをされてましたか」

「僕たちを疑っているのか」

ウィリアムは声を尖らせる。しかしコロンボのとぼけた表情は変わらない。

「いえいえ、先生の患者さん全員から確認を取ってくるよう上司から言われているんですよ」

ケイトは家の中にずっといたと言った。

「私は散歩してからバーで飲んでましたね」

「ウィリアムさんはウィスキーはお好きですか」

「え、ええ……まあ。それがなにか？」

その質問にとてつもなく嫌な予感がした。

「棚にあった二つのグラスなんですがね」

コロンボは難しい数学の問題を解いてるような顔で頭を掻きむしった。ケイトが不快そうに顔を歪めた。

「この二つのグラスだけ指紋がまったく検出されなかったんですよ」

「そりゃあ、洗ってからきれいに拭いたからじゃないの」

ケイトが無邪気な口調で返した。

「いえいえ、洗って水分を拭き取っても結局、ガラスを触って棚に戻すわけですから指紋は残りますよ」

「ああ、そういえばそうね。それってつまりどういうことなの？」

「たとえば手袋をしたまま洗ったってことになりますかね。だけどキッチン用のそれは見当たりませんでした」

ウィリアムはコロンボに警戒心を覚えた。こいつは間抜けな刑事ではない。そう演じて相手を油断させているのだ。ヨレヨレのコートもボサボサの髪型もそのための演出に違いない。

「で、その棚に置いてあったウィスキーが院長室のカーペットから検出されたんです。どうやら誰かが床にこぼしたようなんですな」

「それのどこが問題なの。私はお酒をしょっちゅうこぼして床を汚すわよ」

「ウィスキーと一緒に睡眠薬が検出されたんですよ。強い成分です。なのに院長先生の体内からは検出されていない。変だと思いません？」

睡眠薬と聞いてケイトが一瞬だけウィリアムを見た。ウィリアムは息苦しさを感じていた。

「それってどういうことなのかしら」

「これは私の想像なんですが。誰かが院長に睡眠薬を飲ませようとした。しかしそれがバレて揉み合いになった。その際にウィスキーが床にぶちまかれた」

そこは微妙に異なっている。ピーター自身が酒を床にぶちまけたのだ。

「でも現金目的の強盗だってニュースで見たわよ」

「カムフラージュかもしれませんね。目的は現金ではなくて院長先生の命だった。そうなると犯人は院長先生の顔見知りということになります。だってそうでしょう。少なくともグラスを傾け合う仲なんだから。そう考えたのは指紋のついてない二つのグラスです。おそらく院長先生を殺した犯人は指紋を付けないよう、手袋をするなりしてグラスを洗った。そう考えると筋が通ります」

「へえ、大したものね、刑事さん。まるでミステリ小説に出てくる名探偵の推理だわ。ところでどうして院長先生は殺されたの？」

もうそれ以上話に加わるなと妻に怒鳴りつけたい心境だった。しかし今は激しく胸板を叩く鼓動と身体の震えを抑えるのに精一杯だ。外堀がじわじわと埋められているのを感じる。

「これも想像ですが、犯人は院長先生になんらかの理由で強請られていた。院長先生は筋の悪い連中から多額の借金をしてましてね。殺される前日に、一万ドルほど返済する当てができたからもう数日待ってほしいと連中に電話で伝えているんですよ」

一万ドルと聞いて思わず喉仏を上下させてしまっ

た。

「ところでウィリアムさん。あなた、銀行で一万ドル引き下ろしてますよね。でも次の日にはまた戻されていた。何に使う予定だったのか、奥さんはご存じですか」

「もう分かった！　分かったから！」

ウィリアムはやけくそになって立ち上がった。ここまで看破されたらもう隠し通せない。

「ピーター先生は僕が絞め殺した。理由は刑事さんがおっしゃる通りだ。強請られてたんだよ」

「あなた……」

「ケイトすまない。ああするしか君との生活を守れなかった」

「ウィリアムさん、どのように絞め殺しましたか。具体的に教えてください」

「ソファから立ち上がると、先生に飛びかかって無理やりに押し倒した。その状態でロープを首に巻き付けて……そこからは無我夢中でよく覚えてない」

「ロープを一度外して再び巻き付けましたか？」

「かもしれないが、本当によく覚えてないんだ。ただ、握ったロープの感触だけは忘れようがない」

コロンボはしばらく頭を掻きむしりながら考え込んでいたが、納得するように頷くとウィリアムに向き直った。

「ウィリアムさん、あなたには黙秘権があります。なお、供述は、法廷であなたに不利な証拠として……」

「ちょっと待ちなさいよ」

ケイトが刑事ドラマでよく聞かれるミランダ警告を遮った。コロンボが口を半開きにして彼女を見つめている。

「犯人は夫じゃないわ。私がやったの」

「もう止めるんだ。そんな嘘をついても僕をかばうことはできない。あれは間違いなく僕がやったんだ。それを覆すことはもう無理なんだよ」

「ううん、私がやったの。刑事さん、残念だけどあなたの推理は間違っているわ」

「ケイト……」

最悪の状況だがケイトの思いに救われた。彼女は自分の身を犠牲にしてまで夫を救おうとしたのだ。その気持ちだけで允分だった。

「そうか……そういうことだったのか。やっと謎が解けた」

コロンボが頭に手を当てながら何度もうなずいている。

「謎ってなんなんだよ」

「実はガイシャには索条痕が二つ残ってました。つまり犯人は一度はロープを外しているんです」

「僕がそうしたかもしれない。よく覚えてないがね」

「だから私だって言ってるでしょう」

「君は黙っててくれ！」

「二つの索条痕なんですけど、片方が右回りで、もう片方が左回りなんです。どうしてそうなったのかと不思議に思っていたんですがやっと理解できました。ウィリアムさんは右利き、そして……」

「その通り、私は左利きよ」

ウィリアムにはいったいなにがどういう話になっているのか分からなかった。

「私、あの日、ウィリアムの様子がおかしかったからこっそりとあとをつけたの。彼は隠れるようにしてクリニックが入っているビルの裏口から中に入ったわ。嫌な予感がして私も向かったの。入口に入ると奥の方から院長先生とウィリアムの声が聞こえてきた。私は中に忍び込んで、物陰から二人のやりとりを一部始終盗み聞きしてたの」

「僕が彼を殺すところも目撃したのか」

「ええ。あなたはグラスを洗ったりカルテを回収したあと、混乱している様子で立ち去ったわ。床に凶器を忘れていくなんて相変わらず間が抜けてるわね。だけどあなたが知らないことがあるの」

「知らないこと？」

「先生は死んでいなかったんですね」

コロンボが先読みして言った。ウィリアムはハンマーで頭を殴られたような衝撃を受けた。

「そう。ウィリアムが出て行った数分後にいきなり息を吹き返したの。でもすぐには起き上がれない。私はもう一度、彼の首にロープを巻いて絞めたわ。今後は確実な死を確認してからクリニックを立ち去った。これが真相よ」

　つまり一つ目の索条痕がウィリアム、そして二つ目がケイトによるものだ。

「ほ、本当に君がやったのか……」

「だからそう言ってるじゃない。このまま黙っていようかとも考えたけど、あなたが濡れ衣で刑務所行きになるのは可愛そうかなと思ってね」

「奥さん、そこまでしてあなたはご主人を脅迫者から守ろうとしたんですね」

　コロンボがしんみりと言った。ウィリアムは胸が張り裂けそうだった。夫を守るために妻が自身の人生を犠牲にした。しかしそれすらも報われないだろう。こうなってしまった以上、警察はウィリアムの正体を突き止める。到底隠し通せるものではない。彼女の決死の覚悟が無駄になるのは必定だ。

　全身の力が抜けてドサリと音を立てて、ウイリアムはソファに腰を落とした。

　突然、ケイトが笑い声を上げた。コロンボが驚いた顔で彼女を見つめている。

「夫をかばうため？　そんなんじゃないわ」

「じゃあ、どうして……」

　男二人の声がピタリと重なる。

「最近分かったのよ。体の不調の原因が。偏頭痛に肩こり、ずっと続くイライラ。お医者さんに診せても異常なし。それもそのはずよ。原因が奥歯の不適合な噛み合せにあったんだから。テレビ番組を見てそれだと思った。事件の前日に他の歯医者さんに診てもらってそう診断されたわ。奥歯の詰め物がわずかに高すぎるのが原因だって。だけど私と同じような不定愁訴に苦しむ人の多くはそれに気づかないらしいわ。どちらにしてもこの詰め物を入れたのは、あの藪医者よ！　ぶっ殺してやって、せいせいしたわ！」

　ケイトはケラケラと笑い出した。そのギラついた瞳にもはや正気は宿っていなかった。その笑い声は徐々にけたたましくなり、やがて獣の咆哮を思わせた。

ウィリアムは呆然とおかしくなった妻を眺めるしかなかった。もともと神経症の気があった彼女の心は不正な噛み合せからくるストレスの積み重ねによって徐々に崩壊していたのだ。それでもギリギリで正気を保っていた。しかしあの夜、夫の正体を知った衝撃で決壊してしまったのだろう。

なにもかもあいつのせいだ。自分の手であいつを殺してやりたかった。

ウィリアムはロープを握りしめたときの感触を噛みしめた。

「初仕事がこれかぁ……」

コロンボは複雑そうな表情でなおも笑い続けるケイトの手に手錠を嵌めた。(了)

山口雅也

紙入れ謎一寸徳兵衛

文化八年（西暦一八一一年）

——主任を務めるのは、

「こんなのアリ!?」な番外編!

RETURN OF
COLUMBO

【枕】

えー、最近は「草食系」なる男子の呼び方が流行(はや)っておりますが、その一方で、「間男(まおとこ)」という男子の蔑称は滅多に使われなくなりました。現代では「不倫相手」という呼称がより流布しているようでありまして――。

「町内で知らぬは亭主ばかりなり」

――と、江戸時代の間男も昨今の不倫男といささか変るところはないように見えますが、その実態は大違い。昔の間男と今の不倫男では罪と罰の重さが大違いなのでございます。

今の不倫男は、バレても示談金かネット炎上なてのが、せいぜいのところですが、江戸の昔、不倫――不義密通は死罪となるというほど罪深いものでございました。

「間男は首を拾って蚊に食われ」

当時の不倫は命がけの行為でございました。俗に「間男と重ねて四つに切る」などとも言われておりますが、これは当時の法律に「密通の男女共にその夫が殺し候はば、紛れも無きにおいては、おとがめ無し」と定められており、密通の現場を夫が押さえれば、二人を束にして斬り殺しても構わないことからきております。つまり、重ねて切れば体が男女四つになると、間男を厳しく戒める意味で使われた言葉でありました。

しかし、その一方で、現実には示談金で済ませるということも行われていたようで、しかもその相場は五両と決まっていたとの記述もございます。

明和の頃に「その罪を許して亭主五両とり」という句があり、

これが、時代が下ると、その相場も高騰してまいります。

柳多留拾遺の句に「据えられて七両二分の膳を食い」というのがございまして。

七両二分とは大判一枚に相当する金額で、この句の言わんとするところは、据え膳に応じた不倫なら、なんと旦那も出てきて夫婦共謀で示談金を巻き上げようという、いわゆる「美人局」のことを詠んだ句だったというわけでございます。

この様に命がけの不倫もお上にバレなければ金になると、金儲けの材料に利用する不届き者が続出、天保期には公儀の取り締まりが強化されたとのこと。

江戸後期の諺辞典『譬喩尽』に「密男せぬ女房は無いもの」という句があり、

またことわざ集の『世話詞渡世雀』にも「密男七人せぬ者は男のうちにあらず」という俗諺もございます。

——ことほど左様に、命がけの仕儀だったにも関らず、不義密通の迷いの止め難きは、結局、いつの世も男女共に変わらぬ人の業……間男ばかり責められませぬ、人妻でありながら間男を誘う間女のほうこそ、責められるべきかと。本日は、小心者の間男と肝の据わった間女の一席、お付き合い願います。

えぇ、貸本屋という商いがございました。江戸時代においては紙や製本した和本が高価だったため、草双紙、読本、洒落本などを安価で貸し出す生業が生まれ、貸本屋と呼ばれていたのでございます。貸本屋は風呂敷に本をごっそり背負い込み、得意先の家々を訪ね歩いて、庶民の手軽な娯楽の提供者として親しまれておりました。

ここに貸本屋の新吉という、年の頃なら二十二、三でございます、スラッと背が高く、色が白くて、役者にしたいような、まことにいい男がおりましてな。この新吉が、しょっちゅう貸本を背負って、あちこちのお屋敷を回っては、そこの奥様やらお嬢様を相手に商いをしておりました。なにせ若い、しかも様子がいい。お客様は新吉が商売に来るのを楽しみにしていたりなんかしておりまして、また新吉の人間がまめで、よく働きますので、旦那衆からも目を掛けられておりました。

さて、この新吉のところに、あるとき、お得意のとび職の親方徳兵衛さんの女房のお岩さんから手紙が参りまして——。

【事件の顛末】

「今夜、旦那が国の法事で、帰らないんで、新さん、あたし寂しいから、貸本ついでに遊びに来て下さい云々……」

新吉、心の中で——弱ったなぁ、えぇ、困った手紙が来ちゃったよ。今夜旦那が帰らないんで、寂しいから来て、って言われても、ハイハイッてんで、行けやしねぇや。あすこの旦那の徳兵衛さんにゃぁ、大変に世話んなってんだ。あの旦那、おいらが、おかみさんと、しくじったりした日にゃあ、てぇへんなことんなっちまう。旦那はよく切れる段平持ってっから、重ねて四つに切るなんてことに……よそう。断ろう。行かれないよ、駄目だ、駄目ですよ——とは言うもんの、行かないてぇと、おかみさんのほうも、しくじっちまうしなぁ……。

――そういや、おかみさんにも旦那以上に贔屓にしてもらってるから……こりゃ弱っちまったなぁ……行くのもまずいし、と言って、おかみさん怒らしちやってもいけねぇし……あすこのおかみさん、色っぽい、いい女だしなぁ。もう四十近いチョー大年増のはずだけど、とてもそうは見えねぇ、美人は得をするねぇ、どうみても一回りは若く見えるぜ。あの奥さんと、二人っきりで喋ってるところへ、旦那に帰って来られた日にゃぁ……でも行かねぇと言うと、旦那に何か悪口でも吹き込まれたら、えれぇ目にあっちまうし……弱ったねぇ、こりゃどうも……行きたいような、行きたくねぇような、なんか、へんてこな気持ちんなってきちゃった……浴衣着て湯にへぇってるような心持ちだぜ……心持ちが悪くてたまらねぇ……。

　どうしよう、こうしようと考えておりますが、頭では止めよう、よそう、と考えておりましても、人間、特に若い男というものは、下半身は管轄のが別になっておりますので、どうしても足が勝手に、おかみさんが待つ徳兵衛さん宅のほうへ向かってしまいます。

「新さん、よくきてくれねえ。こないだの鶴屋南北の『帯謎一寸徳兵衛』面白かったよぅ。もう一冊の鴉屋古論坊の『紙入れ謎一寸徳兵衛』ってのも、あの外題、南北を真似た新参の戯作者が書いたんだろうが、中身は、けっこう、役に立つ本で――」

「は？　役に立つ？　あの歌舞伎の世話物の新作が？」

「……あ、まあ、そんなこと、どうでもいいよ」ここでお岩さん、話を逸らして、「とにかく、あたしの旦那の名前も徳兵衛だろ。外題に徳兵衛の名前の入った読本を二冊も貸し付けるなんて、新さん、こりや、なんかの当てつけかえ？」

「いえいえ、当てつけだなんて、滅相もない……その旦那の徳兵衛さんですが、今日は――」

「うぅん、新さん、あんたに出した手紙に旦那のことは書いてあるじゃないか。あたしからの手紙は、あの、あんたの金糸の入った豪勢な紙入れに大切にしまってあるんだろ？　――さあ、紙入れを出して見せてごらんよ」

　言われるがままに、紙入れを差し出す新吉。受け取ったお岩は、それを無造作に火鉢のそばに、ぽいと投げ出し、

「その紙入れの中の手紙に、今夜は徳兵衛は戻らないと、書いてあっただろ」そこで、新吉のそばににじり寄り、「――だから、今夜は、泊まっておいきなさいな、新さん……」

「で、でも、もし旦那が帰ってきたら……」

　お岩さん凄い形相で睨みつけ、「この、小心者！　徳兵衛は帰って来やしないよ」それから、艶然(えんぜん)と微笑み、「ねぇ、後生だからサ、ねぇ、いいだろ？　新さァん……それともあたしが嫌いかい？」――正に外面如菩薩内心如夜叉(がいめんにょぼさつないしんにょやしゃ)という態でして。

「いや、嫌いなんて、とんでもございません、けど、旦那に悪くて……」

「おまぃさんがどうしても嫌だって帰るんなら、帰っても構わないよ。構わないけども、あたしだってこんなことを言い出して、おまぃさんに帰られた日にゃ、あたしの立つ瀬が無くなっちゃうからね。おまぃさんが帰っちまったあと、旦那が戻ってきたら、あたしゃ旦那に言いつけちゃうから」

「言いつけるって、な、なにをでございます？」

「旦那の留守に付け込んで、新さんが押しかけてきて、どうしても泊めてくれって言い張って、動かなくて、あたしゃ困っちゃったって――」

「そ、そんな、奥様……弱っちゃったなぁ、どうしよう……ねぇ、旦那、ほんとに帰りませんか？」

「帰らないよォ、心配しなくていいんだって、そう言ってるじゃないかッ」

　新吉、お岩さんに急かされて、寝間着に着替えて床に入ります。一方のおかみさんはてぇと、着物も脱いで、長襦袢(ながじゅばん)ひとつんなって、伊達巻(だてまき)をキュッと締め直し、鏡台の前に行くと、鼻の頭をポンポン、とはたきましてお髪(ぐし)を掻き上げます。それから勝手口の締まりをして、口をすすぎ、明かりをフッと吹き消します。それから、「新さ〜ん」と床へ入ってきて、

齧（かじ）りつきまして――。

――ところが！

これから濡れ場というところへ、途端に表の戸を、ドンドンと叩く音が――。

「オイッ、開けろッ　ちょいと早えが、けえってきた」

「あら、ちょいとッ、旦那が帰って来ちゃったよ！」

「ヘッ⁉　だ、だから言わないこっちゃない！　ど、どうしましょう、あ、あたしゃ、いったいどうしたらよござんすか〜？」

「どうするってって、新さん、そんな、糞詰まりの猫みたいにグルグル走り回るもんじゃないよ。慌てちゃいけない。逃げるんだよっ」

「に、逃げるとおっしゃいますと、こっちですか？」

「そ、そっちへ行ってどうするんだよ、そこを開けたら厠（かわや）だよ……新さん、そっちもダメ、そこ開けたら旦那がいるじゃないか、違うよ……バカッ、こっちィ来るの……あたしの背中よじ登ってどうするんだい？」

泡を食って着物を着込んだ新吉は、おかみさんが裏へ回した下駄を引っかけて、勝手口から裏庭へと飛び出し、そのまま一目散に道を駆け抜けて、自分の家へ帰ってまいります。

――ああ、助かった。ほんとに命が縮んだよ。だから、おいらは嫌だって言ったんだよォ。帰ってこねぇって言いやがって、ウソばっかりじゃねぇか……嫌な気がしてたんだ、ほんとに旦那、帰って来ちゃった……あぁ、まぁ、見つからなかったからよかったけどもさ、冗談じゃぁねぇや、ほんとに。徳兵衛の旦那にゃ、いろいろと世話んなってっからな……。

そこで、新吉、ふと重大なことに気づきます。

――あれ？　逃げたはいいが、なにか忘れ物して来ちゃいまいなぁ……えぇと、煙草入れは……あるなぁ、それからと……紙入れは……か、紙入れ！　あ、あぁっ、いっけねぇ！　紙入れ、火鉢の横に置いてきちまった！

――あの紙入れの中にゃ、奥さんからもらった手紙が入ってるんだ。あぁ、あんなもん、破って捨てときゃよかった……あの紙入れ、旦那、あたしのもんだって知ってんだよ。……「旦那、こんな珍しい品が手に入りました！」なんて、こないだ、わざわざ見せに行っちゃったんだ……旦那も「へぇ、こりゃぁいい品だ。そう手に入るものじゃないよ。大事にしな」なんて言ってたよ。旦那、こういう小物にゃ、目利きだからなぁ、忘れちゃいめぇだろうなぁ……あぁ、どうしよう、見せなきゃよかった！　弱ったねぇ、こりゃ。どうしよう……よし、逃げよう！　今のうちなら、よっぽど遠くに逃げられる。よし、夜逃げに決めた！

——だけど……旦那、あの紙入れ、気がつくかなぁ……見れば気がつくよ。つくけれど、旦那が見つけるとは限らねぇ……火鉢に背を向けたままで寝ちまったかも知れねぇからなぁ。……旦那が気がついてないのに、あたしだけ逃げたんじゃぁ、バカみてぇだしなぁ……こりゃ、逃げるのよそう。そうだよ。奥さんが先に気がついて、サッと隠してくれたかも知れねえし……。

——いやぁ……駄目だ、駄目だ。やっぱり駄目だ。旦那、こういう時にゃ、目ざといんだ。次に旦那と出会ったときにゃ、「この間男野郎！」って、斬った貼ったの命の遣り取りになるかも知れねぇ……そんなことになるよりァ、念には念をいれて、やっぱり逃げるしかねぇな。そうだ。夜逃げだ、夜逃げ。

——とは言うもんの……念のために夜逃げするってぇのも、間抜けた話だし……バレちまったと、決まったわけでもないんだし……。

——そうだ、あしたの朝、旦那のお宅へ行ってみよう——「新吉、てめぇ、この野郎！」って来てから逃げても間に合うだろう……。

——なんて、その夜は一睡もできません新吉でしたが、翌朝、日の出とともに起き出しまして、また徳兵衛宅へとやって参りました。

火鉢のある居間で出迎えた徳兵衛さんが、

「どうしたィ。新吉、早ぇなぁ、今日は」

「え、えぇ……いい読本の新作がへえりましたもんで——」

「若い奴にしちゃぁ、朝が早ぇなぁ。まぁ、《早起きは三文の徳》って言って、商人がいつまでもぐずぐず寝てるようじゃぁ、ロクな稼ぎゃぁできめぇがな、うん。だから、おれぁいつもみんなにそう言ってるんだよ。新吉を見習えってなぁ。朝早くから得意先まわりをしてなぁ、こうでなくっちゃ駄目だよ。おれは、よくそう言ってるんだ。あぁなんなきゃ駄目だってナ、ほんとだよ。おれは別におめぇを特に贔屓にするってわけじゃぁねぇんだが、おめぇほど商いに熱心なのぁねぇや」

そこへおかみのお岩さんが、薬缶を持って入ってまいります。

「あぁ、茶がへぇったようだ。ま、飲みねぇ。早朝で冷えるだろ。もそっとこっちへ寄って、火鉢にあたりねぇ」

「へえ……」

「なんでぇ、いやに、そわそわしてるじゃぁねぇか、ええ？　なんか心配事でもあるのか？」

「ええ……あのぉ……今日はお暇乞いに、伺ったんで」

「あ？　なんだい、暇乞い？　いってぇどうしたんだ？　どっか遠国へ商いにでも行くのか？」

「いや、そうじゃありませんで……ちょっとまずいことになっちゃったんで――」

「まずいこと？　ええ？　使い込みか？　銭でなんとかなることなら、俺が何とかしてやらぁな、えぇ？　いいから俺に、任してみな」

「いえ、それが、ちょっと銭ではすまねぇ話でして――」

「ほう、銭じゃ……すまねえ話ってぇと……、おめえ、女の色恋沙汰でも抱えているんけえ？」

「へえ、まことにお恥ずかしい話で――」

徳兵衛さん、寛大に笑って、

「いいじゃぁねぇか。若いうちだよ。おめえなんざ、様子がいいんだもの、どこへ行ったって女にチヤホヤされらぁな、ええ？　相手は女郎か？　それとも堅気の娘か？　ええ？　相手によって算段の仕ようってもんがあらぁな」

新吉さん、いよいよ臆病風に吹かれて返答ができません。

「なんでぇ、相手が何者だか、わからなきゃ、俺もいい策が出せねえ」それからだんまりを決め込むの新吉さんを一瞥して、「こいつ、やけに黙ってやがって……まさかてめぇ、主あるもん……亭主のある女房に手を出したわけじゃあるめえな？」

ズバリ言われた新吉さん、観念して口を開きます。

「へえ、実は……そうなんです」

それを聞いた徳兵衛さん血相を変えて、

「なんだと？　この、馬鹿野郎！　いい若いもんがそんなくだらねぇことをして、いちばん危ねえんだぞ、そういうのはな、ええと――昔っから『ひとの女房と　枯れ木の枝は　登り詰めたら命懸け』てぇ都都逸があるくらい命がけのことなんだ。それに不義密通はな、バレたら、不義の相手と一緒に『間男と重ねて四つに切る』なんてことされても文句は言えねえんだ。だから、そいつだけは止めにしとけ！」

そこで、少し落ち着いて思案する徳兵衛の旦那。

「――と言ったって……もうやっちまったんなら後の祭りだ……それでおめえ、夜逃げしようってえのか。逃げようってぇくれぇだから、相手の亭主に、わかっちまったのか？」

「あの……旦那、わかっちゃいましたか？」

「なに言ってんだよ。俺に訊いてどうする。おめえが間男をした家の亭主にわかっちまったのかってに聞いてんだよ！」

「その旦那の家ってのが……あたしの一番お世話になってるお得意先なんですよ。そこの旦那にも、えらく贔屓にしてもらってるわけでして――」

さすがの徳兵衛さんもあきれ顔で、

「おめえ、そんな恩ある旦那のおかみさんに手ぇ出したのか。それじゃあ、旦那に対して、義理が立たねえじゃねえか。で、いったいどういう経緯で、そんな羽目になった？」

「その旦那のおかみさんも、あたしを贔屓にしてくれてるんで……で、急にあたしんとこに手紙がきて、旦那が留守で、その日は帰らないから泊りに来ておくれって、こう書いててきたんですよ」

「ふーん、聞いたふうな話だな。――で、おめえはどうしたんだい？」

「最初は行くまいと思ったんですがね、行かないとおかみさんの不興を買っちまうんですよ。だから、まぁ、行くだけ行ってみたんですが……」

「――で、どうなった？」

「それで、まぁ、貸本の話かなんかしてるうちに、遅いから泊まって行けって言うんですよ。あたしが嫌だって言ったら、じゃ、旦那に、留守んところへお前が来て、泊まって行くって聞かないから泊めたって告げ口すると――こう言いだすわけでして」

「へーえ、そりゃ、性悪のおかみさんに捕まっちまったもんだ。亭主の顔が見てえもんだ。……だはは、そうかい。それで？」

「旦那、笑い事じゃありませんよ。他人事じゃないと思って聞いてください。――ともかく、そんなわけで、泊まるようなことになっちゃったんで……」

「他人事だぁ？　こちとら、さっきから親身になって聞いていますよっ。――で、それから？」

「それで、まぁ、床のべてもらって、あたしが先に寝たんですよ」

「ふん、ふんふん……いいとこへきたね、どうも」

「そこへ奥さんが長襦袢一枚んなって入って来たんです」

「よっ！　そこだ、そこだよ。くそーっ、見たかったね。なんで、俺を呼んでくれなかった？おめえ一人いい思いして……悔しいねぇ、なんか奢れ、この野郎！　それで、そ、そのあとどうした？　濡れ場はどうだったてんだよっ！」

「いや、それが、寝たとたんに旦那がけぇって来たんです」

「なっ、なんだよ、その旦那、野暮な野郎だねぇ、ここまでさんざん盛り上げといて……なんで、そんな間抜けなところでけぇって来やがるんだろうねぇ」

「ちょっと、旦那、どっちの味方なんすか？」

「ああ、つい、興奮して、悪かった――で、おめぇ、それから、どうしたんだ？」

「もう、びっくり仰天、肝を冷やして、慌てて、おかみさんに裏から逃がしてもらいました」

「ああ、そりゃあ、よかったじゃねえか。もう、そんな家へ行くなぁよせよせ、そんな危ないマネしなくたって、おめえくれえいい男なら、若い女なんて、いくらでも寄ってくるだろうよ」そこで徳兵衛さん首を傾げ、「しかし、おめえ、どうして夜逃げしなきゃならねぇんだ？　うまく裏口から逃げたんだろ、旦那にゃ見つからなかったんだろ？　間男がバレなかったなら夜逃げしなくともいいじゃねえか」

「へえ……でも、駄目なんです」

「なんで？」

「紙入れを……部屋に忘れてきちゃったんです」

「なに、紙入れを？　そんなもん、旦那にめっかっても、おいらのもんじゃねえって、しらを切って突っぱねりゃぁいいんだ」

「いえ……それが駄目なんです……そこの家の旦那、あたしの紙入れを知ってるんです」

「おめえの紙入れって……あぁ、あの金糸のへぇった……珍しいのが手に入った、って俺んところにも見せに来た、あの紙入れか。そりゃ、えらくまずいですよ。あんなものはなぁ、そうそうその辺に転がってる品じゃぁねえからね」

「それに、旦那のおかみさんから来た手紙が、紙入れん中にへえってるんです」

「あちゃ～、そりゃ、マズぃ。おめえ、なんだってそんなものを後生大事に紙入れなんかに入れとくんだよ。寺社仏閣のお札やお守りじゃないんだよ、えぇ？　そういうもんは、すぐに燃しちまうんだよ！　ったく、色事のひとつもしようなんて野郎は、もうちょっと物事をかんげぇて用心深くしなきゃぁいけねぇ。マズいなぁ、それは絶望的にマズぃよ。そんなもん、めっかっちゃった日にゃぁ言い訳のしようがねぇじゃぁねぇか――」

「あんた」と、そこで居間に現れたおかみのお岩さんが口を挟む。「新さんが間男したって？　で、紙入れを忘れたって？　大声出してるから隣の間のあたしのとこにも話は筒抜けだよ。――その話の様子だと、新さん、間男というより、そりゃ間抜けだね」

「薄情な奴だ。そんな落語のオチみてえなこと言ってる場合じゃぁねぇよ。本人の身になってみな、ぇえ？　ずいぶん可哀相じゃぁねえか」

お岩さん、鼻を鳴らして、

「ふん、浮気なんかするからだよ。癖になるから、ほっときゃ、いいじゃない」

「女てえものは薄情だねえ……新公なんざ、夜逃げするって、今日は暇乞いに来たんだぜ」

「そりゃぁ、まあ可哀相と言えば可哀相だけどねぇ。でも、あたしは大丈夫だと思うよ。だってさ、考えてもご覧なさいな。旦那の留守に、若い男でも引っ張り込もうてぇ、遣り手の奥さんだよ、ネェ。旦那が帰って来たからったって、新さんを逃がしたあと、旦那を迎え入れて、そのまんまなんてことはしないかと……あたしゃ思うんだよ。その奥さん、慌てた新さんが、なんか忘れ物でもしていないかと、あちこち見回るでしょうよ。すると火鉢の陰かなんかに新さんの紙入れがあるじゃぁないの。あら、こりゃ、あの人のだ。じゃぁ、あの人が来たときに、旦那にわからないように、内緒で渡してやろう――って思って、その奥さんが紙入れを隠し持っていやしないかしら？　ねぇ、そうじゃなくって？　ウチの賢い徳兵衛の旦那様ァ〜」

「あ？　へへっ……あぁ、そうだ、そらぁ、そのかみさんが持ってるだろうよ。間男を誘うような悪知恵の働く間女ならな。うん。心配すんねぇ。まぁ、仮にそれを亭主が見たところでだよ、間男でもされるような間抜けな野郎だよ、ハッハッハ……そこまでは気がつくめぇて」

一同、その言葉に哄笑したところで、徳兵衛さんが真顔になって、

「――で、その間抜けな亭主が、この俺様というわけだ」

その一言に間男・間女が凍り付きます。

徳兵衛さん、二人を睨みつけながら、おもむろに懐から新吉の紙入れを取り出します。

「昨日、帰ってきて早々に、火鉢の陰にこいつがあ

るのを、めっけたわけだ。中にへえってる手紙も読んだよ。おめえらの不義密通はまるまるわかったぜ。だからこの手証を番屋に届ければ……いやさ、それでなくとも、二人重ねて四つに切って――」

――と、その時！　徳兵衛さんの言葉が途中で途切れ、

「う、うぐぅ……」と、苦悶の呻きを漏らす間抜けな亭主に逆戻り。

いつの間にか、徳兵衛さんの背後に回ったおかみさんの腰紐が亭主の首に巻き付けられております。

「さ、新吉、紐のそっちの端を引っ張るんだよ。女手一つじゃ、こいつを縊り殺すのは無理だから、二人がかりで殺っちまうんだよ――」

苦悶のあまり暴れる徳兵衛さん、手にしていた紙入れをぽーんと窓の外に放り出してしまいます。

「あ、手証の紙入れが！」と新吉。

「そんなもん、あとで拾ってくりゃいいだろ！　今は、この唐変木を縊り殺すことだけ考えて……ほら、もっと力を入れて！」

――と、とんでもない間男・間女の鴛鴦があったもんで。

その後、徳兵衛を縊り殺した間女お岩は、犯罪の隠ぺい工作に走ります。

「新吉、ほら、そこらの箪笥の引き出しをさっさと開けて、銭や金目の物を持っておいき。この殺しを押し込み盗賊の仕業に見せかけるんだよ！」

【捕り物】

ところ変わって、事件の翌日の鈴ヶ森近くの番屋。岡っ引きの半ちくの半知久が、近所の旦那寺の住職――無門道絡師と何やら相談事をしております。話題は昨日発覚したとび職殺しの一件のようでして――。

半知久が珍しく考え込みながら口を開きます。

「いえね、昨日のとび職の親方――徳兵衛殺しの一件が、どうも腑に落ちないところがありまして……」

「ほう、それはどうしたことじゃな？」道絡師が時

候の挨拶でもするかのように応じます。

「へえ、徳兵衛の女房は、これは、近隣を荒らしまわっている盗賊団――烏丸組の仕業に違いないと決めつけているんですが、あっしにはどうも……」

「何か不審な点でもあろうか？」

「まず、烏丸組の手口らしくねえ」

「ほう、と言うと？」

「まず、烏丸組が襲うのは大金持ちの大店だ。一介のとび職の持ち金なんてせいぜいが十両がいいとこだ。それに、盗みの手口もおかしい」

「ふむ、どうおかしい？」

「物色の跡はあるんだが、いくつかある箪笥の棚の一番上の引き出しのみが開いていた」

「ふむ、わかるぞ。盗人というものは、物色する際、下の引き出しから順番にあける。そのほうが手早く広範囲を検められる理にかなった方法だからな」

「――でしょ。それに真昼間の殺しの手口も、らしくない」

「鴉丸組は、その名の通り黒装束で夜陰に乗じるのが常だったな。それに殺しには、刀や匕首を使うと聞く」

「そこが、一番引っかかるんですよ。なにも細紐で手間暇かけて縊り殺さなくても、刀でハッサリ殺っちまえばよかったんだ」

　道絡和尚、感心したように、

「半ちくの、おぬし、なかなか、忖度・斟酌の力がついてきたな。もう、半ちくの二つ名を頂戴した三河町の半七親分の力量を追い越しているんじゃないのか？」

「えへへ、それほどでも」

「ともかく、徳兵衛殺しの下手人は他にいるわけじゃな？」

「そこで、和尚のお知恵を拝借したいと――」

「まあ、烏丸組の手口でないとすると、これは素人の仕業じゃな。荒縄の類でなく細紐を用いたところは、女の仕業ではという線も出てくる」

「しかし、女の力では、とても徳兵衛のような大男を絞め落とすことは――」

「男の共犯がいたんじゃないか？　二人で力を合わせて綱引きみたいに絞め殺したと考えれば――」

「なるほど、あそこに出入りしている貸本屋の新吉は、なかなかの色男で、あちこちで、色恋沙汰の噂が絶えないし、こりゃ、ひょっとして、間男が露見して、逆に徳兵衛さんを返り討ちにしてしまったのかも――」

「ふむ、ともかく徳兵衛宅へ行って――」その時、番屋の戸を開く音が、道絡師の話を途中で遮った。

そこには雨森（あまもり）長屋の名物男が立っていた。

「おや、与太郎」半知久が声をかける。「相変わらず馬鹿か？」

「馬鹿はよくねえ。二つ名の魯鈍（ろどん）と呼べ」

「ああ、ラドンの与太郎さん、何の用でい」

「ラドンは火山に棲む神獣でしょうが！　まあ、いいや。物を知らねえ奴に何を言っても仕方ねえ……用事ってのはだ……落とし物を拾った。錦町の小間物屋の前だ。落し物は番屋に届けるのが筋だって、おつかあに言われたもんだから」

「そうか、それは偉いぞ」道絡師が藪にらみの眼を細めて猫なで声で言う。「その落とし物とやらを、見せてくれんかな……」

【解決】

ところ変わって、翌日の徳兵衛さん宅。間男・間女の鴛鴦下手人（げしゅにん）二人組が何やら言い争っております。

お岩さんが苛々した様子で新吉に向って、

「――で、ほんとに紙入れ、めっからなかったのかい？」

「あ、ああ。窓の外の道端やドブも探してみたんたんだが、めっからねえんだ。そいで、向かいの小間物屋にも訊いてみたんだが――」

「まあ、余計なことを」

「小間物屋も知らねえって。紙入れだったら、誰かが拾っていったんじゃねえかって……」

「紙入れには、あたしの手紙の他に、銭の類は入っていたのかい？」

「ああ、貸本代の釣り銭とか……少額だが」

「それなら、好都合じゃないか」お岩さん考え込みながら、「……仮に誰かが拾ったとしても、その銭に目がくらんで、紙入れごと懐に入れ、届け出ないってこともある……そうなりゃ、あたしの不義密通の手紙も露見せず――」

「いや、おかみさん、世間の連中が、あんさんみたいな性ワルばかりとは限らねえ。拾った紙入れを正直に、どこぞに届け出るなんてことも――」

これにはお岩さんかっとして、

「なんだいっ！　ひとのことを性ワルだと？　この一件、元はと言えば、新公、お前が間抜けだから、ここまで追い込まれちまったんだろう！」

「そうよな……」新吉、すっかりおろおろして、「岡っ引きだって、こっちの盗賊の仕業だって申し立てに合点のいかねえ様子だったし……」

「んもうっ！　小心者だね。あの手紙さえ出てこなけりゃ、あたしらのしたことの手証はないんだから、岡っ引きだろうがお奉行だろうが、手出しはできないんだよ」

「でも、間男は四つに切られて……」

「四つに切る張本人の旦那は、あたしとあんたの手にかかって、今頃あの世行きだよ！」

「それでも、不義密通は死罪だというから……」

「うるさいっ、意気地なし！　だから、手紙さえ出てこなけりゃ――」

――と、下手人同士が醜い言い争いをしているところへ、戸口から呼ばわる声が聞こえてまいります。

「えー、こんちわー、誰かいるかい？」

慌てたお岩さんが、戸口に立っている男を見て、

「あら、あんた……確か、雨森長屋の――」

新吉が続けて、

「この落語界隈でも有名な、魯鈍の与太郎さんじゃないか。――いや、今、ちょいと取り込んでるんだが、何用で？」

「ん？　取り込み中？　なら、けえるかな……いや、ここんちの近くで紙入れを拾ったもんで、お宅のものなら返そうかと思って……」

「あらっ」と絶句して顔を見合わせる不義密通の悪党二人。

お岩さん、急に笑顔を取り繕って、

「まあま、そうよ、ここにいる新さんがね、紙入れを落としたってんで――それで、あたしら取り込み中だったわけ。――そうかい、偉いね、あんた、届けに来てくれたのかい？　ありがとよ。正直者にはご褒美を……お茶に団子でも出すから、中へお入りなよ……」

「そうだよ、玄関口でうだうだ言ってても外聞がわりぃから――」と、新吉が口を挟む。

「なに余計なこと言ってるんだい。さあさ、与太郎さんを居間に案内して――」

――てんで、与太郎さん、誘われるままに居間に通されます。部屋の奥には、一昨日、不義密通二人組に縊り殺されたばかりの徳兵衛さんの遺体の入った早桶が、縄もかけぬまま、でんと置かれております。

「――で、与太郎さん、紙入れは？」与太郎の背後で茶を入れながらお岩さんが訊きます。

「あ、おいらの懐に、へえってるよ」

「紙入れの中は検めた？」

「アラタメタって、見たかってことか？」

「そうよ、そう。見たのかって訊いてるの」

「ああ、見たよ。鍋銭とか手紙みてえのが……へえってた」

「ふーん、手紙みたいなのが……で、あんた、それを読んだのかえ？」

「ふん、これでも、寺子屋で読み書きは教わってらぁ。あんな手紙ぐれえ読めらぁ」

「で、なんて書いてあった？」そう言いながら、お岩さんの手には腰巻の紐が握られます。

「ええと……今夜、旦那いねえから、遊びにこいとか……」そこで与太郎さんの首に背後から腰紐が回ります。「ああっ、うぐぐっ……」

お岩さん一昨日と同じ凄い形相で、

「ほらっ、新公、この紐の端を握って、こないだみたい二人で締め上げるんだよ。この馬鹿を縊り殺して口を塞いじまうんだよっ！」

「合っ点だ」と、新吉が紐の端に手をかけたところで、肩をぽんと叩く者が。驚いて振り返る新吉が、

「あっ、あんさん、岡っ引きの半熟の――」

「半熟はゆで卵だろ。俺のなめえは捕り物名人の半知久！」と言いながら、有能な岡っ引きは、新吉とお岩を突き飛ばし、与太郎の首の腰紐をほどいてやる。「はい、殺しの現場を押さえたんだから、おめえら、おとなしくお縄頂戴しろ。罪状には、おとついの徳兵衛殺しの一件もへえってるから、二人合わせて獄門都合四回でも、お釣りがくるだろ」

　開き直ったお岩が、反駁いたします。

「へっ、徳兵衛殺しだって？　あたしが旦那様を殺したっていうのかい？　なんの手証があって――」

　その時――。

　ガタんと、奥の早桶の蓋が空いて、中から坊主頭の人影が立ち上がります。

「ひぇぇぇ～、で、出たぁ～」と腰を抜かす新吉。

　いっぽう、肝の据わったお岩のほうは、早桶の人物を見定めて、

「臆病者！　あれは徳兵衛の幽霊なんかじゃないよ。ウチの旦那寺の和尚の道絡さんじゃないか」

「へ？　和尚？」改めてしげしげと坊主頭の人物を見た新吉が、「いや、和尚――の顔は知らねえが……あの顔は知ってる。あすこにいるご仁は、ウチの貸本でも人気急上昇の戯作者――鴉屋古論坊先生で……」

　そこで道絡師、呵々大笑しながら、

「どちらも正解じゃ。わしは、いかにも新吉の貸本屋に読本を卸しておる戯作者鴉屋古論坊。じゃが、それは世を忍ぶ仮の姿。本業は禅寺の住職、無門道絡というれっきとした高僧で……」そこで笑い止み、少し声を落として、「……じゃが、近頃、本業のほうがさっぱりでな。天下太平すぎちゃって、新たな仏がなかなか集まらん。それでお布施の額も激減――雲水たちを食わせるので精いっぱいという有様……そこで、一念発起、鴉屋古論坊という筆名で本を書くことにした。ほれ、武家のご隠居が実録物と称す

るつまらん本を書いて小遣い稼ぎをしておるじゃろう？　それに倣(なら)ってわしもな——ところで、お岩殿もわしの書いた『紙入れ謎一寸徳兵衛』は、読んでくれておるよね？」

「はぁ」あまりのことに呆然としたまま、つい答えてしまうお岩。「鶴屋南北のマネみたいな外題だけど、中身は参考にはなり——あっ」

「ほれ、言質(げんち)を取ったぞ」我が意を得たりと頷く道絡師。「あんた今、参考になったといったな。あの世話物には、不義密通をめぐる亭主殺しが描かれておる。ちょうど、あんたらが置かれているような図式の話でな。それを読んだあんたの頭の中で。旦那の徳兵衛殺しの絵図面が出来上がった。そして、共犯者にするべく新吉さんを呼び寄せて、元々、その夜に帰ることになっていた旦那を殺した——そこまでは絵図面通りでよかったが、その後で思わぬ失策が生じてしまう」

「旦那が窓の外に放り出した、あたしの紙入れですね」うなだれた新吉がポツリと言った。

「そうじゃ。不義密通の唯一の手証である手紙が入った紙入れ——それを、そこにいる正直者の与太郎さんが、わしらの許へ届けて来てな。その紙入れの中の手紙を読んだとき、わしのなかで、この一件の絵解きが大方出来上がった。そこで、きのうの枕経ついでに開けておいた裏庭の木戸から忍び込み、ちと窮屈じゃったが仏様と一緒に早桶の中に潜んで、あんたらの徳兵衛殺しに関する会話の一部始終を聞かせてもらったよ。——そして、駄目押しとして……」

　今度は、さすがに観念したお岩が後を続けます。

「——馬鹿の与太郎を送り込み、あたしらに口封じの犯行を再現をさせて現場を取り押さえようという……これは罠だったのね」

「ああ、これは、刑事コロンボの《トリック返し》という高度な捕り物手法でな……」と、上機嫌の道絡師が、つい余計なことを喋ってしまいます。

　それを聞きとがめた岡っ引きの半知久が、

「へ？　なんすか？　ケイジ・コロンボ？　それにトリックとかってのは？」

「あ、いや」にわかに狼狽する道絡師。「いや、ケイジ・コロンボじゃなくて、ケチの古論坊――わしのことを言ったの。それに、トリックじゃなくて、トックリ――酒を入れる徳利のことを言ったのよ。ほれ、わしの須磨帆の鏡に、そういう言葉が映ってな……」

「ああ、森羅万象が手軽に映し出されるという、巫女さん愛用の便利な銅鏡――」

「まあ、細かいことはええじゃろ」そこで厳かな顔になって、「……これは、修験道の密儀に関わることだで、それ以上の詮議だてはせんことじゃ。ともかく、これで一件落着、早いとこ、こ奴らにお縄をかけて、しょっぴきなされ」

――てな塩梅で、お縄となった貸本屋の新吉が、未練がましく申します。

「……あたしはね、見ての通りの小心者。間男はしたが、殺しをするつもりは、これっぽっちも、なかったんでさぁ」

それを受けて道絡師がサゲの一言を申します。

「間男だけに、魔が差したというやつじゃろう」

あとがき

『刑事コロンボの帰還』をお手に取っていただき、ありがとうございます。『刑事コロンボ』が大好きだった方も、まだ観たことがないという方にも、楽しんでいただけたら幸いです。

今回は目玉企画として、コロンボを愛する人気作家の皆さんに、書き下ろしのトリビュート短編を執筆いただきました（以下、各編の内容に触れますのでお気をつけください）。

「殺意のワイン」は、『神の雫』の原作者でワインの紹介者としても高名な樹林伸先生らしい舞台設定、伏せられた犯人の動機につながるアイテムの面白さと、それを見抜く「プロ」として、コロンボファンには忘れ難い〝あの人〟が再登場するサプライズがインパクトを残す一作。「別れのワイン」は勿論、「構想の死角」や「闘牛士の栄光」といったシリーズの名作にも通ずる「プロの矜持」の物語（「もしシャトー・ラトゥールが本物ならば、いくら激高してもリチャードが殺人の凶器に用いるはずはないし、澱が落ち着かない状態で人に振舞うはずがない」という、言外の伏線にお気づきでしょうか？）を、お楽しみいただけたと思います。

「権力の墓穴」以来の市警内部の犯人を描いた「ゴールデンルーキー」は、野心に燃える若き警察官と老練のコロンボのコントラストが印象的ですが、注目したいのは前半のクレーマーの活躍。彼が事件に違和感を持つきっかけが、物的証拠や証言の矛盾ではなく「仕事仲間の能力への信頼」であることが重要です。翻ってデイビッドの計画は、大ベテランで父の相棒だったネッドを欺くという「リスク」が前提になっているると浮き彫りになるわけですが、それは単なる同僚への侮りではなく、「スキッド・ロウの街の人々を愛し、街のために生きた父親が、最期は惨めに殺され街は何も変わらなかった」という痛烈なトラウマに根差したものなのです。つまり、彼の犯行は父を裏切ったJJを殺害するとともに、父の教えを受け、その生き写しのように振舞うネッドを出し抜くことで「自分は父のようには生きない」と宣言する、決別の儀式でもあったのです。

「奪われた結末」は、「人気作家の家のメイド」という、プロフェッショナルながらエスタブリッシュメントではない「コロンボらしからぬ」犯人の物語。彼女の家政婦としての高い能力が、そのまま「犯行当夜に現場にいたこと」を証明してしまう皮肉はいかにもコロンボ的ですが、同作は「コロンボが犯人の動機に辿り着けない」点において、他に類を見ない終幕が描かれます。しかし、そこは我らがコロンボ。しっかりと、「犯人が辿り着けなかった真実」を、残酷な幕切れとも救済とも取れる推理を以って応酬してくれます。やりきれない後味は、「主観的・一人称的に見、語られる世界の不確実さ」をしばしば作品の主題としてきた降田天先生らしい一作と言えるでしょう。

最もトリッキーな構造を持つ「コロンボの初仕事」は、「偶像のレクイエム」や「策謀の結末」等で断片的に語られるコロンボの前歴に言及したトリヴィアルな〝くすぐり〟と、現役の歯科医でもある七尾与史先生ならではの着想に満ちた、遊び心満点の作品。細かな点ながら「犯人より先に、冒頭からコロンボが登場する」のも、その結末と同じくシリーズ的に見れば相当な掟破りでしょう。そして、破格に思えて随所に過去作へのオマージュが感じられるのも嬉しいところ。登場人物の名前は全てコロンボの関係者から取られていますが、ウィリアムの妻が「ケイト」なのには苦笑したオールド・ファンも多いでしょう。

ひとつ打ち明け話をすると、この世界的な新型感染症流行の中での製作となったために、アメリカの権利保有者との折衝が先方窓口の封鎖等で難航し、収録を見送ったテキストがいくつかございました。

例えば、シナリオが完成していながら撮影されなかった、『新・刑事コロンボ』の〝幻の最終話〟である「HEAR NO EVIL」。

キャンディス・バーゲンがオファーされていた、「伝記作家」というこれまでにない職業の犯人（評伝を書いた著名な殺人者の犯行方法にインスパイアされる）が登場し、当時の実在の人気番組「ラリー・キング・ライブ」を舞台に、生放送にゲスト出演中に遠隔操作で殺人を完遂する『新』らしい凝った趣向と、やがて犯人の「過去の殺人」に焦点が絞られていく「偶像のレクイエム」を思わせる展開を持つ、旧・新シリーズの要素が巧く嚙み合った佳作で、ぜひ小説化して採録したかった一作です（同作のあらすじは、町田暁雄先生の著書『刑事コロンボ完全捜査記録』で読むことができます）。

あるいは、タイトルだけでもう面白い「Columbo and the Samurai sword」は、一九八〇年に執筆されたオリジナル中編小説で、連続殺人かつカーチェイスまで展開される派手なストーリーのフーダニットものです。こちらも許諾が取れれば絶対に紹介したかった作品。

いずれも機会がありましたら、ぜひ新しい本で読者の皆様にお目にかけられればと思っています。

本書の刊行にあたっては、たくさんの方にご協力いただきました。

親身なご指導、ご教示を賜りました皆様——菊地秀行先生、小山正先生、町田暁雄先生、中邑孝雄先生、佐々木総合法律事務所の土田慧弁護士に。

資料・図版の収録等にあたってご尽力いただきました各社様——早川書房の小塚麻衣子様、根本佳祐様、講談社の都丸尚史様、上ノ空の稲子美砂様、ＡＸＮミステリーの山川尚子様、ＮＢＣユニバーサル・エンターテイメントジャパンの本宿謙様に。

この場を借りて心より、御礼申し上げます。

……すいません、もうひとつだけ。(Just one more thing)

この本が貴方の「刑事コロンボ」再見（あるいは初見）の、善き友となってくれることをお祈りします。

令和二年九月　編集部

山口雅也（やまぐち・まさや）――総指揮

神奈川県生れ。早稲田大学法学部卒業。在学中はワセダミステリ・クラブに所属。高校三年生の時に『ミステリマガジン』誌にE.D.ホック評を投稿したのをきっかけに、大学在学中からミステリに関する評論やエッセイを各誌に発表。

一九八九年、『生ける屍の死』で長編小説デビュー。同作はいわゆる「特殊設定ミステリ」の先駆のひとつと位置付けられ、「このミステリーがすごい！」の投票企画（二〇一八年）で過去三十年間の作品から選ぶ「キング・オブ・キングス」の一位となるなど、後世に大きな影響を残した。九五年、『日本殺人事件』で日本推理作家協会賞受賞。パラレルワールドの英国を舞台にした「キッド・ピストルズ」シリーズや、「偶然」という概念を追求し、アンチミステリの極北と称された『奇偶』、落語とミステリの融合を試みた『落語魅捨理全集　坊主の愉しみ』など、クロスオーバーな奇抜な着想と考え抜かれたロジックに定評がある。近年には、雑誌「奇想天外」の〈復刻版〉および〈21世紀版〉アンソロジーや、埋もれた過去の傑作を発掘・刊行する「奇想天外の本棚」叢書の監修など、アンソロジスト・マガジニストとしても活躍する。

『コロンボ』偏愛のエピソードは「意識の下の映像」。

菊池篤（きくち・あつし）――構成

一九九〇年、北海道生れ。早稲田大学教育学部卒業。在学中はワセダミステリ・クラブに所属。医療系新聞社勤務を経てフリー。ライター・編集者としての活動のほか、ミステリ系イベントの企画・運営にも携わる。「白樺香澄」名義でも活動。

『コロンボ』偏愛のエピソードは「死の方程式」。

刑事コロンボの帰還

総指揮……………………山口雅也
構成………………………菊池篤
著者………………………山口雅也　菊池篤　樹林伸　大倉崇裕
降田天　七尾与史　白須清美　上條ひろみ
リチャード・レヴィンソン＆ウィリアム・リンク
ジャクソン・ギリス
デザイン………………坂野公一（welle design）
イラスト………………ウラケン・ボルボックス
写真提供………………NBCユニバーサル
PPS通信社
発行所……………………二見書房
東京都千代田区神田三崎町 2-18-11
電話　03-3515-2311（営業）
03-3515-2313（編集）
振替　00170-4-2639
印刷………………………株式会社堀内印刷所
製本………………………株式会社村上製本所

乱丁・落丁本はお取り替えいたします。
定価はカバーに表示してあります。

ISBN978-4-576-20169-6

https://www.futami.co.jp

RETURN OF
COLUMBO

Just one more thing........